河南省高校人文社科重点研究基地
——河南财经政法大学道德与文明研究中心资助

中原发展与治理创新

ZHONGYUAN FAZHAN YU ZHILI CHUANGXIN

杨健燕 著

人民出版社

责任编辑:郭　娜
封面设计:姚　菲
责任校对:吕　飞

图书在版编目(CIP)数据

中原发展与治理创新/杨健燕 著. —北京:人民出版社,2017.12
ISBN 978－7－01－018641－2

Ⅰ.①中…　Ⅱ.①杨…　Ⅲ.①社会管理-创新管理-研究-河南
　Ⅳ.①D676.1

中国版本图书馆 CIP 数据核字(2017)第 296097 号

中原发展与治理创新

ZHONGYUAN FAZHAN YU ZHILI CHUANGXIN

杨健燕　著

人民出版社 出版发行
(100706　北京市东城区隆福寺街 99 号)

北京市文林印务有限公司印刷　新华书店经销

2017 年 12 月第 1 版　2017 年 12 月北京第 1 次印刷
开本:710 毫米×1000 毫米 1/16　印张:20.75
字数:289 千字

ISBN 978－7－01－018641－2　定价:56.00 元

邮购地址 100706　北京市东城区隆福寺街 99 号
人民东方图书销售中心　电话 (010)65250042　65289539

目　录

第一章　中原治理与法治创新

改革开放特别是实施促进中部地区崛起战略以来,河南省经济社会发展取得巨大成就,伴随传统的政府职能定位、国家和社会关系的变动,社会管理模式也在经济发展中不断创新,然而在中原经济区经济和社会现代化转型的过程中,现有社会管理模式还存在阻碍新型工业化、新型城镇化、农业现代化"三化"协调发展的诸多因素,经济发展仍以农业和粮食、生态和环境为代价。因此,如何具有针对性地持续深化社会管理创新,构建国家和社会生存和发展环境的新局面,成为理论界和职能部门共同关注的基本命题。正是基于社会的现实需求,党的十七大提出构建社会管理新型格局的基本要求,即"党委领导、政府负责、社会协同、公众参与",首次在国家和社会管理体系的构建中引入了多元主体共同参与的积极合作结构。随后,2014年年底,党的十八届四中全会通过了《中共中央关于全面推进依法治国若干重大问题的决定》,从党和国家政策的高度将社会管理提升到国家和社会治理的层面,并进一步将社会治理的创新发展路径定位于法治的基本思路之下。

因此,以法律现代化和法治治理的创新视角去审视和分析社会管理创新的历史变迁以及中原经济区在此历史背景下具体的社会管理实践改革将具有重要的社会和历史意义。具体说来体现在以下两个方面:

理论意义:第一,丰富和提高社会管理创新研究的理论框架,调整研究方向、开拓新的思路;第二,推动法学研究的跨学科研究能力,有利于学科建设水平提升。

实践意义：第一，发展和形成为中原经济区建设提供社会管理服务、法治服务的有效机制；第二，为政治体制和社会体制变革、决策提供智力支持，促成民间组织多元发育的动力机制；第三，对政府行政和管理理念，公务员队伍服务理念变革进行宣传教育。

一、从管理到治理：一种理念的变革

（一）"社会治理"的提出

管理理论是在漫长的人类发展史上基于社会变迁需求自然衍生的结果。如同政治、法律的产生一样，人类早期的管理行为，大多是伴随着社会生产或具体战争行动而出现的。事实上，人与自然、人与人之间进行社会生产的相互配合和协作乃是社会管理或组织的客观前提和现实基础，现代管理学的许多重要思想资源都以此为源头。因此，最初呈现的没有系统的管理思维或理论，只是散见于生产组织、国家社会统治过程中的具体的现实应对策略。这个过程时间较长，并直接与管理思想发展的第一阶段，即以"工具人"假设为基础的经验管理相连接。此时，生产的社会化程度不高，管理范围往往只限于家庭或手工业作坊。与之相适应，这一时期形成了基于"工具人"假设至上的管理模式，这种管理模式以主要用暴力取得绝对集权、组织结构简单、经验管理、以维护自身的权威与地位的稳定为管理的首要目标。

现代管理以"科学性"也就是人的理性为第一个认知特征，"经济人"假设起源于享乐主义哲学和劳动分工的经济理论，它认为市场中的主体能够基于自我利益的准确判断而作出对自己最有利的行为，并认为最大限度地满足个体的私利需求是市场个体一切行为的目标或归宿，每一个个体和组织都是为了寻求自己想要的最大的经济利益，才参与社会的生产和其他活动的，工作就是为了经济报酬。它的提出，事实上构成了科学管理的逻辑基础。

现代管理学的理论先驱泰罗认为利益驱动是用以提高生产效率的

主要途径,科学管理的核心就是发挥市场内在的利益激励机制。但是,科学管理并不是简单的个人主义或欲望驱动,科学管理重视科学的理性精神而反对单凭经验办事;科学管理重视整体个体的和谐协调,而不是个人间的结构和分工合作;科学管理想要实现的目标乃是以最低的投入实现每个个体最大的工作效率的发挥,从而获得最大限度的产出,最终有效地赢得整体和个体的共同发展。因此,这一阶段的管理强调生产方式的高效率,注重有效控制劳动力成本,管理目标的实现主要是通过对劳动者、劳动时间、劳动行为等劳动过程要素的综合分析来获取。而同一阶段,以法约尔、韦伯为代表的组织管理学派,则对计划、组织、指挥、协调、控制等管理过程或职能,以及管理的组织类型进行了思考,但其基础都是经济人的精明计算。

经济人概念侧重于人对外在于自我的对象物的利用,而管理学中代替经济人概念的社会人的概念则更加侧重人与人在利用外物过程中的关系问题,以及该问题对利用外物状况的影响。1933 年,埃尔顿·梅奥正式出版《工业文明的人类问题》一书。该著作将霍桑实验的结果作为其对管理学研究的创新基础,在其著作中正式提出了"社会人"又称"社交人"的概念。此概念产生后不久,就与行为科学的发展相关联,随后在 20 世纪四五十年代美国心理学家马斯洛提出人的需要层次理论之后,管理理论越发关注复杂的人的综合需求、特别是基本问题解决之后的较高的自我实现需求。实际上,这同政治哲学领域所主张的主体自觉性、社会面对国家的独立性认知一脉相承,并在彼此的领域内互相促进。基于此,管理理论的人性化倾向开始凸显,并日益成为主流,这就为人际关系管理学派、组织管理学派、社会系统学派等的发展提供了契机。

以理性为主导的现代社会之发展一方面创造了辉煌的成就,但另一方面这一过程中也带来了诸多的问题,理性的迷失和理性的有限性问题同时日渐凸显出来。20 世纪八九十年代以来,伴随着社会化大生产和现代科技的持续深入发展,全世界的经济、政治、文化体系都出现了历史性的系统化变革,地球村、生态、信息、一体化等现象全面地重塑着现代人类的生产方式、生活方式、交往方式和思维方式,市场失灵和政府失灵等问题都受到了管理理论的重视,并且非理性主义、现代性问题的产生和后现代对主体的反思等思潮也为管理理论的创新提供了强大的动力。政府对经济、政治、文化等的管理相对于社会其他事务的独立性和支配性受到挑战,政府的控制和协调如同人的大脑对人的行为之命令一样并不必然总是保持理性的选择,社会运动是复杂的,这一命题日益受到管理理论的普遍认可。事实上,在这个全面发生变化的时代,基于现代性问题反思而诞生的公共管理理论正在悄然兴起,其即将为整个社会共同体和普通个体在社会中角色的重新定位提供新的指导和方向。①

当管理的公共性问题获得共识之后,一种更为现代化、科学化、系统化的管理创新得以产生,这就是融合法治理论的现代社会治理理论。"治理,也叫社会治理,是从西方引入的社会学和管理理论概念,其代表着当前世界社会管理的发展趋势。社会治理本质上包含有互相关联和互为解读的三层含义。其一,社会治理的基本指向乃是实现社会和谐有序的总体性目标,国家政府的行政性、权力型管理只是一种特定的手段。为实现社会治理的总体目标,还可以有其他多样化的工具或手段,特别是基于社会内部产生的自我服务、自我管理等组织体系。其二,社会治理的参与主体必然是多元化的、多层次的主体,社会不能被简单地区分为管理者和被管理者二种,国家或政府与社会的关系不是

---

① 公共管理理论不同于传统的政府行政管理。行政管理学主要研究行政机构和行政人员的组织管理和总体调度问题,包括行政立法、行政执法、行政监督等制度整体,以及整个行政体系的模式、范例与运行机制;行政管理学在一定意义上更是组织行为学的一个分支,其侧重注意和保持行政系统(包括政府部门体系)运行与控制的有序化。公共管理学关心的重点则与此不同,它更主要的是强调管理目标即公共事务的有效实现,公共管理机构自身的有序化与组织协调过程乃是服从于目标的必然程序。显然,公共管理学的概念涵盖面更为宽广和深刻,与行政管理学研究和处理的对象不同,公共管理不是以政府为中心的,而是以政府所面临的各类公共性问题为中心的、开放性的管理理论体系,这里开放性的意义十分丰富,指涉现代社会所具有的既非纯政府也非纯市场、既非纯营利性也非纯不营利性的双重属性复杂事务。国家和社会对此类事务的治理体系构建实际已经远远超出了传统政治、行政研究领域,并且也超出了纯经济学领域的范畴。

权力支配和义务服从的单向关系,权力来源于权利并服务于权利,所有的社会成员都应当是管理或治理的积极主动参与者。其三,国家和社会治理的手段不限于行政强制力,社会治理更重要的是形成和完善市场化和社会化的治理激励机制体系,引导和发展政府市场共同提供公共服务以及社会自治和公民个人自我管理的多种方式共存的新局面。"①

治理理论是传统管理理论划时代的又一重大变革,它的兴起源于全球性的国家和社会治理危机,这种危机在发达国家表现为全能型福利主义政府的失败,在发展中国家则表现为社会解体、国家政府行政职能的崩溃,而这又根源于政府和市场角色定位的双重错位、失位等困境。伴随这种社会经济新情况和新问题的产生与不断升级,国家、市场、社会三者之间的关系发生了革命性的变化,国家体系内部、部门内部与部门之间、社会各类组织内部与组织之间、国家与社会组织之间的互动日益频繁,民间非官方组织的力量不断壮大,并且其社会参与能力特别是政治参与能力持续提高。社会治理问题的解决再也不能简单地借助于纯粹社会主义型的、由上而下的国家计划,或凭借完全依靠市场经济无为而治的单一资本主义体系寻求解决了。② 在这个日益全球化的社会里,多元化的社会主体其整合、协调和参与社会生产、生活功能的不断分化和变迁,结果不断地加剧着现代社会的各种复杂性,最终,导致跨越和交叉社会、空间和时间的诸多系统之间更加相互依赖。

既然客观世界的内在稳定结构发生了本质性的变化,那么以该结构为直接对象的政策制定所围绕的中心当然也应发生相应变化。因此,适应这种变化所产生的治理理论就改变了原有管理的单向性、权力性、支配性,而发展出拥有互动、权利、参与等更加重视个体主体的治理新时代。

尽管社会管理必然地将社会控制或化解社会矛盾作为自身内容的

---

① 魏礼群:《社会建设与社会管理》,人民出版社 2011 年版,第 290 页。
② 夏建中:《中国城市社区治理结构研究》,中国人民大学出版 2011 年版,第 30 页。

重要层面，但是，以控制和矛盾化解的手段和策略保持社会秩序稳定与良性运作只是社会管理的器用层面，社会管理之中最为根本的目标和内容应是满足人民的基本需要，在保障社会全体成员基本权益的同时不断地遵循规律发展各类新型权利，拓展社会和社会成员的新的发展空间。

当前，中国的经济体制正处于从社会主义计划经济向社会主义市场经济的转型期，产业结构形态正处于从农业社会向工业社会和后工业社会的转型期，包含文化价值体系在内的社会整体正处于从传统社会向现代社会的转型期，社会结构、社会组织形式、社会认知理念等都发生了极其深刻的变化，诸如公共事务的复杂性、利益主体的多元化、民众需求的多样性等新的社会治理对象和结构不断产生新的特征。在此情况之下，国家和政府进行社会管理的难度不断增大，传统的权力高度集中、政府包揽一切的统权和全能保姆式管理不再适应现实之社会要求，社会经济制度的变迁客观上提出和衍生着国家管理模式新的变革需求，即从管理走向治理。

"管理"和"治理"尽管都在强调政府对社会的职能和责任，但二者根本上是两种不同的治国执政和社会建设管理体系构建的观念。管理意味着权力的暴力强制，其具体体现为政府机构下命令、发指示的权力习惯行为，体现为层级推进的命令式、运动式逻辑策略；而治理则强调政府和社会之间的相互融合、公与私之间的相互沟通、权力与权利之间的妥协。所以，治理要求的是社会民众与国家政府等多主体基于公共目标同一的互动协作。从经济学的视角来看，治理就是充分以市场主体的利益需求作为制度供给的驱动力，有效地实现政府、社会、民众多元主体参与市场进行产品开发和议价消费的总体性过程。

治理作为一种政治过程，虽然需要权威，但这个权威的来源不同于管理要求的以国家或政府为中心单一确定性，而并非一定是政府机关，其具有多中心权力来源的特点。此外，就政府管理的过程而言，管理权力的运行方向总是自上而下的、单向的、命令控制型趋势，而就政府治理的总体过程来说，治理乃是一个上下互动、以权利平等商谈、目标统一后的动态行为决策体系,分散化与集中化相结合的辩证运动是治理的核心要求。

具体到中国当代社会管理发展的历史,实际上中共中央在新的历史时期已经意识到,加强和创新社会管理,必须注重社会性和非政府性要素的介入,"党委领导、政府负责、社会协同、公众参与"社会管理格局命题的提出,就是对上述理念的初步表述。

在历时数年之后,经过了集中的改革尝试和经验总结,社会管理创新获得了新的历史性进展。2014年1月1日,习近平同志在《人民日报》海外版发表题为《切实把思想统一到党的十八届三中全会精神上来》的文章,对社会管理创新形成了新的拓展,通过对国家治理体系和治理能力基本含义的界定,将管理向治理的转变明确为发展方向。根据文章精神我们可以得出:国家治理体系乃是一个综合性的社会调控体系,其主体内容应当包括经济、政治、文化、社会以及生态文明建设等诸多领域的制度安排和机制设计,而且国家治理体系在中国国情之下必须高度重视党的领导和国家治理体系间的关系;而国家治理能力的建设则具体是指国家治理社会事务的规则制定和运用的综合能力,其具体指向的治理对象涉及改革发展稳定、内政外交国防和治党治国治军等各个方面。

国家治理的现代化,一方面要强调和加强国家治理体系的现代化,另一方面则是要强调和加强国家治理能力的现代化,双重现代化乃是国家治理的本质要求。具体说来,国家治理体系现代化就是指构建科学指导思想,创新科学的多元组织机构,制定科学的统一的法律法规,培育科学的全面的拥有较高能力的治理人员等,最终将理念、组织、制度、人员等上述各要素有机结合,形成相互关联、相互协调的、统一完整的稳定治理结构整体;国家治理体系现代化也意味着国家治理要更加科学、更加民主,同时也要制度化、规范化、程序化,总之,要充分实现法治要素在治理体系当中的全面渗透。国家治理能力的现代化则意味着以事权、财权为核心的国家执政能力,以公民素质、社会文化培育等为中心的社会自治能力等方法方式的全面现代化,同时也包括治理信息化、网络化建设等治理技术的现代化。

(二)以"法治"落实和推进社会治理

法治事实上乃是社会治理策略的一种具体选择。而社会治理从最为根本的也是政治哲学的视角来看,其本质上乃是具有主体性的社会人面对世界客体的复杂性,自觉认识、遵循和利用人、自然和社会之各种客观规律,努力去构建和发展良好的秩序,以调整人与自然、人与社会以及个体之间关系的过程,最终,其目标在于人的自我本性的完美实现和和谐。因此,从科学和民主的观点来看,社会治理体系中最积极、最主动的要素即治理权力的来源应当是人民个体和整体的权利。执政者所掌握权力事实上不过是人民权利的衍生品即权力的使用权,执政者不能拥有其所有权,在这种委托和授权的关系下,国家政府进行的社会治理当然不是一种统治,而仅仅是一种管理或治理。所以,社会治理的方式基于权力运行的现实状况就必然具有多种模式,而迄今为止,人类最佳的选择就是被称为善治的法治,法治就是一种理想的善治、就是最好的社会治理模式。① 在这个系统化的运动过程中,政府、各类社会组织以及社区和公民个体等社会行动主体,通过构建平等合作型伙伴关系,依法对社会公共事务和个体社会生活进行规范和管理,有效协调人与自然、人与社会之关系,最终实现公共利益最大化。

社会治理由于是对社会公共事务的整体性治理,因此,其不可避免地要面对国家利益、政府利益、公共利益、个体利益的交叉冲突和平衡等复杂问题,从而,社会治理的高效运转和目标实现必然需要国家强制性权力的客观支持作为后盾。社会治理本质上不可能脱离社会或国家权力的有效规制,而社会或国家权力内容和实施实际上包括权力的所有与权力的使用两个具体层面。传统社会,所有权和使用权实质上都归属于作为上帝代表的世俗君主等统治阶层,权力行使的结果就是权力所有者和使用者对权力支配对象的完全的、无协商余地的统治形态。

---

① 严存生:《社会治理与法治》,《法学论坛》2014 年第 6 期。

现代社会之所以说从统治变为管理,根本的原因就在于实现了权力所有者和使用者的相对分离,真正权力所有者主体是社会的普通个体和社会公众、是人民,而国家和政府机器的构造只是作为社会公众或个体、人民的代表,接受委托行使权力的使用权,管理的历史性内涵就在于此。

但是,如同上文所讲,管理由于现代性问题的发展,基于现实社会的需求,获得了内在的改革和创新,这就是治理,社会治理是社会管理创新的历史进步形态。在社会治理这一历史新形态中,治理的对象理性地区分为人和自然两大类别;治理的主体不再是政府的一元化,而是多中心多元化的众多主体,并且这些多元众多主体形成网络化的平等协商模式,去除了政府权威的行政单行性向度。而且社会治理的手段发展为综合化的体系,不是威权主义的强制,而是集合权力强制、权利参与、责任控制、道德教化、精神文化塑造的复合手段;同时社会治理更坚持以人为本的价值目标主导模式,治理的工具性意义降低,而强调人们在治理过程中作为人的需求的现实满足和价值实现。从而,社会治理最终所要实现的乃是善治。

社会治理有两种典型类型即人治和法治,法治乃是善治的最优选择。善治,就是良好的社会治理,其根本追求就是实现公共利益最大化,其治理的模式或方式就是政府与公民充分沟通和协作的对社会共同管理,其基本的依靠乃是体现善之本质的法律之治。"善治"事实上,已经成为社会共同体及其个体成员共同追求的目标,尽管各民族国家、各类型政府或社会共同体的政治制度、文化体系不尽相同,但在社会治理模式的选择上,大家都希望以最低的行政成本来获得最优质的公共服务和最多数的公民支持,而其实现的基本途径就是良好规则有序运行的善治模式。①

---

① 俞可平认为:"善治的基本要素有合法性(legitimacy)、透明性(transparency)、责任性(accountability)、法治(rule of law)、回应(responsiveness)、有效(effectiveness)六个方面,合法性要求的是社会权威确立的基础必须获得社会的普遍认可,具有规范存在的价值正当性,透明、责任、法治则关注整体过程和程序的有序和可操作化,回应和有效更加突出治理的目标重要性即公民需求的满足。"参见俞可平:《治理与善治》,社会科学文献出版社2000年版,第8—10页。

在中国现代社会转型的历史进程中,法治构成了现代社会秩序的基石,因此,坚持依法治国,以法治推动现代社会治理的深度变革和发展将是必然之选择。但是,作为从西方传来的现代法治,如何在中国落地生根,或者说如何探索建立法治中国的特色道路是我们的基本使命所在。一定意义上,法治在历史发展过程中,曾经区分为形式法治和实质法治两种类型,"形式法治的本质内涵是指规则适用的普遍性和严格有效性,其要求创制一套完整的、富有操作性的法律规则,同时作为规范政府执法行为和公民个体市场行为的法律规则必须获得完全和充分的实现,因此,规则的权威性是形式法治关注的核心。……而实质法治属于关于法律和社会治理总体的价值判断,其强调法治的内在正当性,其关键在于要求法律必须合乎正义,体现社会主体对人的内在自由和外在自由相统一的合理实现"。① 形式法治特别强调的是理性等自身的有限性,强调法律的绝对独立性和功能意义,所以,认为程序和规则乃是保障和划定权力的边界,其极化模式就是绝对的法条主义。实质法治则重视价值等法律秩序建设之实体性目标的实现,要求规则和制度的内容必须符合善治的内在原则。而现代法治则是二者的有机统一,规则之上和规则至善同时存在。

二、中原经济区建设中存在的制度管理问题

2012 年 11 月,国务院正式批复《中原经济区规划(2012—2020年)》,中原经济区这一重要经济社会发展之区域性定位正式成为我国经济社会发展中一个标志性的区位概念。中原经济区地处中国整个经济社会文化发展和地理意义上的中心地带,其是以郑州都市区为核心、中原城市群为支撑、涵盖河南全省延及周边地区的经济区域,在这个区域,无论是地理位置的战略价值,还是人口等消费需求决定的市场潜

---

① 史海泉:《形式法治和实质法治——中国社会主义法治建设的类型取向》,《石河子大学学报(哲学社会科学版)》2008 年第 4 期。

力,以及社会传统和发展变革之中的文化底蕴,都属影响全国的基本主体功能区。《规划》将郑州定位为立足中原、服务全国、连通世界的国际化航空大都市,明确了将郑州提升为国家区域性中心城市的基本地位。同时,基于中原经济区原有经济社会基础的现实考虑,《规划》还将新型工业化、新型城镇化与农业现代化相互融合之"三化协调发展"的总体性战略规划,致力于构建国家重要的粮食生产和现代农业基地、重要的全国经济增长板块、区域协调发展的战略支点和重要的现代综合交通枢纽,同时努力发展和形成华夏历史文明传承的优质创新区域。

在这种历史和时代背景之下,中原经济区建设获得了前所未有的新机遇,同时也面临着艰巨而重大的挑战,在这个过程中,为保障上述目标的实现,中原经济区社会管理创新改革势在必行。为更好地构建新型社会,从管理模式走向社会治理的新时代,首先必须详细考察中原经济区现存社会管理制度缺陷及其原因。

(一)经济基础的结构不平衡

中原经济区加快发展面临着诸多矛盾和挑战,但最为突出的就是经济基础的结构性不平衡。集中表现在:

城乡发展极不均衡,农村经济水平处于较低的状态。中原经济区作为传统农业大省,农村人口数量和农业产业比例较高、基数较大,承担着粮食生产的重要任务,同时,农村富余劳动力亟待进行市场化和工业化转移,并且农村地区科技基础薄弱和基本公共服务水平低更严重制约着上述几个方面的发展,因此,人多地少、城镇化水平低等现实性的"三农"问题成为制约"三化"协调发展突出因素,成为最主要的发展矛盾。

资源丰富和工业基础薄弱,粗放式和资源耗费型生产比重大。中原经济区由于地处我国的内陆地区,改革开放的步伐相对缓慢,工业化建设起步晚、起点低,数十年来主要依靠资源的粗放式开发而进行初级的积累,导致资源损耗严重,生态破坏大,工业化水平和规模低下,很难形成结构性产业升级。

城乡社会管理投入体制不均衡,农村公共服务的财政支持与社会资本进入严重不足。因为,我国经济发展的区域性策略,基本是以城市发展带动农村的模式,长久以来,重视城市建设、以农村支持城市的政策导向客观上导致城市公共服务体系远超于农村水平,同时城市的需求层次和需求的多样化、对需求的支付能力同样高于农村,结果,市场开放之后利益的引导进一步放大和强化着这种趋势。

社会经济的发展是存在历史的惯性的,原有政治经济的发展惯性在短期内无法改变,而这种惯性必然对新型社会治理体系的整体发展和构建客观上产生限制作用。

(二)规划不合理

由于长期处于农业社会的"靠山吃山""近水吃水"简单的发展模式和观念影响,再加上计划经济和市场自身发育的不够完善,我国社会管理长期处于依靠政府单向性行政管理的模式,历史地造就了权力强制型、事件危机事后惩罚处理的简单社会管理机制。在政治体制的构架上,民主发展层次低,基本依靠政府单方力量的疲于应付性决策和执行,民众对社会治理决策和执行缺乏有效参与甚至处于社会治理中政府主体的对立面,民众和社会其他组织成为管理或治理的对象和客体;参与管理的政府工作人员也被形塑为权力的掌握者和使用者的形象,轻视或无视公众内在所具有的参与社会治理的力量和可能性。

在这种单向化政府行为的历史惯性下,政府管理的手段长期以来也保持为收费、罚款或强度较高的刑事处罚等单一的权力强制手段,完全忽视对市场主体自身的激励和协调生态利益在全部人类主体之上的共同性。同时,在某种程度上客观地形成了拥有框架整体性功能"全能型"政府,政府包揽了各种各样的社会管理职能,一方面增加了政府的负担、从而引起财政困难和公民分配和支付的不公平,另一方面还侵占了本该由市场主体履行的职责和各类可能的公共服务产品的创新和开发、从而制约了市场的力量。

社会管理创新的激励机制不足。由于改革开放总政策和我国社会发展的实际需要,对政府和官员考评标准的设定,长期以来一直是以国内生产总值(GDP)为核心的,经济只要发展了,其他社会问题就不是问题。结果,导致社会发展当中的结构性失调,如生态资源的破坏、社会收入差距加大、群体性矛盾突出、社会道德价值失落等,最终,使得社会治理完全成为政府部门这个单方主体的被动或被迫行为,没有完善的多主体参与激励体系。

(三)法治要素匮乏

法制化一直以来是我国环境管理体制建设的中心环节。依法治国,建设社会主义法治国家,是党领导人民治理国家的基本方略。法治环境体现了一个国家或城市实施法治的状态和水平,是一个国家或城市社会管理和文明建设的法治化特征,也是文明建设应有的客观基础。从推动社会文明建设这个意义上说,法治环境也是一种生产力。

首先,立法权配置不尽完善,立法速度、立法规模以及立法内容的现实性还远远不适应社会治理变革的实际需要。立法权的配置不科学,存在脱离现实,基层参与匮乏的缺陷。很长时期内,我国立法模式以中央统一的立法体制为主,省级立法为补充的策略,市地级人大、政府以及众多环境执法部门和人民群众的立法参与途径缺失,高一级的立法一方面不能充分地对社会执法的实际情况予以把握,另一方面更缺少对区域性、基层性等特殊问题的考虑,致使立法过多地以宏观的框架设计为主,而对微观的具体操作可能性和现实性关注不足,不能直接解决实际社会治理的现实问题。

其次,法律的实施及守法、执法、司法状况较差,法律实现的程度较低,严重制约法治化的水平。中原经济区社会总体状况保守,传统的政治文化影响较大,行政权力掌握着社会资源的能力相对于发达地区要高度强化,由此,极易导致权力寻租和权力崇拜,结果,社会公众乃至公务人员的法治意识淡薄,各种法外弄权、法内擅权的情况较多,政府公信力和司法公信力均受到削弱和影响。

（四）社会资源参与不足

中原经济区基于农业大省、人口大省的特殊情况，传统因素厚重，现代化的文化发展水平和结构不合理。由于人口基数大、农业比重大和经济水平的限制，地区教育水平有限、民众改革开放的意识和理念极为落后，缺乏良好的经济发展视角和主动性。同时，社会大众官本位意识严重，科学、民主和发展的认识较差，社会大众参与社会管理的意识和能力严重不足。

此外，由于现有法律制度体制机制设计的缺陷，市场力量权责失衡、社会多元主体参与社会治理权利基本虚化，缺乏有效的可以实现的途径。

（五）社会阶层分化的结构失调

伴随改革的不断深化和市场化的不断深入，基本经济制度、产业结构的变化导致社会成员的阶层流动性日趋增强，人们对财富的占有和对资源的控制都发生了深刻的变化。过去单一的农民、工人、干部阶层身份被打破，政治地位所决定的资源支配能力逐渐受到控制和萎缩，同时掌握经济力量的新市场主体不断崛起，并和政治形成新的融合形式。工人依存的单位制解体，公司制度以一种新的社会组织或团体模式在社会生活中成为主导，单位人开始向社会人变化；农民阶层也逐渐流入城镇，不再是传统意义上守着土地过日子的农民，开始成长为农民工、产业工人、城市市民。同时，经历了长期计划生育的规制和市场经济发展的文明熏陶，男女比例失调、老龄化等人口问题也强化着社会阶层的复杂化。所以，社会治理对象不再是原来的简单样式，而具有了深层次的融合政治经济诸多问题的复杂性。

（六）社会文化价值观的失位错位

市场经济一方面解放了生产力、带来了巨大的物质财富，另一方面也带来了多元化的社会文化价值观，从而为社会治理的社会思想意识形态建设问题带来了更大的压力和挑战。财富增加了人生活的自由度,但效率所要求的财富分配不均等却强化了个人主义的观念,功利主义的思想致使社会规范观念和社会道德观念持续性的下滑,拜金主义、极端利己主义、伪科学思潮与社会主义核心价值理念争夺着精神信仰的空间。因此,社会治理的公民社会文化基础亟须重建。

三、中原经济区社会治理模式创新

(一)基于国家和社会互动的法治类型化治理

现代化的社会治理模式既是国家和政府的权力行为和政治行为,也是国家政府和社会其他主体共同参与的经济行为,更是上述多元主体互动协同、涵盖文化塑造、行动协调、制度创造的综合性社会行为。而推动国家和政府的权力行为和政治行为以及社会主体各种参与行为的机制则是法治。法治是善治的核心要素,是实现社会治理理想目标的必然选择。

但是,一个良好的社会制度实际上是由无数个制度环节和制度要素有机联系共同构成的,法治中国的建设和实现绝不仅是简单的法治主义宏大叙事的铺开,而是关涉立法、司法、执法、守法,关涉财政、市场、政治、文化等多种复合性问题的一系列具体法治建设问题的系统工程。法治的普适性和地方性,法治的总体框架和特殊领域的法治构造不可避免地将面临各种困境,因此,法治的类型化治理或者说具体法治的构建必是推动社会治理的先锋。

法治的类型化治理或者说具体法治主要解决的乃是法治国家建设过程中的普遍和特殊的关系问题。所谓普遍性是指法治核心要素体系的构成和内涵,是特殊性当中蕴藏的抽象的、共同的本质性规定。所谓特殊性则是指上述抽象的、共同的本质性规定在具体或特定区域、领域的建设实践体系。普遍性的实现必须以一个个特殊性的实现为前提,特殊性的实践必以普遍性为目标和依归。

基于此,笔者试引入麦肯锡7S模型作为型构特殊性即法治的类型化治理或具体法治的标准,对中原经济区社会治理体系中五大典型特殊领域或层次予以构建:社会应急事件管理、公共服务和安全体系建设、公民社会培育和政府职能转型、权利救济体系构建以及城乡一体化,意图探索和实践法治特殊性到普遍性的发展规律。

(二)7S 模型的普适性分析

作为现代企业管理理论创新模式之 7S 模型,由于其模型构造的抽象性和契合现代治理理论的基本特性,因此,具有分析具体治理制度结构的普适性。

事实上,无论是企业管理,还是社会管理,其都属于管理理论发展过程中系统化、具体化、层级化科学发展的一个方向,是管理理论在具体社会子系统当中的具化。

企业管理理论的发展是和上述管理理论的发展共生的一种理论,企业理论发展总体上经历了如下几个阶段:第一个阶段是 18 世纪末—19 世纪末传统管理阶段,在这个阶段,物质的生产资料和具体的参与生产的体力劳动者被视为管理的对象,管理职能相对分离于体力劳动,因此,整个管理工作由资本家依靠经验去行为;第二个阶段是 20 世纪20—40 年代科学管理阶段,此一阶段,物质资料和劳动者对象化的本质没有改变,但是经验行为渐被科学的理性知识体系代替,管理者独立于资本家或所有者,逐步形成体系化和模式化的管理结构,专业化或职业化的管理理性成为主导;20 世纪 50 年代进入到管理理论发展的第三个阶段即现代管理阶段,数理决策、计算机等信息化控制系统开始进入管理领域,经济结构认知中定性分析开始融合定量分析,同时,人特别是普通劳动者作为生产中的核心作用伴随科技力量的提升,日益受到重视,知识经济时代将理论创新形成的各项管理工具综合运用于管理过程,文化要素成为管理关注的最重要的因素之一。

7S 模型就是现代企业管理发展之阶段性的产物,20 世纪七八十年代,经历了多次经济危机的影响和结构性困境的制约,全球经济都进入相对停滞或下降的状态,生活水平下降、失业等社会问题困扰着所有的经济主体。为寻找着适合于本国企业发展的成功模式和路径,长期服务于美国著名的麦肯锡管理顾问公司的学者、两位斯坦福大学的管理硕士,托马斯·J.彼得斯(Thomas J.Peters)和小罗伯特·H.沃特曼(Robert H.Waterman),提出了企业组织管理的 7S 模型框架,以企业管理之中关键的七要素为核心,为现代企业发展提供了新的思路。①

7S 模型提出了管理组织体系当中的硬件软件要素之分,其中硬件要素包括战略(Strategy)、结构(Structure)、制度(System)三个方面的内容,软件要素则包括风格(Style)、人员(Staff)、技术(Skill)和共同理念(Sharedvalue)四个方面的内容。7S 模型的创新体系十分典型地将现代社会管理创新即治理结构的核心要素予以具体运用和型构,充分表达了现代社会工业理性、科学化、社会主体自我认可和发展以及社会文化建设等现代性体验,并以要素的方式将上述现代性体验和理念模块化、具体化和可操作化,实现了“人的问题要求人性地解决”的现代治理理念和目标。

7S 模型所构造的发展和建设模型既产生于这种治理现代化的变革,也是此种治理现代化变革的结果。该模型的 7 个要素,能够与中国社会治理的现代化模式形成结构性对应,并为其提供具体的、可操作的对应策略。

首先,就中国社会治理制度的体制框架和具体制度体系设置而言,作为硬件要素构成单元的战略(Strategy)、结构(Structure)、制度(System),直接为其提供关于整体性设计的具体内容,甚至包括为治理体系之主客体权利义务权力职责的配置提供思路。具体到硬件的对应,现代的社会治理就是必须遵循科学治理原则、民主治理原则和制度治理原则。

战略是治理发展目标、具体策略和发展路径的总体性规划,现代的

---

① 他们通过访问美国历史悠久、最优秀的 62 家大公司,又以获利能力和成长的速度为准则,挑出了 43 家杰出的模范公司,其中包括 IBM、德州仪器、惠普、麦当劳、柯达、杜邦等各行业中的翘楚,并对这些企业进行了深入调查,总结了这些成功企业的一些共同特点,写出了《追求卓越——美国企业成功的秘诀》一书,构造了企业发展的经典管理模式 7S 模型,使众多的美国企业重新找回了失落的信心。

公共治理是战略制胜的时代,战略的正确选择将确保治理的方向,有利于组织效率的提升。战略的失误是最大失误,战略的错误将必然导致社会治理的整体性失效和具体措施的结构性错位。当前,因为社会治理问题产生的根本原因在于过去单纯追求 GDP 增长的粗放型经济增长方式,以及由此所导致的社会经济、政治、文化观念的整体性失衡。所以,社会治理战略的变化,基本内容就是从重经济发展到重经济社会和人的全面发展的转变,社会治理的良性运动必须依靠人本主义的理性、科学、全面协调的经济社会综合发展模式。

结构即事物构成的要素及其要素间的本质性联系,不同的具体要素内容以及这些要素之间以特定规律形成的某种关联模式会形成不同的系统结构,而不同的系统结构必将形成和塑造不同的实体事物的功能,并最终外在地体现为不同质的事物的区分。社会治理战略的基本依靠乃是社会治理组织结构的科学构建。社会治理结构的创新关键在于从离散型、垂直化的结构到综合型、扁平化结构发展变化。这种变化又直接体现为国家治理体制机制的顶层设计方面。① 原有的治理结构中,部门分工、行业治理的权力分立与中央地方垂直管理的情况同时存在,职能分散性、中央地方的不协调以及政令一致化带来的僵化和行政壁垒,严重制约着市场要素的积极性。立足"国家—社会—市场"的统一协调治理结构,以对社会主体整体的尊重和认可为前提,充分利用主客观激励机制,有效形成以公共权力为核心、社会主体共同参与决策和

---

① 以环境生态治理为例:这种顶层设计实际关涉的就是威权政体和民主政体在生态环境建设中的价值问题。尽管在总体上,现代社会反对威权而崇尚民主,但是,我们却必须看到环境问题的外部性是不能离开相对威权的存在的。这里,事情实际以一种极为复杂的情况而存在。在民主的政体结构中,由于每一个公众个体以及社会群体对自我利益的关心较强,公共性必须协调个体性,因此,为实现减少环境压力而采取限制经济活动与人口的增长的可能性政策,是极为困难的。而在威权主义的政体之中,可持续发展未来的公共性需求更容易受到重视和有效的贯彻,因为威权主义政体为了实现某种政策的迅速实施,可以不去太多关注某些公民的少数权利,而可以去牺牲某些民主规则。当然,在现代社会相对崇尚个体主义的总体性价值要求定位之中,民主政体以其能更好地获取环境治理的信息、环境治理决策的透明度从而拥有执行的高效和便捷而相对更加具有吸引力。而社会法治和规则要素的积极介入也在为减少民主政体所具有的短期主义、集体行动的低效性作出努力。

执行的多层次治理格局,构建认同型权威,以使各种治理权威一方面很好地进行合理分工,另一方面拥有更加统一和高效的治理合力,从而实现国家治理的政治、法律方略的择优选择与确定。

体制方面,关键在于确立政治、经济、法律、社会事务各自的相对独立性,破除治理体制有效运转的外部制约因素,以主客体独立理性完善现代治理的本质。中国当前社会治理的一个基本问题就是执政党的治理地位问题,作为执政党,中国共产党必须积极转变自我的社会功能定位,真正理顺党政之间的关系,从行政事务中解脱出来,通过综合利用各种支持资源,树立党的政治主导地位,以实现中国共产党的最高治理权威价值,而不是混同政治和行政,造成对整体性的消解。而治理体制的另一重要问题,则是政府及其政府具体部门的治理主体构建问题。现代社会的根本特征之一就是去行政化和政治除魅,行政不是万能的,同时行政更不能单一地存在而无视社会的有序参与,从而,如何充分发挥市场在资源配置中的真正的决定性作用,并利用市场本身的力量去积极培育和发展公民社会,形成多层次、多属性的不同类型社会组织,建设成公民参与国家和社会治理的多元渠道和治理模式,型构民主化、多层次复合型、以服务而不是管制和权力支配为核心的行政架构,乃是社会治理新体制建设的必然要求。

现代社会治理的机制方面,基于社会多中心、多权威的现状,应更加重视治理主体的沟通、参与和整合,进一步完善国家、政府和社会的多主体协同体系构造。具体而言,在经济发展和成果共享基础上,拓展法治文化和公民社会文化的认同感,逐步恢复和重建社会主体间的普遍信任机制;强化公开、参与、互评等动态化的权力配置和运行体系,以完善监督机制和责任体系的具体路径、明确和规范治理主体的权责配置,有效推进治理主体行动行为的合法化和正当化,将单向管制行为变为商谈和互动行为,构建开放式的国家治理模式。

国家治理的基本目标和本质要求乃是善治,而善治必然是一种理性的、稳定的、和谐的治理,其依靠的基本工具就是法律。因此,国家和社会治理的制度选择只能是坚持法治国家、法治政府和法治社会一体化建设,法治乃是制度要素的基本内核。

其次,作为软件要素的风格(Style)、人员(Staff)、技术(Skill)和共同理念(Sharedvalue),则直接对应和提供了国家治理和社会治理结构运行中的微观操作内容,其具体包括治理行为特征、参与主体、治理技术和治理文化等几个方面。

作为体现风格的治理行为特征,社会治理必然呈现的鲜明特征乃是从行政管制型到公共服务型的转变,政府治理职能和执法主体的行为必然定位于公益性服务,行政就是服务、执法就是服务,既要加强城镇的公共服务建设、也要加强广大农村的公共服务建设,构建不同区域、不同领域相配合的公共服务体系,推进公共服务的市场化。

而治理参与人员即治理主体问题,则是要从客体化时代走向主体化时代、从传统人事管理走向现代人力资源管理、从单一被动的管理主体走向多元主动参与的主体。事实上,国家社会治理推进最重要的依靠力量不是政府的权力行为,而是社会和人民参与的权利行为,因为国家社会治理的根本目标是社会整体及个体权利的最大化实现,所以,民主参与实现国家与社会的良性互动,以公民自觉性构建治理的基础,才是真正夯实治理体系的必然选择。一方面,应积极推进政府主动民主行政,完善和引导民众参与立法、执法和监督的民主制度体系。实现公民个体对社会治理决策、立法、执法、司法和监督的全面参与,而不是完全被动的守法,使每个公民个体都成为治理的完善主体。另一方面,培育和发展各类社会组织,从城市社区治理体系和新农村治理体系两个对应互动的方面着手,强化自治社会组织机构自我治理能力和参与社会治理能力的提升,使之成为社会治理体系建设的积极的、内在主体性元素,科学地形成和发展符合全球化现代化治理规律的互动式、新型政府与社会关系。

信息经济、低碳经济、绿色循环经济将成为新世纪全球经济发展的新的增长点,社会治理技术将不再依靠过去简单的强制规制、惩罚约束和政策引导,而更多地依靠宏观调控和市场策略的有机结合,用法律制度确保市场力量的积极、主动自我治理,社会治理技术实际上将转变为新经济发展模式的启动点和核心引擎,治理技术变革本质上就是经济增长方式的变革。

治理理念或共同的价值观是走向善治的内动力,其与公民社会的文化培育直接相关,理念的转型深深植根于文化的变迁,现代的国家和社会治理必然要求从注重效率转向关注公平、从发展经济转向热爱自身,参与、民主、多元、认同、包容将成为社会治理内在的基本要求。治理文化建设包括公民社会的文化整体建设和与伦理个体相关的思想道德治理两个层面。前者主要是通过现代公共文化服务体系和治理的体制机制,以及治理文化产业和市场的发展来型构。后者则在于个体在公民社会之中的人性自觉。

(三)7S 模型制度优势和可能问题

1.制度优势

(1)7S 模型拥有制度构建和创新的系统优势。金观涛先生认为,整体方法在人类认识和改造这个世界的过程中具有十分重要的价值。当人们用某种预定和设计的可能方法去改造世界时,无论是否将这种方法视为世界整体内部的一个元素,其都将受到整体性世界的影响,改造者们及其所运用的这些方法本身必定会被改变了的整体性世界所改变。所以,整体性的方法必然受到真正智慧的实践改革活动的充分尊重和利用,而决不是自以为是的无聊抗拒。[①] 7S 模型整体框架的哲学基础就是系统论和控制论的哲学和方法论,因此,7S 模型管理理论能够为日趋复杂的公共治理系统提供有益的方法论指导。

现代国家社会治理的本质是公共治理,其公共性体现在复杂的多层次系统之中,既体现出政府民众共同参与治理主体的公共性,也体现出经济、文化普遍联系的治理对象的公共性。具体说来,在公共治理视野中,政府和社会公众的角色均需要重新定位和创新,各种非政府的自主性的组织之间以及公民个体之间复杂的合作伙伴关系均非单一化和

---

① 金观涛:《系统的哲学》,新星出版社 2005 年版,第 169 页。

线条化的存在,与之相适应,善治价值及其公共治理方法的选择同样是复杂的。在公共治理过程中,作为复杂性的适应系统之行动主体的国家、政府和社会等组织,既相互独立存在,又彼此相互联系、相互作用,并在相互作用的过程中互相修正,最终,通过行动主体的这种自我调试和修正能力提升,引致整个系统的功能、结构的变化。所以,公共治理必须冲破传统的简单化的理论范式。7S 模型科学、合理地建构了系统的整体观,并能围绕治理创新的核心要素主体、制度、文化予以结构分析,有力地建构了创新的运动因子。

同时,7S 模型内在的基本内容不是静止不动的,而是动态性的系统要素构成。各个要素必须保持对社会环境的最佳适应状态,并通过系统内外的社会环境变化,彼此之间以及和外部环境之间进行着物质、能量和信息的持续交换,持续性地完善自己和发展整体系统,从而有利于治理整体的创新性发展。

(2)7S 模型拥有现代治理体系要求的主体(即主体性力量)型构优势。7S 模型进行一般归纳的观测对象或经验本体是现代社会最典型的构成单元即企业,这种构成单元是在传统社会走向现代社会过程中的一个核心组织体。就中国社会的变迁而言,古代社会中的家族体系已被瓦解,新中国成立后计划经济时代的单位体制正在崩溃和解体,未来在新的现代小家庭结构单元之外,除却从事公务工作的人员,人们唯一还可以获得归属感的单元就是企业。而且,伴随着企业创新能力的不断提升,现代社会人类个体的组织形式之发展内在趋势也正被企业化所引领。

现代社会不同于古代传统社会的根本点就在于,人主体性的发现,这种发现不仅体现在政治哲学和政治体制建设的权力归属、权利配置方面,而且还体现在经济社会发展过程中自我力量的证明和实现。企业化、自治和去中心化则正是这种主体性力量不断蓬勃发展的不竭源泉,资本一方面束缚着人,但另一方面也塑造和解放着人。

7S 模型作为立基于现代管理哲学变迁的新理论,同样基于社会人、文化人、自我实现等主体建构的基础之上,并且该模型的目标本就是为了实现经济增长、企业发展、个体成长以及文化孕育的整体性发展。由于7S模型实现了"以事为中心"向"以人为中心"的治理方式和治理结构转变,强调以人为本的治理理念,其必然与现代社会治理体系中主体的自我认可相一致。

(3)7S模型拥有便于执行的优势。7S模型通过将上述诸要素区分为硬件和软件两个层次,有效实现了治理体系宏观和微观的区分协调,一方面既考虑了治理的顶层设计问题,另一方面也考虑了治理的具体执行和落实问题。同时,强调和注重模型构成要素之间的互动、通约关系,具体认知的确定性和创新的灵活性等特点。

基于此,将该模型应用于国家环境治理结构的改革和变迁,从改革的动员、改革理念制度的确立和教育传播、改革的具体贯彻落实等方面,受到财力、物力以及参与改革全部个体认知学习能力的限制较少,便于社会整体的接受。7S模型的模块化直接和具体地将操作的内容和程序细化,极大地实现了易操作、便于执行的制度改革优势。

(4)7S模型拥有制度强化绩效激励的优势。7S模型关注整体性,以主客观的辩证认识综合源头、过程和结果一体化程式,以新的视角通过对治理对象、治理内容和治理方法进行模块化形塑,从而客观上产生了以过程和效果的考核代替了约束和强制的考核的绩效激励机制变革。同时该模型以7大模块的具体化,也为社会治理绩效考核目标和标准的设计提供了可资量化的总体性评价标准。

关注主体性和人的能力发挥的7S模型,将人的主体能动性构筑为制度创新和机制创新的核心力量,改变了传统"权力本位"的治理权威依靠,而创造性地发展出"能力本位"的新型权威。过去,在由"权力本位"作为主导的框架之下,激励体系以权力为核心来构造,资源、等级、身份是人才评价的基本标准;而"能力本位"主导的现代治理框架,以竞争获取资源,以治理的实力决定社会竞争的结果,个体和组织的成长依靠行为绩效和社会公众评价为准。由"权力本位"转向"能力本位"是组织激励和个体激励获得极好的结合,形成了激励机制的总体强化效果。

(5)7S 模型拥有与国际化接轨的优势。7S 模型理论渊源具有西方性,是全球化和现代化思潮的产物,是现代经济社会发展日趋市场化的必然选择。而我们的市场是开放的市场、公平竞争的市场。7S 模型的核心理念就是关注市场要素,而且经济发展同样需要共同的生产环境、制度环境和文化环境,作为现代企业全球通用的一种管理理论,运用该模型将很好地获取全球社会治理市场化基础的价值认同,有利于实现国家社会治理体系的沟通和融合。

2. 可能存在的问题

(1)公司治理模型应用于社会或国家治理的有限性。7S 模型作为公司治理的现代模型,从根本上说,毕竟不同于国家和社会治理的综合性、复杂性,特别是不同于国家和社会治理过程中公共性和非公共性问题的具体面向。

社会领域分为公共领域和非公共领域,对公共领域进行的公共管理主要是国家治理和社会治理的内涵层面,而对非公共领域进行的管理则是私领域的各种自治管理模式,其中企业管理最为典型。

公共治理与企业管理的不同主要表现在如下几个方面。第一,具体目标不同。公共治理是为公众服务追求公共利益的,而企业管理则以营利为目的,追求利润最大化。第二,管理运行的结构价值需求不同。企业管理为了实现组织目标,更多着力于提高效率上,而公共治理不仅要注意到效率问题而且还得研究公平问题。第三,权利责任配置和要求不同。与企业管理相比,公共部门尤其是政府更强调责任,特别是实现社会事业发展的公共责任。第四,监督方式不同。公共治理要受到社会大众的监督,而企业管理的监督主要是来自企业的内部。第五,权力来源不同。公共治理中公共组织的权力主要来源于社会大众所给予的公共权力,而企业管理的权力则大都是私人授权。

因此,7S 模型在运用到国家和社会治理层面,作为型构和改革国家和社会治理模式的新理论时,必须要受到自身特殊性和非公共性的限制,模型的利用必须既充分重视其通过利益引导等市场机制对环境治理组织、个人等主体的价值,充分发挥其整体性功能,发挥对治理效

率的积极意义,同时也必须重视作为国家和社会治理领域的环境治理
必然以公共利益为重的恒定选择,必须重视公平相对于效率的优先性,
更必须重视特殊领域战略选择短期性和局部性与环境治理长期性、综
合性的不同。

(2)自治权利与公共权力的协调问题。权利是权力的源泉,权力
产生的目标应当在于维护权利,但是由于权力具有强烈的独立性和扩
张性,自权力产生之日始,权力常常站在权利的对立面,甚至于侵犯和
压迫权利。权力和权利之间的历史斗争不可避免,自现代化以来,伴随
启蒙主义和个体自由主义的发展,权力和权利之争也由阶级性的争斗
进入了国家和社会对立争夺的新的局面,自治权利和公共权力的协调
问题就代表了这种新倾向。

7S 模型主导构造的组织自治和个体自治发展模式,是对公民个体
自治权利发展的良好经济策略和治理策略,是自治权利孕育基础公民
社会自我发展的优越途径。所以,7S 模型在国家和社会治理领域的运
用,必然面临着自治权利与公共权力的对立和协调。

现代社会建设或社会治理现代性的基本内涵,不仅仅是以科技、工
业高度发达为基础的经济现代化,而更重要的是在能动的市场推动下
培育和形成以主体自觉为基础个体和共同体一体化发展的公民社会。
因此,社会治理的当务之急是锻造真正拥有公民权、公民意识的公民个
体,建立能够创新治理沟通渠道的公民社会组织,并获取制度、文化和
行动者之间的交互作用自然生产治理新工具的发展机制,最终形成市
场—国家—社会之间相互制衡、相互促进的动态社会发展结构。

现代社会治理的目标是通过公民社会发展出来的权力制约和监督
机制以及市场建设促进机制,最终形成有限政府、有限市场与理性主
体三者相互制衡和良性互动基础之上的多元社会治理体系和社会治
理模式。所以,一定角度上我们可以说,和谐社会本质上乃是权力与
权利的和谐,是市场与社会之间的和谐,也是国家、政府和社会之间的
和谐。

但是,国家和政府权力面对公民社会和公民权利的发展,客观上具

有一种非正向的排斥。而其排斥的根源在于对主体性社会的无限担忧,即对以主体性成长为目标的公民社会可能消解国家、消解权力权威的恐惧和保守对抗,这种对抗直接表现为对社会主体性的怀疑、在价值判断上将主体性社会确认为负面的、对现代社会型构具有瓦解作用的形态,从而制约主体性的发展。

同时,长期以来,由于国家、政府所代表的总体性权力的存在,以及公众盲目地对全能型权威的依赖惯性存在,社会大众在现代转型的过程中,也产生了对社会自主性的自我怀疑和否定,主体性同样害怕丢失权威而陷入一种不自信的不确定的状态之中,从而表现为逃离公共领域、切断社会联系,避免自我的公共参与。

这样,从上述两个方面或层次,实际形成了整个社会对主体性社会的自我否定和阻碍,在一定意义上,这或许是以个体理性自觉为基础的主体性社会在当前中国现代化过程中缺失的根本原因,并真正成为中国社会治理现代化的极难逾越的沟壑。

基于此,为实现国家和社会治理范式的根本变革,必须充分调动市场的力量,通过社会力量的自然成长,培育社会主体性的自信、赢得国家、政府和社会大众的他信,获取自治权利和公共权力之间的和谐调处。

(3)模式化分析制约制度创新的灵活性。模式作为一种事物发展的标准样式,其存在主要是为事物发展的方向提供一个确定的路径,为事物特定阶段的运行提供一个既定的运作体系,但是模式并不能涵盖事物的全部,一方面模式是对特殊性之中共性的抽象、不能替代特殊性,另一方面一种模式的存在必然具有特定时空的限制,当事物量变达到质变进入新的阶段时,既定的模式将会产生对事物发展的限制。

环境治理存在着大量的特殊问题,并且许多问题还可能是逆出模式之外的问题。同时,既定的一种模式往往会排斥另外一种新模式的产生,可能会造成治理思维的固化。因此,7S 模型的适用可能会产生对制度创新灵活性的制约。

四、中原经济区社会治理体系构建

现代社会治理的基本内容和核心要求就是公民社会的发现和重建,也就是说公民社会的各要素之发展与社会政治经济文化的总体性需求不相适应,而这正是当前整体中国社会治理和法治建设的基本问题,作为主要以农业为主、人口基数多的中原经济区上述基本矛盾则更为突出和典型。

中原经济区社会治理体系的建设关涉政治、经济、文化等方方面面的系统化工程,意图从理论上对该体系进行全面和没有缺漏的设计,事实上是不可能的,本节针对中原经济区社会治理之中直接与基本矛盾相关联的五个领域尝试予以构建,以期对整体治理提供一些有益的思路。其具体分为城乡一体化模式、公共服务体系建设、公民社会培育和政府职能转型、权利救济体系构建以及社会应急管理五大类型。而对每一类型进行法治体系的构建,笔者将借鉴麦肯锡 7S(共同理念、战略、结构、体制、风格、人员和技术)系统思维模型,以寻求和形成相对客观和统一化的操作模式。

具体说来,如针对城乡一体化发展问题,创新人口和户籍管理机制等,改革和调整城乡二元分裂模式;针对公共服务体系建设,形成社区推动、政府主导,健全多元投入和运行经费保障机制,完善基层社会安全管理和服务体系;针对公民社会培育,强化基层民主,发展社会组织,实现政府职能社会化。针对权利救济机制,协调司法机关职能和社会管理参与关系,促进公平司法;针对社会应急管理,应当构建以源头治理强化预防、以动态监控实现有效控制、以应急处置为具体应对策略或权变手段等多层次、多元机制相结合的一体化管理系统。

(一)城乡一体化建设

城乡一体化是我国整体社会现代化过程中,农村、城市经济社会发展在产业协调、人口结构、公共服务配置等领域综合平衡、趋向同质化和统一化的过程,城乡一体化的基本内容就是以市场运动为基本的手段和驱动力,通过主动性的体制改革和政策调整,有效整合工业与农业两个产业间的关系,优化城市与乡村区域性的资源配置,融合城镇居民与农村居民两类社会群体的生产生活和文化境遇,实现城乡规划建设安排的一体化、产业结构布局的一体化、市场运行、生态环境和社会文化等事业一体化的综合性发展。最终,将传统的城乡二元分裂的经济结构完全消除,推进二者一体化的结构性互补,从而促进整个城乡经济社会全面、协调、可持续发展。当然,城乡一体化并不意味着城市和农村之间完全无差别的存在和发展,不是农民和城市市民身份待遇等的趋同化,城乡一体化并不否定城市和农村在现代化基础上的差别。

共同理念。城乡一体化建设需要遵循的核心理念乃是"法律地位平等化、资源分配公平化",其直接针对城乡一体化的基本矛盾即城乡政治、经济、文化等差异和冲突。

战略。城乡一体化建设注重经济稳定和粮食安全,确立"市场驱动和政府引导"相结合自下而上的发展战略,在政府宏观政策指引下,以市场的各种信号工具为杠杆手段,用利益机制诱导生产要素的合理流动和优化组合,以供求机制确保和实现城乡现实需求之劳动力等生产要素的合理布局。

结构。从经济发展的总量和经济运行的社会效益来看,城市建设是大头;而从粮食安全、人口地理分布和社会结构的稳定性来看,农村是大头;如何统筹考虑这两个大头,是解决城乡发展不平衡问题的一个重大创新。因此,城乡一体化建设在结构上集中体现为:城市社区治理和新农村建设两个彼此相对独立、同时又密切结合的两个方面。一方面,政府要加强引导、发挥市场调配资源的力量,高标准建设大城市外围卫星城和小城镇,既减轻大城市人口压力,又拓宽农民向城镇转移的路径,加速工业化和城市化进程。另一方面,坚持"生产发展、生活宽裕、乡村文明、村容整洁、管理民主"的新农村建设标准,采取加快农村基础设施建设的步伐、改革农村税费改革社会保障制度、提升农产品市场交易价格、增加农民收入、保护农民基本土地权益等多种措施,一方面减少农民数量,另一方面增加农民人均占有资源量,并积极引导社会资本流向三农领域。

体制。城乡一体化建设的实现根本上就是要建立经济社会发展的一元化体制。改变我国的二元户籍管理制度,不以地区或身份区分,居民转移户籍几乎不受限制,统一全国居民的养老、失业和医疗保险,使全国人员流动较为方便,一方面为农村剩余劳动力向城镇转移创造条件,另一方面也解除了农民进城或城市居民"下乡"的后顾之忧。

体制问题中,除了户籍问题亟须一元化之外,另一个重要的方面就是劳动力市场的地区分割和劳动力市场供求以及价格规律的相对失衡问题。城乡居民就业机会不均等或不平等,根本上在于农村居民进城务工后的各种不同于城市居民待遇的政策规定,因此,努力营造城乡居民均等的就业机会和公平竞争的市场与法律环境,乃是逐步建立全国统一劳动力市场的急需命题。

风格。城乡一体化所要求的社会治理行为是去行政化,强调政府对城市和农村经济社会发展的服务功能,重视治理对象的主体权利保护和法律面前人人平等的基本待遇。

人员。在这种基础之上,治理主体的国家机构必然要求精简各级政府管理机构,弱化等级层次、减少管控人员数量,对市场放权,释放社会自我发展的各种潜在力量。

技术。城乡一体化建设的技术化层面,主要是依靠科技生产力和市场配置资源经济规律的有效实现。

(二)公共服务体系建设

事实上,全部社会治理的目标都在于实现满足社会公众的基本需求,促进社会公众生存和发展所需社会产品和服务供给内容、层次之提高。而公共服务体系建设作为社会治理的基本内容,其主要宗旨就在于满足公民生活、生存与发展的某种直接需求,以能使公民受益或享受。

共同理念。公民权利是公共服务体系建设的法治依据,也是该体系建设的具体目标。基于我国社会转型期的整体性结构矛盾,公民权利体系建设的治理理念是包括收入分配在内的公民社会生存、发展等基本权利实现状况的均等化和普适化。

战略。因为公共服务体系的构建直接服务于社会公众个体,所以,在这一领域内社会治理的促进不缺乏社会参与主体的内在激励,整个体系建设推进的关键在于,有机发现政府财政、市场力量和社会成员三方的合作点,实现共同努力、共同推进的发展战略。

结构。公共服务体系的建设必须结合社会成员和公众的现实需求,遵循基本的供求规律。同时,也必须认识到政府单一主体提供公共服务的能力限制,以及政府垄断公共服务带来的分配不公平、效率低下、市场激励不足和供给质量欠佳等问题,因此,公共服务体系的构建在结构上应充分考虑公共服务、私人服务和社会服务三大体系的结构性平衡和稳定,以财政支付和市场支付为两大工具目标,形成优质的三者相互依靠、相互促进、良性运作的公共服务供求市场。

体制。构建政府供给公共服务的激励机制。当前,政府公共服务基本功能的提升和有效发挥,必须以法律制度的形式探索和建立可持续的财政支持体制;以科学可量化的、组织和个人两套绩效考核制度相结合,建立规范合理的政府分工和问责机制,加强公共服务绩效管理,避免责任的组织分散和个体组织间绩效目标的偏差;利用市场力量引导地区间和城乡之间资源的配置,促进政府间间接竞争机制的形成,推动各级政府逐步树立以公共服务为中心的政府职能观和绩效观,健全我国公共服务供给的各种体制机制,提高和提升公共服务所提供的数量和质量。同时,强化社会公众的监督机制,监督财政支出的方向和效应。

引导社会资本良性参与公共服务。社会资本基于市场参与公共服务是现代国家的一个典型特征,政府体制改革的重要方向就是全能职能的自然压缩和释放市场力量。

风格。公共服务体系的目标在于公民权利,在于社会成员的现实需求,因此,"务实、服务、效益、公益"乃是公共服务体系治理行为的基本风格。

人员。现代化的公共服务治理体系,要求改变政府主体的单一化,所以治理主体参与数量和类型均趋向多元化,而整个治理体系的建设和市场供给则实现社会成员的人人参与。

技术。公共服务数量提高和质量提升,乃是此领域社会治理的本质需求。这在治理的技术层面直接体现为,公共服务内容的全面化即尽可能地覆盖社会公众需求的全部内容,公共服务供求界面的网络化即实现公共服务的完全按需配置和全社会覆盖,公共服务的市场化即公共服务进入市场、引入竞争、促进良性循环。

(三)公民社会培育

在国人一般的认知里,公民是一个法律概念,人民是一个政治概念,而农民和市民则是与产业、区域相联系的经济概念。但是,公民社会却不是简单的法律概念,在一定意义上,社会转型期现代化的中国所构建的公民社会是一个意图包括法律、政治、文化、经济,具体涵摄农民和市民两类群体的一个概念,并且公民社会还不单单指向主体的人,它还包括相关的生活领域和价值文化问题。

共同理念。公民社会构建过程中,必须遵循的基本建设理念就是"自由、参与、公共性",公民社会的提出直接面对的就是国家和社会的关系问题,其强调的就是国家权力的有限性和公民社会主体力量对社会治理的积极主动作用。

战略。"开放、民主、多元"是公民社会构建的总体性战略,开放是指经济改革力度的增强和市场力量的进一步发现和释放,民主是指政治参与层面的深化,特别是社会力量、普通公众对立法、执法等政府行为和法律运作框架的深度介入,多元则是文化认识的去中心化、去权威化,努力形成公共文化的权威和个体自由相协调。

结构。随着市场经济环境的日益健全,现代社会逐步形成了一种以契约规范和调整人们行为与社会关系的新型社会结构形式。相对于传统的政治结构或血缘为基础之家庭身份结构,契约则集中在理性原则指导下,根据各方利益关系建立的规范个人和社会行为的协议。事实上,契约本质上体现的是一种以平等、自由为核心,以法治为基本逻辑保障的公共精神。基于此,管控型、整体型的社会治理结构向离心型、分散型的社会治理结构转变。

体制。社会管理涉及管理者与被管理者两个维度。要创新社会管理,就需要对社会管理的这两个维度有一个理性的认识。历史地看,社会管理有两种方式,一种是社会的自我管理,另一种是社会的"被"管理。公民社会主要实现的就是社会的自我管理和被管理的相互结合,而其推进的体制构造必然是民主。因为,民主体制是实现公共理性和自我管理的最优选择。[①]

风格。社会的自我管理是保证社会公平发展的基础,在这一过程中,社会治理需要动员全部社会行动力量,不仅是政府,也包括企业和社会组织,共同构建中国的公民社会结构,所以,公民社会培育必然要求一种多中心治理行为风格,参与治理的权威不再是政府一个中心,而是有社会其他主体参与的、多中心的。

人员。政治身份向契约身份的转化,治理主体的绝对单一化变为多层次的多主体参与,传统治理者官本位和权力本位消弭,治理人员去精英化,逐渐走向大众化和平民化。

技术。公民社会培育的技术需求主要表现在两个层面,其一是国家和政府的权力制约机制,社会发展的历史告诉我们,权力具有不断膨胀的内在趋势,权力是对权利的最大强制因素,因此,把权力关在制度的笼子里是我们的必然选择;其二,公民社会的培育需要以市场经济高度发展来驱动的公民社会文化认同,依靠市场经济的发展,通过培育私营经济和合作经济的力量,进一步整合或协调各类社会利益,促进社会

---

① "民主政治的本质是从宪法与法律的高度确立主权在民的原则。民主政治依法保障公民的平等、自由权利,鼓励公民广泛的政治、社会参与。民主政治是参与型的政治文化,公民的自主性、参与性既是民主政治的题中应有之义,也是提高民主政治发展水平的重要条件。政治参与的有序性、充分性与效能感是实现良好民主的必要条件,其形成依赖于公共理性的建构与扩展。"参见黄金辉:《基层民主政治建设与公民社会成长关系刍议》,《人民论坛》2013年第29期。

各阶层间的正常流动和社会各种资源的公平高效配置,并在此基础之上,激发公民社会个体内在拥有的自由、平等、契约等权利精神和自律意识,自觉型构现代社会所需要的理性自由的真正公民个体。

(四)权利救济体系

权利救济是指在权利人的各类权利或利益在遭受外部侵害的时候,以法律作为行为的依凭,国家政府或个人所采取的消除侵害、赔偿损失等具体补救措施或行为,通过此行为,可以使权利人的权利获得恢复或进入新的平衡。权利救济分为公力救济和私力救济两个方面。我国目前尚未形成完善的权利救济体系,事实上,基于权利本身随社会发展的开放性,权利救济体系的构建永远处于持续性的不断发展过程中。

共同理念。权利问题是个人和社会发展的基本始点,社会发展的各种矛盾归根结底都是与权利和利益的关系问题相关的,都是对权利冲突的平衡和协调。而权利从理论上尽管可区分应有权利、现实权利、法律权利等多个层面,但就权利救济体系的构建而言,只有法律权利是现实可为的,所以"法治"乃是权利体系构建的基本理念。

战略。"以教育为主线、以司法为支撑"是权利救济体系在社会治理总框架中的特殊性体现,教育在于实现权利主体的权利自觉,司法在于实现国家公权力对权利安排的社会法律支持。

结构。司法框架是权利救济体系的逻辑终结者,因此,权利救济体系结构呈现出一种自我救济、行政公力干预、司法救济之救济力量逐级递升,以司法终局为后盾的运行结构。

体制。权利救济体系作为社会治理的一个环节,其有效构建不同于公民社会等主要依靠市场驱动,以市场体制的良性运转来推进,而主要依靠人大、政府等国家机器系统对社会需求的积极反映程度,体现为立法体制的社会现实性、立法民主的公众参与度、政府社会保障等权利保护的落实措施,从而其治理体制主要表现为国家立法、执法、司法等权力体制的合理构造。

风格。权利救济体系的构建是权利主体私力自救和国家公力救助相结合,但其从社会治理的行为风格方面来讲,权利受到损害后私力自救相对有限,总体上以公力救济为治理行为的主要选择。

人员。权利救济体系的治理主体集中地表现为法律专业人员的广泛参与,政治性、行政性色彩大大降低,而法律治理的独立性十分明显。

技术。由于法治是权利救济体系的基本理念,司法是其终局性选择,该领域的治理鲜明地拥有程序性的典型特点,权利实现或恢复的过程体现为规范或规则的输出。

(五)社会应急管理机制

社会应急管理机制主要是针对突然发生、可能造成自然事故灾难或社会安全等某种危害的群体性事件,相关政府决策管理部门进行的紧急处理措施体系。其最重要的特征有:事件发生的突然性和紧急性、产生原因的多元性和不确定性、后果一般具有广泛的危害性、处理决策的非常规性、复杂性。基于转型期现代社会信息化、生态不平衡、经济社会矛盾集中等现象,社会应急管理成为现代社会治理体系构造中的关键环节。

共同理念。无论是自然事件还是社会事件,突发事件的危害后果最直接的就是对人民生命和财产的安全威胁,其次是影响社会秩序的有序运转,因此,从根本上说是群体性公众利益的平衡和维护问题。坚持"以人为本、科学法治"的治理理念,将人民利益放在首位,自觉遵循规律、严格以法律规定实现事件的整体控制,注重利益的协调,乃是社会应急管理的核心,是有效解决问题的前提。

战略。社会治理区分为常规治理和应急治理两个类型,应急处理机制只是社会管理中的应急之策,治标不治本。自然事件也罢、社会事件也罢,本质上都是日常治理不到位或缺位、失衡的结果,所以,社会应急治理的基本思路应是,坚持以源头治理为预防、以动态监控为具体治理管控行为、以应急处置为短时和具体应对策略,多层次多元结构叠加,从经济社会发展的内部矛盾出发,从经济、政治、行政等综合角度确定治理目标实现的总体性战略"改善民生、加强民主、规范权力运行、教育引导化解社会矛盾",实现社会应急管理的常态化和规范化。

结构。社会应急管理机制的有效建立必须形成多层次良性"互动"的运作结构。其一是治理决策者和治理对象间的互动,应急管理要求解决问题的时效性和解决方案的精确性,治理对象的现实需求是什么必须依靠二者的互动沟通来实现;其二是治理主体与公民社会第三方间的互动沟通,这种互动就资源调配而言,有利于引导社会资源对政府力量的支持,而就危害的传播而言,有利于社会第三方和更多的群体知晓事件进展,避免盲目地站到治理者的对立面。

体制。由于突发事件的过程特点和危害广泛性,社会应急管理客观上要求短时间内对社会资源的高效调动和运用,作为社会的一般组织和普通成员,无法有效组织必需的社会资源,同时普通公众也缺少相应的法律责任或义务来进行管理。所以,社会应急管理体制的构建,必须坚持国家和政府的主动性,并以政府权力为主导迅速调动各种社会资源的介入,形成统一化的联动管理体制。

风格。"诚信、公开、负责、高效"将是社会应急管理机制建设当中的整体风格,因为疏导而非压制是社会应急管理之中基本的策略选择。"诚信、公开、负责、高效"的治理行为风格,将合理、及时地引导各种资源对治理事件的正向参与。

人员。社会应急管理机制中人员参与特征一方面呈现为多层次互动的状态,另一方面呈现为精英化和群体化共存的状态。应急事件多是群体性事件,因此,参与治理人员的数量庞大和群体化是问题解决可能性的基础,但是群体化的参与必须与少数精英的精确决策和引导相关联,否则,盲目的群体参与往往造成客观上危害结果的扩大化和失控。

技术。决策、指挥系统是应对突发事件和矛盾应急处理的核心,其有效运行是社会应急管理成败的关键。而决策、指挥系统要想作出客观和正确的科学决策,对事件过程全部信息的把控是前提,只有高效和全面地占有有效信息,才能够实现精确的决策和指挥。因此,信息化网络的构建成为社会应急治理机制的基本技术,信息的及时传递和沟通将形成治理主体对治理局面的总体控制,有条不紊地快速解决问题。

改革开放特别是实施促进中部地区崛起战略以来,河南省经济社会发展取得巨大成就,在中原经济区经济和社会现代化转型的过程中,传统的政府职能定位、国家和社会关系发生革命性变化,现有社会管理模式还存在阻碍"三化"协调发展的诸多因素。如何具有针对性地持续性深化社会管理创新,以法律现代化和法治治理的创新视角去审视和分析社会管理创新的历史变迁以及中原经济区在此历史背景下具体的社会管理实践改革,构建国家、社会生存和发展环境的新局面,成为理论界和实务界共同关注的基本命题。

针对当前对社会管理创新问题的研究宏观研究多,中观和微观研究较少;区域特色的体系化研究更少;社会管理创新缺乏统一的评价标准和具体可操作、可复制具体模式,理论实践脱节的具体问题,一方面从理论上梳理社会管理创新的知识积累历程,寻求研究和制度构造的合理创新点,另一方面通过实证分析中原经济区建设中社会管理的制度缺陷,结合中国大国政治特色,坚持实事求是,针对区域特征,以麦肯锡 7S(共同理念、战略、结构、体制、风格、人员和技术)系统思维模型作为治理体系建设的理论模式,合法合理类型化社会管理对象的治理模式,并形成制度化、规范化的量化标准体系作为规则。

具体说来,笔者在进行研究综述的基础上,在第一节首先从理论上系统梳理了管理理论的发展过程,指出从"管理"到"治理"的理念和实践体系变革的本质,实际经历了作为"劳动者"的人具有物化或对象化的管理论,到现代人作为劳动和社会整体治理行为主动参与者或者说人真正人化的发展历程。当前中国处于社会的转型期,国家社会理论具有法治时代的新的基本特征,其强调社会治理结构已从过去的管理走向服务、从单向走向互动、从一元走向多元。一句话,管理已经走向现代社会的治理时代。既然客观世界的内在稳定结构发生了本质性的变化,那么以该结构为直接对象的政策制定所围绕的中心当然也应发生相应变化。因此,适应这种变化所产生的治理理论就改变了原有管理的单向性、权力性、支配性,而发展出拥有互动、权利、参与等更加重视个体主体的新治理形态。在这种情况下,社会管理类型化治理的法治模式成为必由之路。

因为,社会治理最终所要实现的乃是善治。法治乃是善治的最优选择。善治,就是良好的社会治理,其根本追求就是实现公共利益最大化,其治理的模式或方式就是政府与公民充分沟通和协作的对社会共同管理,其基本的依靠乃是体现善之本质的法律之治。

其次,笔者基于国家和社会治理的实践性和具体面向,提出法治是现代社会秩序的基本保障,也是现代社会治理的基本准则和手段。在中国现代社会转型的历史进程中,坚持依法治国,以法治推动现代社会治理的深度变革和发展将是必然之选择。但是,作为从西方传来的现代法治,如何在中国落地生根,或者说如何探索建立法治中国的特色道路才是我们的基本使命所在。

一个良好的社会制度实际上是由无数个制度环节和制度要素有机联系共同构成的,法治中国的建设和实现绝不仅是简单的法治主义宏大叙事的铺开,而是关涉立法、司法、执法、守法,关涉财政、市场、政治、文化等多种复合性问题的一系列具体法治建设问题的系统工程。法治的普适性和地方性,法治的总体框架和特殊领域的法治构造不可避免地将面临各种困境,因此,法治的类型化治理或者说具体法治的构建必是推动社会治理的首要因素。

随后,在此基础之上,笔者结合中原经济区建设的具体问题,对国家和社会治理的法治类型主义即具体法治的模式开始探讨。

为发现法治构建的具体策略和模式,笔者在第二节对中原经济区社会管理制度的缺陷进行了简要分析,指出现行的社会管理体系存在以下问题:经济基础的结构不平衡;顶层设计不合理;法治要素匮乏;社会资源参与不足;社会阶层分化结构失调;社会文化价值观的失位错位。

基于此,对麦肯锡7S(共同理念、战略、结构、体制、风格、人员和技术)系统思维模型引入国家社会治理体系构建的普适性进行了分析,指出模型构造的抽象性契合现代治理理论的基本特性,二者都是现代社会工业理性、科学化、社会主体自我认可和发展以及社会文化建设等现代性体验的总结,均是理性系统论和控制论的成果,在管理或治理的科学构造上基于人本主义的主体性型构具有理论的相通性,从而7S模型可以为法治的类型治理提供模式建构的参照系。但是,该模型的引入也具有领域特殊性和普遍性的共性提取困难以及内在包含的自治权利与公共权力的协调问题等。

随后,笔者尝试参照该模型,从社会治理的五个典型领域进行具体法治的体系构建。具体说来,如针对城乡一体化发展问题,创新人口和户籍管理机制等,改革和调整城乡二元分裂模式;针对公共服务体系建设,形成社区推动、政府主导,健全多元投入和运行经费保障机制,完善基层社会安全管理和服务体系;针对公民社会培育,强化基层民主,发展社会组织,实现政府职能社会化。针对权利救济机制,协调司法机关职能和社会管理参与关系,促进公平司法;针对社会应急管理,应当构建以源头治理强化预防、以动态监控实现有效控制、以应急处置为具体应对策略或权变手段等多层次、多元机制相结合的一体化管理系统。通过这种理论建构,明确了具体领域中治理主体、治理对象、治理过程以及制度构造所具有的特殊性情形。

第二章　机制创新与党的建设

一、两项机制建设的背景

近年来,中共河南省委着眼于巩固党的群众路线教育实践活动成果,坚持改革方向、问题导向,抓好建章立制,提出并初步构建了"4+4+2"党建制度体系,即在基层建立健全民主科学决策、矛盾调解化解、便民服务和党风政风监督检查四项基础制度,在县级以上机关建立健全民主集中制、严肃党内政治生活、干部选拔任用和反腐倡廉四项基础制度,在各级党组织和国家机关建立健全权力规范运行和全面从严治党监督检查问责两项机制,努力探索管党治党、改进作风、密切联系群众的长效机制。"4+4+2"党建制度体系既相互联系,又各有侧重,构成了纵向到底、横向到边的系统网络,进一步完善了河南省党的建设制度体系,以制度的刚性约束规范权力运行,严明党的纪律,从严管理干部,坚定正风反腐,把全面从严治党落到实处。"4+4+2"党建制度体系,尤其是在各级党组织和国家机关建立健全权力规范运行和全面从严治党监督检查问责两项机制的提出和实施,有着深刻的背景。

(一)"中国梦"实现亟待解决的新问题

中国梦,是习近平总书记在党的十八大之后提出的重要指导思想和重要执政理念。总书记指出:"实现中华民族的伟大复兴,就是中华民族近代以来最伟大的梦想。""中国梦"的核心目标可以概括为"两个一百年"的目标,也就是:到 2021 年中国共产党成立 100 周年和 2049 年中华人民共和国成立 100 周年时,逐步并最终顺利实现中华民族的伟大复兴,具体表现是国家富强、民族振兴、人民幸福,实现途径是走中国特色的社会主义道路、坚持中国特色社会主义理论体系、弘扬民族精神、凝聚中国力量,实施手段是政治、经济、文化、社会、生态文明五位一体建设。可以说,中国梦凝聚了几代中国人的夙愿,体现了中华民族和中国人民的整体利益,是每一个中华儿女的共同期盼。国家富强、民族振兴、人民幸福,三者紧密联系、相辅相成,蕴含着全面建成小康社会的壮丽蓝图,也蕴含着建设富强、民主、文明、和谐的社会主义现代化国家的宏伟目标。中国梦之所以具有强大的感召力和影响力,因为它凝聚了全党全国各族人民的最大共识。

党是领导核心,是各项事业成功的根本保证。推动中国的改革与发展,关键在党。早在革命战争时期毛泽东就指出:"没有中国共产党的努力,没有中国共产党人做中国人民的中流砥柱,中国的独立和解放是不可能的,中国的工业化和农业近代化也是不可能的。"毛泽东反复强调:"领导我们事业的核心力量是中国共产党。""中国共产党是全中国人民的领导核心。没有这样一个核心,社会主义事业就不能胜利。"邓小平也多次强调:"中国问题的关键在于党。"实现中国梦对我们党提出了新的更高的要求,党必须以改革创新精神不断加强自身建设。其中,创新基层党建工作是实现中国梦的基础工程。实现中国梦离不开各个领域基层党组织带领广大群众共同奋斗。这就要求我们党以服务群众、做群众工作为主要任务,加强基层服务型党组织建设,按照服务改革、服务发展、服务民生、服务群众、服务党员的要求,探索不同领域、不同类型基层党组织发挥作用的途径和办法。要求我们党着力提高基层党组织推动发展、服务群众、凝聚人心、促进和谐的能力,以党的基层组织建设带动其他各类基层组织建设。要求我们党创新社会管理机制,畅通民意表达渠道,维护群众合法权益,拓展服务群众的渠道和平台,夯实党执政的群众基础。两项机制的提出和实施,目的在于牢牢把握加强党的执政能力建设、先进性和纯洁性建设这条主线,坚持解放思想、改革创新,坚持党要管党、从严治党,确保党始终成为实现中国梦的坚强领导核心。

(二)"颜色革命"凸显的新挑战

中华民族的伟大复兴事业,是一项前无古人后无来者的事业,前进道路上必然有着这样那样的困难和挑战,总有这样那样的杂音,西方国家总想打乱中国的崛起和复兴步伐,从而误导中国的发展道路和发展方向。邓小平在改革开放初期告诫人们:"西方国家正在打一场没有硝烟的第三次世界大战。所谓没有硝烟,就是要社会主义国家和平演变。"几十年来,西方国家利用"颜色革命"、信息心理战等非暴力战争的方式颠覆中国的努力不仅没有停顿,反而愈演愈烈,其核心环节就是意识形态战争。由于西方资本主义势力将和平演变视为长期战略,国内"台独""藏独""疆独"分裂势力和邪教势力将希望寄托在和平演变上,我们不能麻木不仁、视而不见、听而不闻。近年来,金融危机引发的全球经济政治动荡持续挑战着世界各国执政当局的能力、智慧与勇气。美国重返亚太的战略部署、复杂多变的国际政治经济格局,都使中国发展在面临重大机遇的同时也面临前所未有的挑战。

唯物辩证法认为,外因是变化的条件,内因是变化的根据,外因通过内因而起作用。中国作为一个社会主义大国,只要解决好执政党和中国社会自身的问题,任何"颜色革命"的阴谋都不用害怕。应对"颜色革命"的阴谋,要注意治标和治本相结合,关键要夯实执政党的执政基础,尤其是基层党组织和党员干部的理想信念。2013年6月,习近平总书记在全国组织工作会议上的讲话中指出:"事实一再表明,理想信念动摇是最危险的动摇。理想信念滑坡是最危险的滑坡。我一直在想,如果哪天在我们眼前发生'颜色革命'那样的复杂局面,我们的干部是不是都能毅然决然站出来捍卫党的领导、捍卫社会主义制度?"共产党员都是在共同的思想指导下,秉承着同一个信仰、同一个目标走到一起,为国家昌盛、人民幸福共同奋斗。两项机制的提出和实施,就是要巩固和加强基层党组织和党员干部的理想信念,不断夯实坚固的思想基础,我们就能无坚不摧、无难不克;如果理想信念上滑坡,"总开关"松动,不能正确处理公私关系,缺乏正确的是非观、义利观、权力观、事业观,轻则个人失足堕落,重则党和国家的事业受损,绝不能等闲视之。

(三)"四个全面"遇到的新情况

党的十八大以来,以习近平同志为核心的党中央在治国理政新的实践中,提出许多新的重要思想,特别是提出并形成了全面建成小康社会、全面深化改革、全面依法治国、全面从严治党的战略布局,确立了新形势下党和国家各项工作的战略目标和战略举措。"四个全面"是一个具有严密逻辑体系的科学理论,对实现中国梦的重要目标、强大动力、法治保障、政治保证等全局性、战略性、根本性的问题,做出了全面、系统、深刻的回答,以全新的视角深刻地揭示了共产党执政规律、社会主义建设规律和人类社会发展规律。在新时期、新常态下,要协调推进全面建成小康社会、全面深化改革、全面依法治国、全面从严治党"四个全面",要实现中华民族伟大复兴中国梦,就必须夯实和增强基层组织的凝聚力、活力、战斗力。在这种情况下,两项机制的提出和实施便应运而生。

党的基层组织是党全部工作和战斗力的基础,是党执政的组织基础,是党全部工作和战斗力的基础,是党团结带领群众贯彻党的理论和路线方针政策、落实党的任务的战斗堡垒,是推动发展、服务群众、凝聚人心、促进和谐不可或缺的重要力量。两项机制的提出,要把党建设好,充分发挥党在建设中国特色社会主义伟大事业中的领导核心作用,成为全国人民的主心骨;要求全面从严治党必须落实从严治党责任,坚持思想建党和制度治党紧密结合,严肃党内政治生活,坚持从严管理干部,持续深入改进作风,严明党的纪律和规矩,发挥人民监督作用,深入把握从严治党规律。权力规范运行机制是在对各级党组织的权力进行规范的基础上,进一步对行政机关等国家机关的权力规范运行提出要求;全面从严治党监督检查问责机制是其他9项制度执行的保障,同时也对党的建设中存在的其他问题进行监督检查。在推进党的建设新的伟大工程中,在全面加强党的思想建设、组织建设、作风建设、反腐倡廉建设和制度建设进程中,要坚持严思想、严教育、严组织、严标准、严作风、严执纪、严惩治、严制度、严管理,把"严"贯穿于党的建设的各个方面和全部环节,以"严"增强党的建设的系统性、预见性、创造性、实效性。

当前,一些基层党组织和党员干部的权力运行不规范,决策不民主、不科学,暗箱操作,随意性大,违背规律,脱离实际。建立健全权力运行规范机制,有利于强化改进作风的刚性约束,铲除不良作风滋生土壤和生存空间,逐步形成"不能"的制度环境;有利于把改进作风的实际成效体现到服务群众、推动发展、保持稳定上,取得人民群众满意的实效。两项机制的实施,关键在基层。要强化基层党组织的政治引领和服务群众功能,更好发挥党组织战斗堡垒作用和党员干部先锋模范作用,让从严治党在基层党建工作中成为新常态,稳固党的执政基础,推动党的路线方针政策落地生根。两项机制的实施,要害在基层。只有把从严管党治党贯彻落实到抓基层打基础工作中去,430多万个基层组织都有凝聚力、战斗力,才能使我们党越来越成熟、越来越强大、越来越有战斗力,我们的党才能巩固执政地位,永葆中国特色社会主义建设的领导核心,带领全国各族人民实现中华民族伟大复兴中国梦。

(四)社会治理面临的新境遇

党的十八届三中全会提出"创新社会治理体制",是社会治理理念的重大转变。"治理"与过去所熟悉的"管理"虽然只有一字之差,但其中却蕴含着重要的理念转变。治理更为强调主体的多元参与,此次全会提出的坚持系统治理,加强党委领导,发挥政府主导作用,鼓励和支持社会各方面参与等内容就是主体多元性的集中体现。全会的新提法与过去所强调的政府在国家管理中的一元主体地位有着很大的不同。创新社会治理体制要求改进社会治理方式,即要加快构建以党委领导、政府主导、社会参与为基础的社会治理方式,要加快构建以法律、道德规范调节为手段的社会治理方式,要加快构建以基层为导向的社会治理方式。党的建设制度是国家治理体系的基础,党的执政能力是国家治理能力的核心,国家治理体系和治理能力现代化内在地包含了党的制度建设和党的执政能力现代化。党领导和推动的伟大事业越是向纵深推进,越需要加强党的建设;党的建设越是向前推进,就越需要深化党的建设制度改革。两项机制的提出和实施,是对基层社会治理理论的创新。

创新基层社会治理,是完善国家治理体系、解决体系中"短板"和"瓶颈"的重要途径,是助推新型城镇化建设、维护群众利益的必然选择。随着改革的不断推进,社会自主空间日益扩大,社会主体自我意识逐渐觉醒,社会越来越趋向于按照社会的和经济的原则进行组织和运作,这样的发展趋势对基层社会治理创新提出了新的要求。目前基层社会治理还存在以下治理困境,在体制困境方面,基层社会治理体制内部职责关系不清,基层社会治理体制内部决策、执行、监督职能没有理顺,政府职能出现"越位""错位"和"缺位";在机制困境方面,基层社会治理的利益调节机制、诉求表达机制、矛盾调解机制、权益保障机制和突发应对机制还很不健全,难以有效协调各种利益关系和化解社会矛盾。

基于此,在各级党组织和国家机关建立健全权力规范运行和全面从严治党监督检查问责两项机制的提出和实施,立足点在于构建以基层为导向的社会治理模式,注重为基层群众做好服务。在这个模式下,要加快基层网格化社会管理的构建与实施,网格化社会管理是基层居民自治的创新形式,是社会治理体制不可或缺的方式、方法,它改变了传统管理从上到下的管理模式,建立了从下到上,从群众需求出发的为群众服务的新模式。以基层为导向的社会治理方式要注重协商对话机制的建立。要注重维护群众正当利益的诉求表达权力,及时反馈人民群众的意见与建议,要真心倾听群众的声音,要尊重群众的首创精神。要在倾听意见的过程中与群众建立对话、协商机制,要通过协商对话机制有效协调群众各方面、各层次的利益诉求,要及时化解利益冲突,从而实现社会治理维护最广大人民根本利益,最大限度增加和谐因素,增强社会发展活力的价值目标。

(五)"四个河南"提出的新要求

根据党的十八大提出的"五位一体"总体布局和全面提高党的建设科学化水平的新要求,结合河南实际,河南省委提出打造富强河南、文明河南、平安河南、美丽河南"四个河南"和推进社会主义民主政治制度建设、加强和提高党的执政能力制度建设"两项建设",全面深化改革开放,推动经济社会各方面工作再上新台阶。伴随着粮食生产核心区、中原经济区、郑州航空港经济综合实验区建设相继上升为国家发展战略规划,彰显了河南省在国家发展大局中的重要地位,形成了河南历史上从未有过的"三箭齐发"景观。"四个河南"的战略部署高度契合了党中央的重大部署,是立足河南省情,落实"五位一体"总体布局的生动实践。"四个河南"建设有机统一于河南全面建成小康社会的实践中,统一于"中原崛起、河南振兴、富民强省"的总体战略中,共同展现了河南未来发展的恢宏画卷。通过四大建设,必将有力推动河南由传统农业大省、经济大省、文化资源大省向新兴工业大省、经济强省、文化强省、生态大省的历史性转变。在这个历史性的转变中,两项机制的提出和实施,是实现"四个河南"的重要保障。

"四个河南"建设所追求的"富强河南、文明河南、平安河南、美丽河南"是围绕着"中原崛起、河南振兴、富民强省"而展开,是中国梦在河南的具体实践。在各级党组织和国家机关建立健全权力规范运行和全面从严治党监督检查问责两项机制的提出和实施,目的在于紧紧扭住做好群众工作这条主线,切实解决涉及群众利益的突出问题,重点抓住"双基双治",提高"平安河南"建设整体水平。当前社会领域存在的一些问题,大都与我们主要依靠行政手段进行管理、对其他手段特别是法律手段运用不够有关。作为基层依法行政的主体,担负着履行职责的桥头堡角色,同人民群众的联系最密切、服务最直接、反应最灵敏,能否切实做到依法行政,很大程度上决定着政府依法行政的整体水平和法治政府建设的整体进程,关系着经济的健康发展和社会的和谐稳定。两项机制的提出和实施,约束有力,责任严明,能够更好地推进党组织和党员干部树立规则意识、制度意识、法治意识,进一步把发扬民主与统一意志结合起来、树立正确导向与强化纪律约束结合起来、加大反腐倡廉力度与强化干部责任担当结合起来,使党的领导体制和执政方式更加科学、更加完善,提高推动改革、促进发展、化解矛盾、维护稳定的能力。只有加强基层组织建设,进一步强化基层组织的法治化水平,才能更好地将群众凝聚起来遵纪守法,才能推进"全面依法治国"的实现。要进一步注重把依法治国的基本方略体现在"平安河南"建设中,以法治规范各种行为、促进矛盾化解、维护公平正义、保障社会和谐。

二、两项机制建设的理论依据及其现实意义

两项机制建设是中共河南省委在马克思主义关于无产阶级政党建设理论和中国特色社会主义党建理论的指导下,根据马克思主义政治学对公共权力的科学分析,所提出的加强和改进党的建设、提高党的执政能力、保持党的先进性和纯洁性的重要举措,是河南省委认真贯彻落实党中央加强和改进党的建设、全面从严治党的战略部署,探索新的历史时期党的建设规律和社会主义建设规律的伟大实践工程。两项机制建设的提出,反映了新的历史时期党建工作的新要求和发展方向,体现了新时期发展完善中国特色社会主义制度的内在要求,具有重大的现实意义。

(一)理论依据

两项机制建设的提出有深厚的理论基础。马克思主义党建理论是提出两项机制建设的根本指南,中国化的马克思主义党建理论是其直接理论指导,马克思主义政治学对公共权力的科学分析是其重要理论依据。

1. 马克思主义政党建设理论:两项机制建设的根本指南

马克思主义关于无产阶级政党建设的理论是两项机制建设的根本指南。无产阶级政党建设是世界共产主义运动史上的一个重大课题,无产阶级政党的创立者和奠基人马克思、恩格斯非常关心无产阶级政党的建设问题,无产阶级的革命导师、马克思主义的经典作家列宁也高度关注无产阶级政党的建设问题。马克思、恩格斯、列宁结合他们所处时代的特点,深刻地论述了无产阶级政党建设的规律,创立了马克思主义关于无产阶级政党建设的科学理论体系,为世界各国无产阶级政党的创立、建设和发展奠定了坚实的理论基础。

马克思主义认为,政党是阶级的先锋队组织,无产阶级政党是无产阶级的先锋队组织。马克思、恩格斯早在《共产党宣言》中就指出:"共产党人是各国工人政党中最坚决的、始终推动运动前进的部分。"[①]无产阶级政党的先进性在于其始终把马克思主义理论作为行动指南,因而,"在理论方面,他们胜过其余无产阶级群众的地方在于他们了解无产阶级运动的条件、进程和一般结果"。[②] 马克思、恩格斯在《共产党宣言》中还指出,无产阶级政党的历史使命就是领导无产阶级,推翻资本主义的反动统治,建立无产阶级的政权,最终实现共产主义。无产阶级政党的性质以及无产阶级政党的崇高历史使命要求无产阶级政党必须加强自身建设,提高自身能力。

马克思、恩格斯在无产阶级革命斗争实践的基础上初步总结了无产阶级政党建设的原则。马克思、恩格斯参与起草,共产主义者同盟代表大会于1847年12月通过的《共产主义者同盟章程》对无产阶级政党的民主集中制原则进行了初步阐述。《章程》规定:"代表大会是全盟的立法机关"和"最高权力机关",同盟会中央委员会是"全盟的权力执行机关,向代表大会报告工作",中央委员会委员由选举产生,"选举者可以随时撤换之"。《章程》还规定:"所有盟员一律平等",盟员必须

---

① 《马克思恩格斯选集》第1卷,人民出版社1995年版,第285页。
② 《马克思恩格斯选集》第1卷,人民出版社1995年版,第285页。

"服从同盟的一切决议","保守同盟的一切机密"。① 马克思、恩格斯还对无产阶级政党如何正确开展党内斗争进行了深刻阐述。恩格斯认为:"任何大国的工人党,只有在内部斗争中才能发展起来,这是符合一般辩证发展规律的。"②恩格斯还指出:"一个健康的党随着时间的推移必定会把废物排泄掉。"③无产阶级政党开展党内斗争的目的是为了维护党的团结和工人阶级内部的团结,马克思在评价第一国际的历史时指出:"让我们回忆一下国际的一个基本原则——团结。如果我们能够在一切国家的一切工人中间牢牢地巩固这个富有生气的原则,我们就一定会达到我们所向往的伟大目标。"④

列宁在坚持马克思、恩格斯党建思想的基础上,深刻论述了无产阶级政党建设的一系列重大问题,为各国无产阶级政党的建立和发展提供了重要指导。列宁认为:"只有以先进理论为指南的党,才能实现先进战士的作用。"⑤什么是先进的理论呢? 列宁指出:"只有马克思主义的世界观才准确地反映了革命无产阶级的利益、观点和文化。"⑥"严格的无产阶级世界观只有一个,就是马克思主义。"⑦"因为它第一次把社会主义从空想变成科学,给这个科学奠定了巩固的基础。"⑧列宁不仅论证了无产阶级政党思想建设的根本原则,而且尤为重视无产阶级政党的组织建设。列宁指出:"无产阶级在争取政权的斗争中,除了组织,没有别的武器。"⑨"要为实现工人阶级的理想而进行胜利的斗争,必须组织起来。为了巩固以重大损失和艰苦奋斗换来的一切成果,也必须组织起来。保持政权比夺取政权更困难。我们从历史上的很多例

① 中共中央党校党建教研室选编:《共产主义运动国际章程汇编》,河南人民出版社1980年版,第4—6页。

② 《马克思恩格斯选集》第4卷,人民出版社1995年版,第651页。

③ 《马克思恩格斯全集》第34卷,人民出版社1972年版,第264页。

④ 《马克思恩格斯全集》第18卷,人民出版社1964年版,第180页。

⑤ 《列宁选集》第1卷,人民出版社1995年版,第312页。

⑥ 《列宁选集》第4卷,人民出版社1995年版,第299页。

⑦ 《列宁全集》第8卷,人民出版社1959年版,第473页。

⑧ 《列宁选集》第1卷,人民出版社1995年版,第273页。

⑨ 《列宁选集》第1卷,人民出版社1995年版,第526页。

子可以看到,常常工人阶级夺得了政权,但不能保持政权,其原因就在于没有充分强大的组织。"①因此,要实现和维护工人阶级的利益,必须加强无产阶级政党的组织建设。列宁在世界社会主义运动史上还第一次明确提出了无产阶级政党建设的基本组织原则即民主集中制原则。列宁认为,无产阶级政党"确认民主集中制原则是不可争议的",②"党的一切组织是按民主集中制原则建立起来的"。③ 列宁还对无产阶级政党取得国家政权后的建设问题作了重要论述,列宁尤为重视保持党和人民群众的密切联系。列宁指出:"劳动群众拥护我们,我们的力量就在这里。"④"先锋队只有当它不脱离自己领导的群众并真正引导全体群众前进时,才能完成其先锋队的任务。"⑤"在人民群众中,我们到底是沧海一粟,只有我们正确表达人民的想法,我们才能管理。否则共产党就不能率领无产阶级,而无产阶级就不能率领群众,整个机器就要散架。"⑥为实现和维护党的肌体健康,保持党的战斗力和公信力,列宁还强调要纯洁党的队伍,防止坏分子钻进党的队伍中来。列宁指出:"我们党是执政党,因而自然也就是公开的党,是加入之后就有可能掌权的党,我们在这个时期不得不进行斗争,防止坏分子,防止那些旧资本主义的渣滓钻进和混入政党里来。"⑦

马克思、恩格斯、列宁等马克思主义经典作家对无产阶级政党建设的论述是党的建设的重要思想理论基础和根本行动指南,为党的建设指明了方向。从两项机制建设提出的背景和两项机制建设的内容看,两项机制建设的根本目的是提高党的执政能力、保持党的先进性和纯洁性,这与马克思主义经典作家的政党建设思想是完全一致的,是在新

---

① 《列宁全集》第34卷,人民出版社1985年版,第439—440页。
② 《苏联共产党代表大会、代表会议和中央全会决议汇编》第1分册,人民出版社1994年版,第119页。
③ 《苏联共产党代表大会、代表会议和中央全会决议汇编》第1分册,人民出版社1994年版,第165页。
④ 《列宁全集》第37卷,人民出版社1986年版,第217页。
⑤ 《列宁全集》第34卷,人民出版社1985年版,第23页。
⑥ 《列宁全集》第43卷,人民出版社1987年版,第109页。
⑦ 《列宁全集》第38卷,人民出版社1986年版,第311页。

的历史条件下,在马克思主义政党建设基本思想的指导下,对加强和改进党的建设的具体途径的重要探索。

2.中国化的马克思主义党建理论:两项机制建设的直接理论指导

马克思主义的党建理论是党的建设的根本指南。无产阶级政党所坚持的马克思主义是发展着的马克思主义,是与时俱进的马克思主义。正如恩格斯所说:"我们的理论是发展的理论,而不是必须背得烂熟并机械地加以重复的教条。"①中国化的马克思主义党建理论是中国共产党在马克思主义理论的指导下,结合中国革命和中国社会主义建设的具体实践对党的建设规律的探索和总结,是中国特色的马克思主义党建理论,是党的建设的直接理论指导,也是两项机制建设提出的直接理论依据。

中国化的马克思主义党建理论主要包括中国共产党在新民主主义革命时期、新中国成立初期和社会主义建设新时期对党的建设的理论探索成果。在新民主主义革命时期和新中国成立初期,以毛泽东同志为代表的中国共产党人将马克思主义的普遍真理与中国革命和建设的具体实践相结合,对中国革命和建设的规律进行了理论探索,形成了毛泽东思想这一中国化的马克思主义理论成果。其中,党的建设思想是毛泽东思想的重要组成部分。在党的思想建设方面,针对中国工人阶级弱小、农民是革命的主力军的具体国情,毛泽东同志把党的思想建设放到了极端重要的地位。毛泽东指出:"掌握思想领导是掌握一切领导的第一位。"②他还指出:"我们有许多同志还不大清楚无产阶级和小资产阶级的区别。有许多党员,在组织上入了党,思想上并没有完全入党,甚至完全没有入党。这种思想上没有入党的人,头脑里还装着许多剥削阶级的脏东西……为要领导革命运动更好地发展,更快地完成,就必须从思想上组织上认真地整顿一番。而为要从组织上整顿,首先要

---

① 《马克思恩格斯选集》第4卷,人民出版社1995年版,第681页。
② 《毛泽东文集》第2卷,人民出版社1993年版,第435页。

从思想上整顿,需要开展一个无产阶级对非无产阶级的思想斗争。"①
在党的组织建设方面,毛泽东对无产阶级政党的根本组织原则即民主
集中制作了深刻阐述。毛泽东指出:"我们的集中制,是建立在民主基
础上的集中制。"②"没有高度的民主,不可能有高度的集中。"③"在集
中正确意见的基础上,做到统一认识,统一政策,统一指挥,统一行动,
叫做集中统一。"④毛泽东还结合党的群众路线对民主集中制进行了进
一步的说明,他指出:"民主集中制的方法,是一个群众路线的方法。
先民主,后集中,从群众中来,到群众中去,领导与群众相结合。"⑤毛泽
东同志也高度重视党的作风建设,他在党的七大上把党的作风概括为
三大作风,即"理论和实践相结合的作风,和人民群众紧密地联系在一
起的作风以及自我批评的作风"。⑥ 理论和实践相结合就是用马克思
主义的基本理论去解决中国革命和建设的实际问题。毛泽东指出:
"中国共产党人只有在他们善于应用马克思主义的立场、观点和方法,
善于应用列宁斯大林关于中国革命的学说,进一步地从中国的历史实
际和革命实际的认真研究中,在各方面作出合乎中国需要的理论性的
创造,才叫理论和实际相联系。"⑦密切联系人民群众就是一切从人民
群众的利益出发,全心全意为人民服务,任何时候都不脱离群众。毛泽
东认为,密切联系群众关系到党的生命和社会主义事业的生死存亡,他
指出:"党群关系好比鱼水关系。如果党群关系搞不好,社会主义制度
就不可能建成;社会主义制度建成了,也不可能巩固。"⑧批评和自我批
评就是靠党自身的力量,通过积极的思想斗争和自我教育,抵制和自觉
克服各种错误思想,纠正各种错误,维护党的团结。毛泽东认为,批评

---

① 《毛泽东选集》第3卷,人民出版社1991年版,第875页。
② 《建国以来毛泽东文稿》第10册,中央文献出版社1996年版,第22页。
③ 《建国以来毛泽东文稿》第10册,中央文献出版社1996年版,第24页。
④ 《建国以来毛泽东文稿》第10册,中央文献出版社1996年版,第21页。
⑤ 《建国以来毛泽东文稿》第10册,中央文献出版社1996年版,第17页。
⑥ 《毛泽东选集》第3卷,人民出版社1991年版,第1094页。
⑦ 《毛泽东选集》第3卷,人民出版社1991年版,第820页。
⑧ 《建国以来毛泽东文稿》第6册,中央文献出版社1992年版,第547页。

和自我批评是我们党"抵制各种政治灰尘和政治微生物侵蚀我们同志的思想和我们党的机体的唯一有效的方法"。① 毛泽东在党的思想建设、组织建设和作风建设上的正确主张是指引我们党领导中国革命走向胜利的根本保证,也是社会主义建设取得胜利的根本保证。新中国成立后,毛泽东也非常重视党的建设,他告诫全党,要把新中国建设好、管理好,必须提高执政意识,学习和增强执政本领,要"能够学会我们原来不懂的东西","我们不但善于破坏一个旧世界,我们还将善于建设一个新世界"。② 毛泽东对从严治党也提出了要求,他反复告诫全党特别是党的高级干部,要提高反腐防变的能力,确保党的领导权牢牢掌握在马克思主义者手里。对于可能发生的党内腐败,毛泽东提出了非常严重的警告:"一切从事国家工作、党务工作和人民团体工作的党员,利用职权实行贪污和实行浪费,都是严重的犯罪行为",对这种行为,"按其情节轻重,给以不同程度的处理,从警告、调职、撤职、开除党籍、判处各种徒刑,直至枪决"。③ 为改进党的建设,提高党管理国家的能力,毛泽东还提出了要加强对党的监督。毛泽东非常重视人民群众的监督和民主党派的监督,他认为:"共产党是为民族、为人民谋利益的政党,它本身决无私利可图。它应该受人民监督,而决不该违背人民的意旨。"④他提出了处理与民主党派关系的"长期共存,互相监督"的原则,之所以需要民主党派监督共产党,他认为:"这是因为一个党同一个人一样,耳边很需要听到不同的声音。大家知道,主要监督共产党是劳动人民和党员群众。但有了民主党派,对我们更有益。"⑤毛泽东关于党的建设的思想始终不离如何实现和维护党的先进性、纯洁性、革命性以及提高党的领导和执政能力,毛泽东对于党的建设的正确认识是党的建设的重要理论指导,对于两项机制建设的提出具有重要指导

---

① 《毛泽东选集》第3卷,人民出版社1991年版,第1096页。
② 《毛泽东选集》第4卷,人民出版社1991年版,第1439页。
③ 《毛泽东文集》第6卷,人民出版社1999年版,第208页。
④ 《毛泽东文集》第7卷,人民出版社1999年版,第235页。
⑤ 《毛泽东文集》第3卷,人民出版社1991年版,第820页。

意义。

　　"文革"结束以来,以邓小平、江泽民、胡锦涛、习近平为代表的几代中央领导集体在坚持马克思主义党建理论的基础上,紧密结合我们党长期执政、改革开放、发展市场经济以及外部环境风云变幻的复杂现实,紧紧围绕增强党的执政能力、维护党的先进性和纯洁性这条主线,不断探索如何加强和改进党的建设,提出了许多宝贵的思想,形成了中国特色社会主义党建理论,为新时期党的建设提供了重要理论指导。

　　改革开放的总设计师邓小平从执政党建设的现实需要出发,凝聚全党智慧,在党的思想建设、组织建设、作风建设、制度建设、廉政建设等重要方面提出了一系列具有深远影响的观点,为党的建设指明了一条科学的道路。重视思想建设是无产阶级政党的优势所在,在思想建设上,邓小平坚持了马克思主义的传统,他认为:"只有解决好思想路线问题,才能提出新的正确政策。"[1]党的思想建设必须坚持实事求是的基本原则,他指出:"实事求是,是无产阶级世界观的基础,是马克思主义的思想基础。""一个党,一个国家,一个民族,如果一切从本本出发,思想僵化,迷信盛行,那它就不能前进,它的生机就停止了,就要亡党亡国。"[2]在组织建设上,邓小平恢复了党的民主集中制原则,并突出强调党的领导班子建设。他指出:"领导班子问题,是关系到党的路线能不能贯彻执行的问题。如果这个问题解决不好,不要说带领群众前进,就是开步走都困难。"[3]邓小平提出了干部队伍建设的革命化、年轻化、知识化、专业化的方针,并将其写入党章,对党的组织建设发挥了重要作用。在作风建设上,邓小平坚持了党的群众路线,并把密切党与人民群众的联系视为决定新时期党的事业成败的重要因素。邓小平指出:"社会主义现代化建设的极其艰巨复杂的任务摆在我们面前。很多旧问题需要继续解决,新问题层出不穷。党只有紧紧地依靠群众,密切地联系群众,随时听取群众呼声,了解群众的情绪,代表群众的利益,

---

[1] 《邓小平文选》第3卷,人民出版社1993年版,第9页。
[2] 《邓小平文选》第2卷,人民出版社1994年版,第143页。
[3] 《邓小平文选》第2卷,人民出版社1994年版,第9页。

才能形成强大的力量,顺利完成自己的各项任务。"①"如果哪个党组织严重脱离群众而不能坚决改正,那就丧失了力量的源泉,就一定要失败,就会被人民抛弃。"②他尤其反对官僚主义、主观主义、特权主义等各种脱离群众的不良作风,他指出:"当前,还有一些干部,不把自己看作人民的公仆,而把自己看作人民的主人,搞特权,特殊化,引起群众的强烈不满,损害党的威信,如不坚决改正,势必使我们的干部队伍发生腐化。"③邓小平在党的建设上的一个重要贡献是他提出并强调了制度建党的思想。制度建党思想是邓小平总结"文革"的惨痛教训而得出来的重要结论,他认为制度建党对提高党的执政能力、巩固党的执政地位、提升决策的科学化和民主化水平更具有全局性和根本性意义。邓小平指出:"我们过去发生的各种错误,固然与某些领导人的思想、作风有关,但是组织制度、工作制度方面的问题更重要。这些方面的制度好可以使坏人无法任意横行,制度不好可以使好人无法充分做事,甚至走向反面。"④因此他强调要"切实改革并完善党和国家的制度,从制度上保证党和国家政治生活的民主化"。⑤ 在党的制度化建设上,邓小平认为必须走法制化的道路,"必须使民主制度制度化、法律化,使这种制度和法律不因领导人的改变而改变,不因领导人的看法和注意力的改变而改变"。⑥ 针对改革开放过程中出现的大量腐败现象及其对党和国家的严重危害,邓小平指出,对于腐败案件,"该怎么处理就怎么处理,一定要取信于民","该受罚的,不管是谁,一律受惩罚"。⑦ 邓小平还指出:"在整个改革开放过程中都要反对腐败。对干部和共产党员来说,廉政建设要作为大事来抓。"⑧邓小平的党建思想,内容丰富全

---

① 《邓小平文选》第2卷,人民出版社1994年版,第342页。
② 《邓小平文选》第2卷,人民出版社1994年版,第368页。
③ 《邓小平文选》第2卷,人民出版社1994年版,第332页。
④ 《邓小平文选》第2卷,人民出版社1994年版,第333页。
⑤ 《邓小平文选》第2卷,人民出版社1994年版,第336页。
⑥ 《邓小平文选》第2卷,人民出版社1994年版,第146页。
⑦ 《邓小平文选》第3卷,人民出版社1993年版,第297页。
⑧ 《邓小平文选》第3卷,人民出版社1993年版,第379页。

面,是中国特色社会主义党建理论的基本组成部分,对新时期党的建设具有直接指导意义。

在邓小平之后,以江泽民、胡锦涛、习近平为代表的中央领导集体在坚持马克思主义党建理论以及毛泽东、邓小平的党建思想的基础上,继续在实践中推进中国特色社会主义党建理论。以江泽民同志为总书记的党中央在中国特色社会主义党建理论上的主要贡献是提出了"三个代表"的重要思想,以及提出并实践了"三讲"这一党的建设的新形式。以胡锦涛同志为总书记的党中央在中国特色社会主义党建理论上的主要贡献是提出了"科学发展观",以及提出并进行了"保持党的先进性教育"。江泽民、胡锦涛在加强和改进党的建设上的重要思想是新时期进行党的建设的重要理论指导。

党的十八大以来,以习近平为核心的党中央把党风廉政建设和反腐败斗争的重要性提升到前所未有的高度。习近平指出:"腐败是社会毒瘤。如果任凭腐败问题愈演愈烈,最终必然亡党亡国。我们党把党风廉政建设和反腐败斗争提到关系党和国家生死存亡的高度来认识,是深刻总结了古今中外的历史教训的。""工作作风上的问题绝对不是小事,如果不坚决纠正不良风气,任其发展下去,就会像一座无形的墙把党和人民隔开,我们党就会失去根基、失去血脉、失去力量。""党的作风就是党的形象,关系人心向背,关系党的生死存亡。"①如果党的作风出了问题,党同人民的联系疏远,"经济总量无论是世界第一还是世界第二,未必就能够巩固住我们的政权"②。他认为,只有坚定不移地把党风廉政建设和反腐败斗争深入进行下去,才能保证党一刻也不脱离群众,才能始终保持和人民群众的血肉联系。对于如何遏制和祛除人民群众最痛恨的各种消极腐败现象和各种特权现象,习近平总书记在多个场合对此进行了较为系统的论述,并做出了全面从严治

---

① 中共中央纪律检查委员会、中共中央文献研究室编:《习近平关于党风廉政建设和反腐败斗争论述摘编》,中央文献出版社 2015 年版,第 5—8 页。

② 中央文献研究室编:《做焦裕禄式的县委书记》,中央文献出版社 2015 年版,第 35 页。

党的战略部署,先后在全党开展了以反对"四风"为重点的党的群众路线教育实践活动、在县处级以上干部中开展了"三严三实"专题教育活动以及始终对腐败保持高压态势。习近平认为,消除各种消极腐败现象,切实改进党的作风,关键在于党自身。他指出:"打铁还需自身硬。我们的责任,就是全党同志一道,坚持党要管党、从严治党,切实解决自身存在的突出问题,切实改进工作作风,密切联系群众,使我们党始终成为中国特色社会主义事业的坚强领导核心。"①"如果管党不力,治党不严,人民群众反映强烈的党内突出问题得不到解决,那我们党迟早会失去执政资格,不可避免被历史淘汰。"②从严治党,关键在于严明党的纪律,习近平指出:"如果不严明党的纪律,党的凝聚力和战斗力就会大大削弱,党的领导能力和执政能力就会大大削弱。"③党的纪律必须遵照执行,不能搞特殊和例外,"各级党组织要敢抓敢管,使纪律真正成为带电的高压线"。④ 习近平还指出:"有纪可依是严明党的纪律的前提,党的纪律规定要根据形势和党的建设需要不断完善,确保系统配套、务实管用,防止脱离实际、内容模糊不清、落后于实践。"⑤只有完善党内法规,才能提高党内法规执行力。

如何才能从根本上治理腐败?习近平多次强调,必须通过健全权力运行制约体制机制,把权力关进制度的笼子里,才能有效防治腐败,保证权力用来为人民谋利益。习近平指出:"要健全权力运行制约和监督体系,让人民监督权力,让权力在阳光下运行,确保国家机关按照法定权限和程序行使权力。""要加强对权力运行的制约和监督,把权

---

① 中共中央文献研究室编:《十八大以来重要文献选编》(上),中央文献出版社 2014 年版,第 70 页。

② 中共中央文献研究室编:《十八大以来重要文献选编》(上),中央文献出版社 2014 年版,第 350 页。

③ 中共中央文献研究室编:《十八大以来重要文献选编》(上),中央文献出版社 2014 年版,第 131 页。

④ 中共中央文献研究室编:《十八大以来重要文献选编》(上),中央文献出版社 2014 年版,第 770 页。

⑤ 《习近平在党的群众路线教育实践活动总结大会上的讲话》,《人民日报》2014 年 10 月 9 日。

力关进制度的笼子里,形成不敢腐的惩戒机制、不能腐的防范机制、不易腐的保障机制。"①习近平所讲的规范和监督权力运行,包括了党的权力,因为"执政党对资源的支配权力很大,应该有一个权力清单,什么权能用,什么权不能用,什么是公权,什么是私权,要分开,不能公权私用"。②

习近平还多次指出,要有效防治腐败,改进党的作风,还必须加强对干部的监督检查和问责。他认为:"没有监督权力必然导致腐败,这是一条铁律。组织上培养干部不容易,要管理好、监督好,让他们始终有如履薄冰、如临深渊的警觉。"③党的纪律和法律制度是进行党风廉政建设和反腐败斗争的基础,但是,纪律和制度再好,如果缺乏监督检查问责,纪律和制度就会形同虚设,"制度制定很重要,更重要的是抓落实,九分气力要花在这上面"。④习近平要求:"中央纪委、监察部和各级纪检检察机关要加大检查监督力度,执好纪、问好责、把好关。要加大责任追究力度,严格执行有关纪律处分决定,以严明的纪律督促各级领导机关和领导干部改进作风。"⑤

通过以上梳理可以看出,两项机制建设的提出不仅是建立在对马克思主义政治学关于公共权力的科学分析深刻理解基础之上,而且其在理论上与中国化的马克思主义党建理论有内在的逻辑联系,它是中国特色社会主义党建理论的有机组成部分。特别是党的十八大以来,以习近平同志为核心的党中央对全面从严治党的思考和论述,为两项机制建设的提出提供了直接理论指导,可以说,两项机制建设就是全面

---

①　中共中央文献研究室编:《十八大以来重要文献选编》(上),中央文献出版社2014年版,第135—136页。

②　中共中央纪律检查委员会、中共中央文献研究室编:《习近平关于党风廉政建设和反腐败斗争论述摘编》,中央文献出版社2015年版,第129页。

③　中共中央文献研究室编:《十八大以来重要文献选编》(上),中央文献出版社2014年版,第342页。

④　中共中央纪律检查委员会、中共中央文献研究室编:《习近平关于党风廉政建设和反腐败斗争论述摘编》,中央文献出版社2015年版,第129页。

⑤　中共中央纪律检查委员会、中共中央文献研究室编:《习近平关于党风廉政建设和反腐败斗争论述摘编》,中央文献出版社2015年版,第55—56页。

从严治党的具体实现机制,是新时期进行党的建设的根本方法和有效途径。两项机制建设的适时提出,反映了时代发展对加强和改进党的建设的新要求,反映了党的建设的重要历史经验和中国特色社会主义建设的内在规律,丰富了马克思主义政党建设思想,对于加强和改进新时期党的建设工作、提高党的执政能力、保持党的先进性和纯洁性,以及推动中国特色社会主义建设的伟大实践将具有重要指导意义。

3.马克思主义政治学对公共权力的科学分析:两项机制建设的重要理论基础

两项机制建设的核心是规范公共权力的运行,保障公共权力的"公共"性质,防止公权私用、滥用,其目的是提高党的执政能力、保持党的先进性和纯洁性,最终实现社会和谐发展。在改革开放、发展市场经济的新时期,提出"权力规范运行机制""监督检查问责机制"两项机制建设,这不仅是新的历史条件下遵循马克思主义党建思想、加强和改进党的建设的内在要求,这也是建立在对马克思主义政治学关于公共权力的科学分析深刻理解基础上的。马克思主义政治学对公共权力的科学分析是提出两项机制建设的重要理论基础。

马克思主义政治学认为,利益的需求是人类生存和发展的基础,也是政治关系赖以建立的基础。马克思和恩格斯指出:"一切人类生存的第一个前提,也就是一切历史的第一个前提,这个前提就是:人们为了能够'创造历史',必须能够生活。但是为了生活,首先就需要吃喝住穿以及其他一些东西。"[①]人们为了基本的物质利益需求,必须结成特定的社会关系,社会关系本质上是利益关系,"把他们连接起来的唯一纽带是自然的必然性,是需要和私人利益"。[②] 人们结成各种社会关系的目的是为了实现各自的利益需求。特定的社会关系一旦建立,就必然会形成错综复杂的利益矛盾,同时,具有不同利益追求的人们也会建立起共同利益。事实上,特定社会关系得以维系的基础,也即特定社

---

① 《马克思恩格斯选集》第 1 卷,人民出版社 1995 年版,第 78—79 页。
② 《马克思恩格斯全集》第 3 卷,人民出版社 2002 年版,第 185 页。

会群体得以存在的基础就是共同利益的存在。共同利益是人们在追求特殊利益的过程中形成的,它反过来又成为人们实现特殊利益的条件。共同利益的属性决定了实现和维护共同利益必需建立一种公共性的具有普遍约束力和强制性的社会力量,这种社会力量就是社会公共权力。事实上,协调利益矛盾也需要社会公共权力,否则,人类社会就会在冲突中走向灭亡。

根据马克思主义政治学的基本观点,公共权力是实现和维护社会共同利益的基本手段,这也是公共权力存在的合法性所在。但是,另一方面,公共权力自身具有公共性、强制性、普遍约束性、排他性等特点,如果对公共权力不严加约束,公共权力的行使者就会运用公共权力谋取特殊利益,从而损害共同利益。正如习近平所指出的:"没有健全的制度,权力没有关进制度的笼子里,腐败现象就控制不住。"[①]约束公共权力,规范公共权力的运行,不仅需要公共权力的行使者自身具有高度的政治素质和规则意识,更需要健全权力运行体制机制,加大对公共权力行使者的监督检查,强化问责机制,也即"形成不敢腐的惩戒机制、不能腐的防范机制、不易腐的保障机制"。[②] 两项机制建设的提出正是基于马克思主义政治学对公共权力的科学分析基础之上的,两项机制建设的推进必将促进公共权力规范化运行,提升党和政府的合法性。

(二)现实意义

两项机制建设是河南省委贯彻落实党中央"四个全面"的战略布局、实现全面从严治党的重要战略部署,是新的历史时期加强和改善党的建设、推进社会主义建设事业的重要探索。两项机制建设的提出,体现了马克思主义政党建设的一般规律,反映了党在改革开放和发展市场经济的新时期党建工作新要求和发展方向,顺应了中国社会主义建

---

① 中共中央纪律检查委员会、中共中央文献研究室编:《习近平关于党风廉政建设和反腐败斗争论述摘编》,中央文献出版社2015年版,第125页。

② 中共中央文献研究室编:《十八大以来重要文献选编》(上),中央文献出版社2014年版,第136页。

设事业发展的内在要求,其在河南省的稳步推进,必将对河南省各级党组织建设、对河南省治理体系和治理能力的现代化建设以及对实现河南振兴等具有重大现实意义。

1. 两项机制建设是落实全面从严治党、巩固党的执政地位、提高党的执政能力的创新性实践

中国共产党担负着领导中国各族人民实现中华民族伟大复兴中国梦的历史重任,是中国特色社会主义事业的领导核心。党的执政能力、党的威望、党的凝聚力和战斗力直接关系到党和国家的命运、关系到人民的福祉。中国共产党自诞生以来,就高度重视自身建设。但是,由于不同历史时期党所处的历史环境不同、党所面对的社会矛盾不同、历史任务不同以及党自身也要经历一个思想上逐渐成熟的过程,党在不同时期在自身建设上必然会采取不同的策略、呈现出不同的特点。在革命战争时期,党高度重视思想建设和组织纪律建设,从而保证了中国共产党的先进性和纯洁性,保证党成为中国革命的中流砥柱。新中国成立后,中国共产党从一个领导中国人民进行革命夺取国家政权的革命型政党转变为领导中国人民进行社会主义建设并长期执政的政党,党所处的历史方位和历史任务的变化必然深刻影响到党的建设。

新中国成立后至"文革"结束之前,以毛泽东为代表的中国共产党人在保持党的先进性和纯洁性方面进行了艰苦探索,对新中国成立之后党内发生的贪污浪费、腐化堕落和官僚主义等行为进行了坚决的斗争,但是,由于党对革命胜利后的形势发展认识不足,党没有能够成功地把党的建设转移到制度化和法制化轨道上来。"文革"结束后,特别是党的十一届三中全会和十一届六中全会以来,我们党认真总结了历史经验教训,开创了党的建设新局面,主要表现为几代中央领导集体在坚持党的建设优良传统的同时,开始探索党的建设制度化这一更为根本的问题。

改革开放以来,尤其是我们党确立了建立社会主义市场经济体制的改革目标以来,党和国家的各项事业获得了快速发展。同时,改革开

放和市场经济的发展也给党的建设带来了前所未有的考验。党的十八大报告指出："新形势下,党面临的执政考验、改革开放考验、市场经济考验、外部环境考验是长期的、复杂的、严峻的。精神懈怠危险、能力不足危险、脱离群众危险、消极腐败危险更加尖锐地摆在全党面前。不断提高党的领导水平和执政水平、提高拒腐防变和抵御风险的能力,是巩固执政地位、实现执政使命必须解决好的重大课题。"在新的历史时期,只有全面加强党的建设、从严治党,才能确保党的先进性和纯洁性,使党始终成为中国特色社会主义事业的坚强领导核心。

以习近平同志为核心的党中央顺应历史发展要求,提出了"四个全面"的战略部署,并把全面从严治党作为全面建成小康社会、全面深化改革、全面依法治国的根本保证。河南省委提出"四项基础制度"建设和"两项机制"建设就是落实全面从严治党的战略部署,探索巩固党的领导和执政地位、提高党的执政能力的战略措施,是在新时期加强和改进党的建设的创新性实践。

全面从严治党关键在于实现制度治党,因为制度更带有根本性、全局性、稳定性、长期性。习近平总书记在重视党的建设优良传统的同时,多次强调制度治党的重要性,强调要把权力关进制度的笼子,提高管党治党的规范化水平,建立从严治党的常态化措施。"两项机制"建设就是河南省委实现制度治党的重要探索。郭庚茂同志指出:"两项机制覆盖全省各级党组织和国家机关,权力规范运行机制是在对各级党组织的权力进行规范的基础上,进一步对行政机关等国家机关的权力规范运行提出要求;全面从严治党监督检查问责机制是其他9项制度执行的保障,同时也是对党的建设中存在的其他问题进行监督检查。"①可见,两项机制建设的重点就在于以制度的刚性约束规范权力运行,严明党的纪律,从而把全面从严治党落到实处,为提高党的执政能力,牢固确立党执政的合法性构筑坚实的制度基础。

---

① 《郭庚茂同志在全省县级以上机关四项基础制度建设工作电视电话会议上的讲话》,2015年5月28日。

2.两项机制建设是推进河南省治理体系和治理能力现代化的重要举措

党的十八届三中全会确立了全面深化改革的总目标,即发展完善中国特色社会主义制度,推进国家治理体系和治理能力现代化。推进国家治理体系和治理能力现代化的目的是发展完善中国特色社会主义制度,发展完善中国特色社会主义制度必然要求推进国家治理体系和治理能力的现代化。这也是当代中国国家治理体系和治理能力现代化的特点所在。这一特点决定了在中国国家治理体系和治理能力现代化的过程中,中国共产党将始终居于领导地位,是国家治理体系和治理能力现代化的核心领导力量。中国共产党的领导和执政地位决定了党自身的建设、党的制度化水平、党的执政能力是国家治理体系和治理能力现代化的基础和重要组成部分。所以,在全面深化改革的新时期,加强和改进党的建设,提高党的执政能力,保持党的先进性和纯洁性,促进党的建设的制度化、规范化、科学化,将成为决定国家治理体系和治理能力现代化建设进程的关键因素。

发展完善中国特色社会主义制度,推进国家治理体系和治理能力的现代化,是当代中国各地区、各民族共同的事业,地方各级党委和政府更是责无旁贷。正是基于探索推进国家治理体系和治理能力现代化的强烈责任感和全面加强党的建设的历史使命感,河南省委提出了"4+4+2"的党建制度体系,力图通过从制度上加强和改进党的建设,提高党的领导和执政能力,从而领导和推动河南省治理体系和治理能力现代化建设,并为从国家层面上实现全面从严治党以及实现国家治理体系和治理能力的现代化提供有益的经验。

在河南省委提出的"4+4+2"的党建制度体系中,"2"是指两项机制建设,即权力规范运行机制建设和全面从严治党监督检查问责机制建设。两项机制建设在内容上覆盖了全省各级党组织和国家机关,其重点和关键在于各级党组织的建设。权力规范运行是国家治理体系和治理能力现代化的内在要求和重要标志,河南省委提出的建立健全权力规范运行机制的目的就在于使全省各级党组织和各级国家机关的权力运行实现制度化、规范化、法制化,全面从严治党监督检查问责机制则是规范权力运行的保障性机制,也是加强党风廉政建设和反腐败的有效机制。从两项机制建设的内容看,两项机制建设的推进,必将极大推动河南省各级党组织和各级国家机关建设的制度化、规范化、科学化水平,为河南省治理体系和治理能力的现代化建设注入强大动力。

3. 两项机制建设是推动"四项基础制度"建设的重要保障

"4+4+2"党建制度体系是河南省委在马克思主义党建理论的指导下,立足贯彻中央"四个全面"的战略布局、推进全面从严治党所做出的重大战略部署。"4+4+2"党建制度体系的提出及其扎实推进,对于实现全省党风政风的根本好转、对于社会治理的根本改善、对于密切党和群众之间的联系起到了显著作用。在"4+4+2"党建制度体系中,"4"是指"四项基础制度"。"四项基础制度"包括在基层建立健全民主科学决策、矛盾化解调解、便民服务和党风政风监督检查四项制度和在县以上机关建立健全民主集中制、严肃党内政治生活、干部选拔任用和反腐倡廉四项制度。"基层四项基础制度主要在村(社区)和乡镇(街道)两个层次实施,核心目的是服务人民群众,重点是解决影响基层改革发展、民生改善、社会稳定的突出问题;县级以上机关四项基础制度在包括县级在内的县级以上党委、人大、政府、政协、审判、检察机关及其直属部门(单位)实施,核心目的是强化权力运行制约和监督、保证正确行使人民赋予的权力,重点是严明党纪、从严治吏、正风反腐。"①四项基础制度侧重于通过制度建设,建立规范党和政府权力的运行的长效机制,实现党风政风根本好转。两项机制即规范权力运行机制、全面从严治党监督检查问责机制。两项机制和四项基础制度"既相互联系,又各有侧重,构成纵向到底、横向到边的系统网络",②形成科学严谨的党建制度体系,是公共权力规范运行的有力保障。其中

---

① 《郭庚茂同志在全省县级以上机关四项基础制度建设工作电视电话会议上的讲话》,2015 年 5 月 28 日。

② 《郭庚茂同志在全省县级以上机关四项基础制度建设工作电视电话会议上的讲话》,2015 年 5 月 28 日。

两项机制中的规范权力运行机制是四项基础制度建设的本质要求,是四项基础制度建设的基本保障,也是检验四项基础制度建设成效的主要标准;全面从严治党监督检查问责机制则是一种保障性机制,它是以问责的方式为四项基础制度建设和权力规范运行提供保障。两项机制建设的提出及其推进与四项基础制度建设相互促进,互为保障,从而将从严治党落到实处。

4. 两项机制建设是更好发挥党的领导作用、凝聚社会共识、加快河南振兴的有效保障

在当代中国,党的领导是凝聚社会各界智慧和力量、形成共识、动员各界群众共同致力于社会主义现代化事业的根本保证,也是实现河南经济社会和各项事业全面发展的根本保证。近年来,在河南省委的正确领导下,各级党组织带领全省人民锐意改革、开拓进取,经济社会发展取得显著成就,在国家经济发展和社会稳定中发挥了重要作用。但是,由于发展过程中长期积累的矛盾,目前改革进入了攻坚阶段,面临的风险和挑战增多,尤其是经济下行压力加大,影响社会稳定的因素增加。历史证明,越是在困难时期越需要加强党的建设,发挥党的领导核心作用,这是战胜一切困难的根本保证。当前,只有加强和改进党的建设,提高党的执政能力,保持党的先进性和纯洁性,保持党和人民群众的血肉联系,最大限度地凝聚社会共识,才能充分调动各方面的积极性,形成推动经济社会发展的强大合力,众志成城,共渡难关,迎来河南经济更加繁荣、社会更加和谐的新气象。两项机制以及四项基础制度的提出及其推进,主要目的就是建立从严治党的长效机制,建设一个清正廉洁的、服务型的先进党组织,为河南经济社会发展提供强大的、稳定的支持。

综上所述,两项机制建设是河南省委在改革开放和发展市场经济的新时期,在马克思主义党建思想的指导下,认真落实中央"四个全面"战略部署、推进全面从严治党的重大措施,反映了河南省委在探索党的建设和社会主义建设过程中对党和人民的事业高度负责的态度。两项机制建设的推进,必将对实现全面从严治党、巩固党的执政地位、提高党的执政能力、保持党的先进性和纯洁性产生深远影响和发挥巨大作用,必将对实现国家和河南省治理体系和治理能力的现代化起到巨大促进作用,必将对在河南省各级党组织中进行的"四项基础制度"建设起到有力保障作用,从而为全省经济社会发展、为建设"四个河南"目标的实现、为服务支持国家大局提供坚强保障。两项机制建设的推进,也必将为在全国和全党范围内加强和改进党的建设,实现全面从严治党以及"四个全面"的战略部署提供有益的经验。

三、两项机制建设的主要内容及其相互关系

打铁还需自身硬,绣花还得手绵巧。办好中国的事情,实现中华民族伟大复兴中国梦,关键在党,关键在以改革创新精神全面从严管好党、治好党、建好党、兴好党,锻造实现宏伟发展蓝图的坚强领导核心、巩固战斗堡垒、先锋模范党员,不断增强党的战斗力、创造力、凝聚力。随着我国经济社会深刻变革,改革日益进入深水区,群众需求诉求日益增多,矛盾调解化解的难度日益增加,群众民主权益的观念日益增强,权力运行的方式日益公开,查处腐败的力度日益加大,如何解决好这些问题,考验着中国共产党执政水平和治国理政的能力。河南省委立足时代发展,坚持问题导向,全面落实中央关于新形势下管党治党的一系列重大战略决策部署,高度重视党的建设,自觉坚定推进全面从严治党工程,创新地构建了"4+4+2"党建制度体系,着力抓紧、抓细、抓小、抓严、抓实、抓长,坚持抓顶层设计和基层实践相结合、抓点和抓面相结合、抓督促指导和考核评价相结合、抓基层基础的保障支撑和激励约束相结合,真正使全面从严治党成为新常态,为加快中原崛起河南振兴富民强省提供了有力思想保证和强大精神支撑。

(一)主要内容

理想、信念、道德、贫困对干部的行为固然产生着重要作用,但干部的腐败问题归根结底不是单纯的思想意识、道德品质和物质生活水平

低下的问题,而是一个对权力运行是否规范以及对权力运行进行监督制约检查的制度设计是否扎实有效、对腐败行为的打击惩治是否及时有力的问题。制度,是为了满足人类基本的社会需要,在各个社会中具有普遍性、在相当一个历史时期里具有稳定性的人类社会活动的规范体系。制度具备的功能作用是立体的多维的:制度具有约束功能,制度约束的底蕴是强制,不是说服;制度具有信息功能,借助制度提供的信息,人们可以预期他人的行动、确定自己的行动;制度具有激励功能,它通过提倡什么或反对什么、鼓励什么或压抑什么的信息传达出来,借助奖励或惩罚的强制力量得以监督执行,最终改变人们的偏好,影响人们的选择。制度还具有整合社会力量功能:当人的活动在制度规范下被纳入某种"轨道"按照一定的方式进行时,分散的力量汇聚起来,形成社会整体力量,显示出制度的整合社会力量功能。一种制度能否成为合理有效的制度,归根结底取决于其是否以人民的利益为出发点。随着时代、实践与科技的发展,一种本来合理有效的制度也应当不断创新。任何一种制度都不能单独存在,必须与其他不同层次的制度相互配合,形成一套行之有效的制度体系,才能充分发挥制度的功能与作用。"制度经济学家常说,制度高于一切,任何一个与社会相悖的现象出现,其终极原因都应该从制度本身存在的缺陷中去寻找,而不应该仅仅从个人行为中去寻找,因为个人行为也是由制度所决定的,行为的无序与错乱从本质上反映出制度的不健全。"①坚持制度治党,既是依法治国的内在要求,也是最可靠、最有效、最科学规范的治党方式。1962年邓小平在扩大的中央工作会议上指出,我们党有一个好的传统,这就是有一套健全的党的生活制度。1965年他在《建设一个成熟的有战斗力的党》一文中,把在组织上建立高度民主和高度集中相结合的组织原则作为党成熟的标志之一。1980年,邓小平进一步强调:"制度问题,关系到党和国家是否改变颜色,因此,必须引起全党的高度重视。我们过去发生的各种错误,固然与某些领导人的思想、作风有关,但是

---

① 赵增彦:《政治权力制衡与廉政建设研究》,西安出版社2010年版,第123页。

组织制度、工作制度方面的问题更重要。这些方面的制度好可以使坏人无法任意横行,制度不好可以使好人无法充分做好事,甚至会走向反面。不是说个人没有责任,而是说领导制度、组织制度问题更带有根本性、全局性、稳定性和长期性。"①李瑞环也指出:"反复出现的问题,要从规律性上找原因;普遍出现的问题,要从制度上找原因。"②2015 年 3 月,习近平指出:"全面从严治党,是我们党在新形势下进行具有许多新的历史特点的伟大斗争的根本保证。关键是要抓住领导干部这个'关键少数',坚持思想建党和制度治党紧密结合,全方位扎紧制度笼子,更多用制度治党、管权、治吏。"③他强调:"我们要健全权力运行制约和监督体系,有权必有责,用权受监督,失职要问责,违法要追究,保证人民赋予的权力始终用来为人民谋利益。"④全面从严治党,切实解决好人民群众高度关注的党风廉政问题,要从规律性上找原因、寻出路,更要从机制制度上找原因、想办法。所谓从机制制度上找原因、想办法,就是要建立健全科学的权力监督、制约、检查、问责制度体系,用制度来规范和调节各种关系,用制度来治党、管权、治吏,让人民监督权力,让权力在阳光下运行,使党的一切活动都有制度可依、有制度可循,善于用法治思维和法治方式反对腐败,从而最大限度地整合执政资源,提高执政的效率和效益。

全面从严治党,既要有思想和观念的保证,更要有纪律、制度和法治的保障,两者是紧密联系在一起、相辅相成、相互促进的。教育解决的是认识问题、价值问题、观念问题,是一种重要的自律力量;思想建党是基础,思想建党构筑全面从严治党的思想防线;加强思想教育,提高思想认识,增强制度认同和自觉,有助于维护制度的严肃性和权威性。因此,"思想教育要结合落实制度规定来进行,抓住主要矛盾,

---

①　《邓小平文选》第 2 卷,人民出版社 1994 年版,第 333 页。

②　转引自王东京:《聚焦时政:献给中国官员》,广西人民出版社 2002 年版,第 290 页。

③　习近平:《扎紧制度笼子多用制度治党管权治吏》,《人民日报》2015 年 3 月 14 日。

④　习近平:《在首都各界纪念现行宪法公布施行三十周年大会上的讲话》(2012 年 12 月 4 日),《十八大以来重要文献选编》(上),中央文献出版社 2014 年版,第 92 页。

不搞空对空"。① 制度解决的是治理规制、行为规范、监督评价问题,是一种重要的他律力量;在党的建设的总体布局中,党的建设的所有方面最终都要落实到党的制度上,制度建设贯穿于党的建设的全过程,制度建设在党的建设的总体布局中处于根本性地位;制度建设是规范党内权力运作和党员行为的保障;健全完善制度,有助于巩固思想教育成果,形成常态长效,确保党员干部具有高度的组织纪律观念。从严治党,坚持思想建党和制度治党紧密结合、一体推进,坚持教育和制度同向同时发力,就可以产生管党治党的叠加效应。因此,"要使加强制度治党的过程成为加强思想建党的过程,也要使加强思想建党的过程成为加强制度治党的过程。"②

两项机制建设,就是要在全省各级党组织和国家机关建立健全权力规范运行和全面从严治党监督检查问责这两项机制,这不但包括要在全省各级党组织和国家机关中加强一切权力的规范运行机制建设,而且也包括要在全省各级党组织和国家机关中加强全面从严治党的监督检查问责机制建设。从根本上说,两项机制建设也就是要健全和完善决策科学、执行坚决、监督有力的权力结构和权力运行制度机制。

其一,在全省各级党组织和国家机关建立健全规范权力运行制度机制。权力导致腐败,绝对权力导致绝对腐败,没有监督的权力必然导致腐败,这是一条铁律。反腐倡廉的核心是制约和监督权力,没有健全的制度,权力没有关进制度的笼子里,腐败现象就控制不住。正如孟德斯鸠所说:"一切有权力的人都容易滥用权力,这是万古不易的一条经验……从事物的性质来说,要防止滥用权力,就必须以权力约束权力。"③官权民赋,官权民用。"各级领导干部都要牢记,任何人都没有法律之外的绝对权力,任何人行使权力都必须为人民服务、对人民负责

---

① 习近平:《在党的群众路线教育实践活动总结大会上的讲话》,《人民日报》2014年10月9日。
② 习近平:《在党的群众路线教育实践活动总结大会上的讲话》,《人民日报》2014年10月9日。
③ [法]孟德斯鸠:《论法的精神》(上册),商务印书馆1982年版,第154页。

并自觉接受人民监督。"①要让人民赋予的权力始终用来为人民谋利益,必须加强反腐倡廉党内法规制度建设,必须健全权力运行制约和监督体系,通过合理分解权力,科学配置权力,通过完善的监督管理机制、有效的权力制衡机制、严肃的责任追究机制加强对权力的监督制约,最大限度减少权力出轨、个人寻租的机会。

权力腐败产生于"绝对权力",源自缺乏政治民主,源自缺乏阳光透明,源自国家政治制度化法治化程度不能满足公民的政治参与需求。权力一旦丢掉了宗旨和情怀,松懈了责任和担当,结果必然是不作为、懒作为、乱作为。要规范权力运行,确保公共权力公共运用,迫切需要用制度管住权力的"任性"、用规则重塑权力运行、以责任意识校准权力观念,让为民服务成为政府职能的内核、让恪尽职守成为权力的底色。权力运行机制是对权力配置、权力运行及其相互关系的制度性安排。权力运行机制一般包括权力的授予机制、权力的行使机制和权力的罢免机制这三个方面。建立健全权力规范运行机制,必须从完善权力授予机制、确保权力正确行使机制、及时废除滥用的权力的机制三方面着手。规范权力运行是动态的、长期性的工作,只有建立长效机制,不断探索完善制度,才能真正做到"把权力关进制度的笼子"。因此,要规范权力运行,确保公共权力公共运用,从权力授予角度讲,必然要求完善干部选拔任用制度,从权力行使角度讲,必然要求健全完善民主集中制,从权力罢免角度讲,必然要求完善反腐倡廉制度;必然要求科学配置公共权力、编制责任清单,必然要求完善依法行政体制、打造法治政府,确保决策制度科学、程序正当、过程公开、责任明确。

其二,在全省各级党组织和国家机关建立健全全面从严治党监督检查问责制度机制。在我国,中国共产党是领导我们事业成功推进的核心力量,是领导一切的,是总揽全局、协调各方的领导核心;党的领导、党的组织、党的工作、党的服务,无论是在国家政治生活层面还是社

---

① 习近平:《依纪依法严惩腐败,着力解决群众反映强烈的突出问题》(2013年1月22日),《十八大以来重要文献选编》(上),中央文献出版社2014年版,第136页。

会生活层面,都是全覆盖、无死角、立体化的,具有"牵一发而动全身"的联动效应。坚持党的领导是中国特色社会主义最本质的特征;办好中国的事情,关键在党,关键在坚定不移地坚持党的领导、改善党的领导、全面从严治党。要规范权力运行,就必须加强对权力运行的制约和监督;而要加强对权力运行的制约和监督,把权力关进制度的笼子里,形成长效机制,确保公权为公,实现源头防治腐败的目标,就必须建立健全全面从严治党的监督检查问责机制。不受制约与监督的任何权力,无论是基层干部的权力还是中高层干部的权力,无论是各级党组织的权力还是"一府两院"等各级国家机关的行政权力、司法权力,都容易被滥用。坚定不移地坚持党的领导、改善党的领导、全面从严治党,就必须既要在全省各级党组织和所有国家机关中加强一切权力的规范运行机制建设,更要在全省各级党组织和一切国家机关中加强全面从严治党的监督检查问责机制建设。建立完善落实全面从严治党监督检查问责制度机制,说到底就是要健全监督制约机制、筑牢监控防线,完善反腐倡廉制度、净化政治生态,健全检查问责机制、强化责任追究,确保各项制度不会被当作稻草人、橡皮泥。要把全面从严治党监督检查问责制度机制落到实处,就要切实突出监督检查问责的重点,切实解决好"查什么"的问题,什么问题成为共性、上升为社会热点焦点,就要将其作为监督检查的重点;就要拓宽渠道,解决好"谁来查"和"怎么查"的问题,切实构建起纪检监察机构监督、上级监督、领导班子内部监督、人大监督、政协监督、审计监督、信访监督、群众监督、舆论监督、网络监督等协调联动、运行有力、务实高效的监督体系,实现监督效力的最大化、监督效能的最优化;就要严格问责、终身追究,切实解决好"查出来怎么办"的问题,切实做到查处一个、问责一个、警醒一片。有权就有责,权责要对等,用权受监督,失责受追究。党风廉政建设出了问题,党委的主体责任不可推卸,纪委的监督责任也难辞其咎。落实党风廉政建设主体责任,还要明确主体责任怎么追究的问题。要从有没有抓加强教育、有没有抓制度建设、有没有抓一把手、有没有抓问题查处、有没有抓部署检查落实等方面,细化责任追究,督促履职尽责。要严格落实责任追究办法,加大问责力度,实行"一案双查",既追究主体责任、监督责任,又追究领导责任,做到有错必究、有责必问。

在全省各级党组织和国家机关建立健全权力规范运行和全面从严治党监督检查问责两项机制,其核心是强化制度的规范和约束,加快建立权力清单和责任清单制度,进一步清理行政审批事项,规范行政决策权行使,认真落实党政一把手"五个不直接分管"制度,完善权力运行制约和监督制度,防止公权私用、滥用职权、为政不公。对此,《河南省规范行政权力运行机制暂行办法》明确指出,"建立权力清单、负面清单和责任清单,公开权力运行流程图。推进主要领导干部权力公开透明运行试点和新任领导干部有关事项公开制度试点。建立党风廉政监督联席会议制度,建设实时管控、互联互通的综合性电子监察平台"。中共河南省委办公厅印发的《全面从严治党监督检查问责机制暂行办法》(豫办〔2015〕29 号)明确指出,"充分发挥党内监督、舆论监督、法律监督、民主监督、群众监督等作用,建立全面从严治党监督检查常态化机制。加大问责力度,界定履行从严治党责任不力的情形,建立问责清单,规范问责方式和程序,明确问责主体和执行机关,对有失职行为的党委(党组)和党员领导干部,按照有关规定启动问责程序,做到有责必问、失责必究"。

1. 科学配置公共权力,编制责任清单

权力是柄"双刃剑",权力本身具有代表和实现公共利益以及可以为个人或少数人谋取私利的二重性、工具性。权力一旦被丧失权力道德的人所掌握,失去了应有的制约和监督,这样的权力就必然会丧失其社会公共性质而蜕变成个人或少数人谋利益的工具。

要建设廉洁政治、清明政治,要从源头上防治权力腐败,保证公共权力公共运用,保证人民赋予的权力真正用来为人民谋利益,必须构建决策权、执行权、监督权既相互制约又相互协调的权力结构和运行机制,通过适当分解决策权、执行权、监督权,使决策职能、执行职能、监督职能由不同部门相对独立行使,形成不同性质的权力既相互制约、相互把关,又分工负责、相互协调的权力结构,保证权力依法依规依制度良性运行,做到决策科学、执行坚决、监督有力,最大限度地防止权力滥用,实现干部清正、政府清廉、政治清明。

我国现行的权力结构和运行机制,建立在我国社会主义民主政治的基础之上,具有决策效率高、能够集中力量办大事等独特优势,总体上能够实现好、维护好、发展好最广大人民根本利益。但是,在一些具体方面也存在一些不相适应、不够完善的地方,突出表现在:权力配置和结构不尽科学,决策权、执行权和监督权之间有的没有形成有效的分工与相互制约,存在"既当裁判员又当运动员",既当"导演"又当"演员"还当"评委"现象;权力往往过分集中于主要领导干部手中,同时,对权力的监督不够有力,各种监督的合力不强,制度不够健全,障碍和漏洞较多,存在"牛栏关猫"现象,少数主要领导干部凌驾于组织之上,搞"一言堂",对领导干部的监督管理难以发挥应有的作用;权力运行过程不够公开透明,暗箱操作和"潜规则"问题突出。以上这些问题归结为一点,就是一些权力尚未受到有力有效的制约和监督,以致腐败现象时有发生。

科学配置公共权力,规范权力运行,必须以制约和监督权力为核心,建立健全决策权、执行权、监督权既相互制约又相互协调以及决策科学、执行坚决、监督有力的权力结构和运行机制。要坚持权力配置科学、界限明确、行使依法、运行公开,把制约和监督权力的要求落实到权力结构和运行机制的各个环节。一是完善重大决策的机制和程序,凡是重大问题决策、重要人事任免、重大项目安排和大额资金使用都必须实行集体决策,不断提高科学决策、民主决策、依法决策水平。二是要切实提高执行力,健全督促检查、绩效考核和问责制度,做到言必信、行必果,做到有令必行、有禁必止,做到有始有终、善始善终。三是要整合各方面监督力量,加强党内监督、民主监督、法律监督和舆论监督,确保权力行使到哪里,权力监督就跟进到哪里。

科学配置公共权力,规范权力运行,就要坚持民主集中制,充分发挥党总揽全局、协调各方的领导核心作用。要严格按照集体领导、民主集中、个别酝酿、会议决定的原则,充分发挥党代会和全委会的重大问题决策权,党委常委会的执行权和一般问题决定权,党的纪律检查委员会的监督权,真正做到科学执政、民主执政、依法执政。要按照职能科学、结构优化、廉洁高效、人民满意的原则,进一步明确各级党政主要领导职责权限,合理划分、科学配置党政部门及其内设机构的权力和职能,加大机构和职责整合力度,健全部门职责和人员编制体系,做到定位准确、边界清晰,权责一致、人事相符,各司其职、各负其责,依照法定权限和程序行使权力。要改革党的纪律检查体制,推动纪委双重领导体制具体化、程序化、制度化,强化上级纪委对下级纪委的领导,健全民主监督、法律监督、舆论监督机制,重视运用和规范互联网监督,强化对领导干部特别是主要领导干部行使权力的制约和监督,确保位高不擅权、权重不谋私。

科学配置公共权力,规范权力运行,就要建立权力责任清单和权力运行流程制度。法治政府建设对法治社会建设起着引领和示范作用。编制清单的过程就是进一步转变政府职能的过程,执行清单的过程就是推进依法行政的过程,公开清单的过程就是加强社会监督的过程,规范清单的过程就是实现便民服务的过程。清单制度其实就是落实机构、职能、权限、程序、责任法定化的一个重要举措,是推进依法行政、建设法治政府的关键性举措。李克强同志指出,"政府要拿出权力清单,要给出负面清单,要理出责任清单"①。清单里涵盖政府职能、法律依据、实施主体,政府职责、政府权限、政府管理的流程和监督方式。编制权力清单主要是界定政府工作的行政职权范围和边界,让行政干部的权力明明白白,不越位也不缺位。编制责任清单,让政府能够更好行使经济调节、市场监管、社会管理、公共服务和环境保护的职能,防止政府工作部门滥用决策权、执行权、审批权和处罚权等权力现象的发生;让政府干部清楚违法作为、不当作为、不作为的后果,并牢记责任、权力不可任性。这既是现代政府治理的一个基本原则,同时也是法治政府所依存的一种制度平台,用此坚决纠正不作为、乱作为,坚决克服懒政、怠

---

① 李克强:《2014 年夏季达沃斯开幕式致辞》,《人民日报》2014 年 9 月 11 日。

政,坚决惩处失职、渎职行为。编制负面清单是政府以清单的方式明确列出禁止和限制企业投资经营的行业、领域、业务等,清单以外则充分开放,企业只要按法定程序注册登记即可开展投资经营活动。

推行权力清单制度工作,目的是通过开展政府职权清理,科学配置行政权力,合理配置权力,明晰权力边界,这是权力运行科学化的客观要求。适度、合理分权有利于形成稳定的权力结构,有利于对权力运行进行监控,是防止党员领导干部权力滥用和腐败行为发生的前提。编制并依法公开部门权力清单和权力运行流程,推进行政权力公开规范,构建"权界清晰、分工合理、权责一致、运转高效、法治保障"的政府职能体系。开展这项工作的主要内容是在对行政机关的行政权力进行全面梳理的基础上,按照"职权法定""法无授权不可为"的原则和推进政府职能转变、简政放权的要求,进行清权减权,理权规权,对精简后保留实施的行政权力制定权力运行流程图、事中事后监管制度等规范权力运行并向社会公开,逐步实现行政权力在网上运行。推行政府部门责任清单制度的主要内容是在全面梳理政府部门职责的基础上,编制政府部门的主要职责、具体工作事项、部门职责边界事项、事中事后监管制度和公共服务事项,并向社会公布。其目的是通过编制和公开部门责任清单,进一步明确部门职责,接受社会监督,落实责任主体,完善监管制度,加强公共服务,推进部门责任法定化,并与政府权力清单制度相配套,切实解决政府管理越位、缺位、错位问题,防止行政管理不作为和乱作为。但对政府而言是"限定性权力"立法原则,即规定你干什么才可以干什么,即"权力清单"。同时,责任与权力永远是对等的,"责任清单"和"权力清单"也是高度匹配的,给政府部门赋予什么职能,根据职能配备哪些权力,权力背后必须有责任监管。责任是对权力最好的约束,建立"责任清单"就是建立对公权的约束机制,其最核心的功能就是约束权力的制度安排。既要激励政府部门好好干事,又要约束其规范干事。将政府权力关进"责任清单"的笼子里,在笼子里不能越界,越界就是违法,同时也不能不作为,不作为就是失职。

编制责任清单要按照权责一致的原则,逐一厘清与行政相对应的责任事项,明确责任主体,健全问责机制。编制责任清单应遵循三项原则:一是坚持职责法定,因为权力法定,所以职责也一定要用法定来规范;二是坚持问题导向原则,在政府职能的转变中,以社会关注和人民群众反映的突出问题为导向,重点明确履职范围,同时注重解决上下级职责交叉重叠、理顺职责关系、厘清责任关系;三是坚持公开透明的原则,编制过程要公开,向群众、企业、社会组织听取意见。编制责任清单的难点:一是确权要依法合理。在编制权力清单时,要尽量发现行政权事项的缺漏和不准确之处,否则责任清单也就不全面,这需要做大量繁杂细致的工作。二是问责办法的细化量化。由于权力较多较复杂,权力的主体多元化,问责方法不能一一列出。三是事中事后的监管举措。确定责任主体,进行多元化综合管理,以第三方客观公正的评估来促进政府工作的动态调整。

2. 完善依法行政体制,打造法治政府

依法治国,要求国家是法治国家,社会是法治社会,政府是法治政府。依法治国的目标是建立法治国家,依法行政的目标必然是建设法治政府。习近平总书记强调:"要强化公开,推行地方各级政府及其工作部门权力清单制度,依法公开权力运行流程,让权力在阳光下运行,让广大干部群众在公开中监督,保证权力正确行使。"①推进依法行政、建设法治政府,法制建设是基础和前提,政府遵法守法是关键。

一是依法全面履行政府职能。政府要坚持在党的领导下、在法治轨道上开展工作,创新执法体制,完善执法程序,推进综合执法,严格执法责任,建立权责统一、权威高效的依法行政体制,加快建设职能科学、权责法定、执法严明、公开公正、廉洁高效、守法诚信的法治政府。完善行政组织和行政程序法律制度,推进机构、职能、权限、程序、责任法定化。行政机关要坚持法定职责必须为、法无授权不可为,勇于负责、敢于担当,坚决纠正不作为、乱作为,坚决克服懒政、怠政,坚决惩处失职、

---

① 习近平:《在第十八届中央纪律检查委员会第三次全体会议上的讲话》,《人民日报》2014 年 1 月 15 日。

渎职。行政机关不得法外设定权力,没有法律法规依据不得作出减损公民、法人和其他组织合法权益或者增加其义务的决定。

二是健全依法决策机制。把公众参与、专家论证、风险评估、合法性审查、集体讨论决定确定为重大行政决策法定程序,确保决策制度科学、程序正当、过程公开、责任明确。建立行政机关内部重大决策合法性审查机制,未经合法性审查或经审查不合法的,不得提交讨论。积极推行政府法律顾问制度,建立政府法制机构人员为主体、吸收专家和律师参加的法律顾问队伍,保证法律顾问在制定重大行政决策、推进依法行政中发挥积极作用。建立重大决策终身责任追究制度及责任倒查机制,对决策严重失误或者依法应该及时作出决策但久拖不决造成重大损失、恶劣影响的,严格追究行政首长、负有责任的其他领导人员和相关责任人员的法律责任。

三是深入推进政府机构改革,推进行政审批制度改革。要完善行政组织和行政程序法律制度,推进机构、职能、权限、程序、责任法定化,推进政府事权规范化、法律化,强化省政府统筹推进基本公共服务均等化职责,强化市、县(区)政府执行职责。坚持简政放权、放管结合,大力推进行政审批制度改革,把该放的坚决放开、放到位,该管的坚决管住、管好。在省本级行政审批项目目录清单公开的基础上,加快建立覆盖省、市、县政府的权力清单、责任清单和负面清单,深入推进政企分开、政资分开、政事分开、政府与市场中介组织分开,坚决消除权力设租寻租空间,坚决纠正不作为、乱作为,坚决克服懒政、怠政,坚决惩处失职、渎职,政府做到法无授权不可为、法定职责必须为,让市场主体法无禁止皆可为,更好地激发全社会创新、创造活力。

四是要全面推进政务公开。坚持全面推进政务公开,保障人民群众的知情权、参与权和监督权。按照"以公开为常态、不公开为例外"的原则,进一步健全和完善政务信息公开工作体制机制,推进决策公开、执行公开、管理公开、服务公开、结果公开。加大政务公开力度,依据权力清单,向社会全面公开政府职能、法律依据、实施主体、权责权限、管理流程、监督方式等事项,重点推进财政预算、公共资源配置、重大建设项目批准和实施、社会公益事业建设等领域的政府信息公开。大力推进办事公开,加强行政服务中心建设,在完善服务功能、规范"窗口"行为、创新审批方式、强化监督管理上下功夫,为人民群众提供优质、高效、便利的服务;加强公共资源交易中心建设,形成统一的公共资源交易市场,营造公平、公正、公开的公共资源交易环境。

3. 健全监督制约机制,筑牢监控防线

中国共产党是执政党,党员干部是执掌权力的"关键少数",政府是掌握行政权力的组织机构,要对权力有效监督制约是全面从严治党的重要保证。习近平总书记在十八届中央纪委二次全会上指出,要加强对权力运行的制约和监督,把权力关进制度的笼子里,形成不敢腐的惩戒机制、不能腐的防范机制、不易腐的保障机制。李克强总理在2015年《政府工作报告》中强调,"大道至简,有权不可任性"。有权者任性,根源在于权力集中,缺乏合理制衡;权力过大,缺乏有效监督。因此,必须注重运用法治思维和法治方式,强化对权力的制约和监督。

当前权力运行监督和制约机制建设中存在的问题:一是权力制约不落地,监督意识淡薄。主要表现在:一些地方、部门领导没有充分认识到权力运行监督制约的重要性和必要性,认为监督是软招,解决不了实际问题;监督要得罪人,影响关系;监督是纪委的事情,自己没什么责任等等。这些片面认识的存在,导致参与权力运行监督的积极性、主动性不高,监督意识淡薄。二是权力运行不规范,监督渠道不畅。主要表现在:广大群众实行知情监督的渠道不畅,比如一些地方和部门办事公开透明度不高,公开范围不够广,干部群众获取信息不对称;群众反映真实情况的渠道不畅。目前仍然缺少一些能让群众畅所欲言的情况反映机制,信息失真、信息滞后等问题不同程度地存在。三是权力监督不到位,监督实效性差。主要表现在:同体监督在体制内难以有效发挥作用;一些监督制度,范围界定不清,有的缺乏明确的法定职责分工;各监督系统之间的作用和功能互补没有得到很好的发挥,外部监督难以形成有效的监督合力。

首先,发展党内民主,强化党内监督。一要广泛推行党务公开。畅通知情渠道,提高党内生活的开放程度,推行党务信息公开化,实行党内重要情况通报,推进知情权规范化。健全党员监督运行的沟通交流机制、参与决策监督机制、民主评议领导干部监督机制、信访机制、落实和反馈机制。制定党员监督的实施办法,确保党员行使知情权、参与权和监督权。二要认真贯彻民主集中制,监控权力运行过程。要充分发扬党内民主,切实保障党章规定的党员的批评权、检举权和申诉权等,加强党员对党内事务的了解和参与;要按照"集体领导、民主集中、个别酝酿、会议决定"的方针,进一步完善党支部内部议事和决策规则、机制,促进决策民主化和科学化;要严格党内组织生活,提高民主生活会的质量,在领导班子成员之间形成经常性监督的氛围。

其次,加强集体领导下的个人分工负责制。一是要进一步完善集体领导下的个人分工负责制。领导班子要按照权力与责任对等的原则,实行班子成员责任制,明确各权力层次、权力主体的职责和权限。二是要科学分解权力,对于那些容易滋生腐败的工作环节和某项职能,变一人负责为多人、多岗位和多部门交叉负责。三是对权力范围进行科学界定,如项目决策权、财务处置权、设施使用权、人员使用权等,都须有明确可操作的规定。四是要建立权力与责任相配套的责任追究机制。

再次,加强制度建设,完善监督制约机制。为了实行有效的权力运行监督,要建立健全党内决策监督、重大决策报告、决策失误纠错改正机制。健全干部选拔任用监督机制和干部选拔任用责任追究制度,充分发挥考核在干部管理工作中的监督作用;完善领导干部述职述廉、廉政谈话、诫勉谈话、函询等制度;落实党员领导干部报告个人有关事项制度,把领导干部住房、投资、配偶子女从业等情况列入报告内容;加强对领导干部作风状况的监督,建立完善党员干部谈心谈话制度;严格执行党政领导干部问责制,加大问责力度,坚决纠正行政不作为和乱作为;推行党政领导干部党风廉政责任制、行政执法责任制;完善主要领导干部经济责任审计,加强对财政资金和重大投资项目审计。

最后,强化监督制约,规范行政权力运行。完善人大及其常委会的法律监督、政协的民主监督;积极拓宽群众监督渠道,完善群众举报投诉制度,依法保障人民群众监督政府的权利;高度重视舆论监督,认真对待网络监督。加强对政府内部权力的制约,对财政资金分配使用、国有资产监管、政府投资、政府采购、公共资源转让等权力集中的部门和岗位实行分事行权、分岗设权、分级授权,定期轮岗,强化内部流程控制,防止权力滥用。加强政府内部的层级监督和专门监督,改进上级行政机关对下级行政机关的监督,保障和支持审计、监察等部门依法独立行使监督权。完善纠错问责机制,健全问责方式和程序,严肃追究违纪违法行政工作人员的责任。

4. 完善反腐倡廉制度,净化政治生态

在我国,政治生态就是在以党的领导为核心的政治格局中,各方面政治关系、政治要素和政治活动所形成的相互联系、相互影响的发展状态。对一个地方说来,政治生态是这个地方政治发展环境和政治生活状况的反映,是党风、政风、社会风气的综合体现,其核心是党员领导干部的党性问题、觉悟问题、作风问题。在中央政治局第十六次集体学习中习近平总书记明确提出,"加强党的建设,必须营造一个良好从政环境,也就是要有一个好的政治生态"。这段话,讲的是党的建设,同时也揭示了政治生态对经济社会发展的重要作用。对处于重要历史发展关头的河南说来,必须从关系全省发展的大局出发,对净化政治生态的重要性有深刻的认识。政治生态事关发展基础,净化政治生态决定着经济社会发展和富民强省战略从设计到实施,再到落实的各个环节的实际结果。就某个地区的发展而言,政治生态建设是经济社会发展的基础与重点。以推进河南省富民强省战略的进程来说,在这一战略的设计、实施、落实的各个环节中,都存在一个"为了谁、依靠谁、结果有利于谁"的问题,存在一个为解决这一问题而去创造条件的发展需求。良好的政治生态既能为富民强省的战略、决策设计、实施及其结果提供正向条件支持,还可以从"软环境""软实力"的意义上提供强大的正能量。政治生态事关人心向背,净化政治生态影响着干部群众对推进全省发展大计的科学认知和自觉行动。对河南省发展而言,无论是经济发展,还是社会进步,靠的是全省上下的齐心聚力、群策群力、集思广益,充分调动干部群众的主动性、创造性。而干部群众对实现这样的发展怎么看和怎么干,除了需要发展战略和大政方针本身的科学性而外,重要的因素,就在于他们还会从作为政治生态核心的党员领导干部的党性修养、作风建设的状况及其评判上,确定自己的认识与行动。良好的政治生态可以凝聚人心、激发斗志,增强干部群众投身于经济社会发展的实践中,反之,就可能缺乏信心、涣散斗志,失去人心,动摇党的执政基础。换言之,政治生态建设决定着全部发展的实施进程与具体结果,是关系全省人民根本利益的重大政治问题。从以上认识出发,我们不难看出,党风正则政风清,政风清则民风淳,政治生态事关地方形象和发展的凝聚力,风清气正,经济社会发展就能得到迅速推进,否则,就会导致长期的停滞与落后。

制度问题更带有根本性、全局性、稳定性、长期性。党的十八大以来,习近平总书记多次就制度建设发表重要论述,强调把权力关进制度的笼子里,坚持思想建党和制度治党紧密结合。在十八届中央纪委五次全会上,习近平总书记发表重要讲话,强调深入推进党风廉政建设和反腐败斗争,要做好"破"和"立"两篇文章,全面深化改革,全面加强制度建设。这是党中央站在新的历史方位、深刻总结管党治党经验作出的战略安排,是深入推进党风廉政建设和反腐败斗争的必然要求,也是全面从严治党的题中应有之义。马克思有一句名言:"问题就是公开的、无畏的、左右一切个人的时代声音。"从这些年揭露出来的一些涉及领导干部的大案要案看,其犯罪情节之恶劣、涉案金额之巨大,都是触目惊心的。这些领导干部在成长过程中都曾为党和国家做了一些工作,也做出了一定成绩,但是他们律己不严、蜕化变质,最终堕入违纪违法甚至犯罪的泥潭,既令人无比痛心,教训也极其深刻。从中我们可以发现很多问题,其中一个重要方面就是我们的制度还不够健全,已经有的铁笼子门没关上,没上锁;或者栅栏太宽了,或者栅栏是用麻秆做的,不起作用。实践证明,牛栏是关不住猫的。

规矩和纪律的生命力在于执行。贯彻执行反腐倡廉法规制度关键在真抓,靠的是严管。加强反腐倡廉法规制度建设,必须一手抓制定完善,一手抓贯彻执行。要强化法规制度意识,在全党开展法规制度宣传教育,引导广大党员、干部牢固树立法治意识、制度意识、纪律意识,形成尊崇制度、遵守制度、捍卫制度的良好氛围,坚持法规制度面前人人平等、遵守法规制度没有特权、执行法规制度没有例外。要加大贯彻执行力度,让铁规发力、让禁令生威,确保各项法规制度落地生根。要坚决维护制度的严肃性和权威性。制度得不到遵守,执纪、问责就必须及时跟进。要强化对制度执行情况的监督检查,坚决纠正有令不行、有禁不止的行为。对一切违反破坏制度的行为,必须依规依纪严肃处理,构成犯罪的坚决移送司法机关。加大问责力度,通过严肃追究主体责任、监督责任、领导责任,使制度成为硬约束而不是"橡皮筋",使制度的力量在反腐倡廉建设中充分释放。对违规违纪、破坏法规制度踩"红线"、越"底线"、闯"雷区"的,要坚决严肃查处,不以权势大而破规,不以问题小而姑息,不以违者众而放任,不留"暗门"、不开"天窗",坚决防止"破窗效应",营造良好的政治生态。

5.健全检查问责机制,强化责任追究

古人云:"善弈者,谋势;不善弈者,谋子。"善于谋势,工作中善于抓重点,是成事之要。推进全面从严治党,纪律是管党治党的尺子,严明党的纪律是制高点,检查问责是关键点,责任追究是落脚点。

落实党风廉政建设责任制,使党的作风建设要求真正落地生根,各级党委(党组)究竟要负哪些主体责任? 主体责任意味着党委是党风廉政建设的领导主体、落实主体、工作主体、推进主体。各级党委必须落实的主体责任就是政治责任、用人责任、查处责任、防治责任、支持责任、示范责任这六大责任。各级党委(党组)没有认真履行好这六大主体责任就是严重失职。这六大主体责任中,特别是要认真履行好党委的政治责任、用人的责任和示范的责任。就政治责任而言,各级党委必须牢固树立抓好党建就是最大的政绩以及抓好党风廉政建设是本职、不抓党风廉政建设是失职、抓不好党风廉政建设就是渎职的理念。就用人的责任而言,党的事业成败关键在人、关键在选好用好各级干部。

春秋时期儒家学说正统思想的传人，编《论语》、著《大学》、写《孝经》的曾子曾提出一个重要用人原则："用师者王，用友者霸，用徒者亡。"选好用好干部，可以促进一方风清气正，可以推动形成崇廉尚实、干事创业、遵纪守法的良好政治生态；选错用错干部，就会导致一方歪风邪气上升，就会出现干事的人生气、憋气、遭排挤，不干事、乱干事的人趾高气扬、颐指气使这样恶化的政治生态。一个地方、一个单位政治生态里潜规则大行其道，歪风邪气占据上风，庸俗文化充斥泛滥，这个地方、这个单位必然会党心民心溃散，削弱甚至动摇我们党执政的根基。就示范的责任而言，"打铁还需自身硬"；"欲影正者端其表，欲下廉者先己身"。清白做人、干净做事、廉洁从政是领导干部挺起腰杆、敢抓敢管的底气，更是落实党风廉政建设责任制的基本要求。优化政治生态，营造美好环境，需要各级领导干部特别是一把手在对党忠诚、个人干净、敢于担当方面做到身先士卒、率先垂范；若己身不正，又岂能正他人之身？作为党风廉政建设第一责任人的一把手带头作出表率，既挂帅又出征，始终对反腐倡廉重要工作亲自部署、重大问题亲自过问、重要环节亲自协调、重要案件亲自督办，才能带动和影响广大党员干部摆正心态，守规遵纪，清清白白做人，端端正正做事。

落实党风廉政建设责任制，使党的作风建设要求真正落地生根，作为党内监督的专门机关和执行党的纪律的职能部门，各级纪委究竟要负哪些责任？各级纪委必须落实的责任包括首要职责、重要职责、专门职责三大职责。其首要职责是要大力协助党委加强党风廉政建设和组织协调反腐败工作，其重要职责是要大力督促检查相关部门落实惩治和预防腐败工作任务，其专门职责是要大力开展执纪监督和查办腐败案件。认真落实纪委最根本的职责——执纪监督，是纪委必须担负的重大政治责任；纪委没有切实履行好党章赋予的执纪监督根本职责，没有很好发挥党内监督专门机关的作用，就是守土失责。

明确职能定位，聚焦主业主责，落实纪委执纪监督的核心职责，这不但是坚决遏制腐败蔓延势头的现实要求，也是保证党委主体责任落到实处的客观需要。实践证明，一个地方或单位纪委监督主体意识强，查处违纪违法案件坚决有力,党委关于党风廉政建设的决策部署和工作安排就能落到实处,主体责任就能落实到位;纪委监督主体错位、缺位、不到位,监督措施软弱乏力,党委落实主体责任就必然受到影响。因此,必须通过深化纪检体制改革、加强纪律建设、积极查办案件、强化作风建设,全面落实纪委的监督责任来协助和推动党委主体责任落实,实现两个责任良性互动、共同发力。

落实全面从严治党要求,重在严格考核问责,促使反腐倡廉工作责任具体化、可考核、能落实,真正做到党要管党、从严治党,党委纪委必须在党爱党、在党言党、在党为党、在党忧党、在党护党、在党兴党,确保管党治党事有人干、责有人担。"各级党委(党组)要落实好主体责任,不抓党风廉政建设是严重失职。各级纪委要履行好监督责任,更好发挥党内监督专门机关作用。党委(党组)书记作为党风廉政建设第一责任人,既要挂帅又要出征,对重要工作亲自部署、重大问题亲自过问、重要环节亲自协调、重要案件亲自督办。"①严格责任兑现、厉行责任追究,就是要严明并严守政治纪律、组织纪律、财经纪律、工作纪律、生活纪律、廉政纪律,严格实行"一岗双责""一案双查"制度,制定并实施切实可行的责任追究制度,坚持重大腐败案件倒查相关领导责任制度,不但要严厉追究相关当事人违法乱纪的责任,也要严格倒查追究相关领导干部失职渎职的责任,包括倒查追究相关党委和纪委的责任。"中央纪委、监察部和各级纪检监察机关要加大检查监督力度,执好纪、问好责、把好关。要加大责任追究力度,严格执行有关纪律处分规定,以严明的纪律督促各级领导机关和领导干部改进作风。"②对那些在落实主体责任与监督责任方面重视不够、措施不力、敷衍塞责导致问题较多的党委和纪委的主要领导干部,要严肃追究责任,促使党委纪委真正把主体责任与监督责任记在心上、扛在肩上、抓在手上、落实在行动上,促

---

① 习近平:《在中共十八届四中全会第二次全体会议上的讲话》,《人民日报》2014 年 10 月 24 日。

② 习近平:《严明政治纪律,自觉维护党的团结统一》(2013 年 1 月 22 日),《十八大以来重要文献选编》(上),中央文献出版社 2014 年版,第 134 页。

使党委纪委真正各自坚守好"主阵地"、耕种好"责任田"、攻打好"持久战"。

建章立制、建立责任制、扎牢制度篱笆固然非常重要,严格执行制度、严格落实和兑现责任制、使制度真正成为碰不得的"高压线"、穿不透的"防火墙"、甩不掉的"紧箍咒"更加重要。习近平总书记强调:"要狠抓制度执行,扎牢制度篱笆,真正让铁规发力、让禁令生威,决不能让制度形同虚设,成为'稻草人',形成'破窗效应'。"①他强调:"要坚持制度面前人人平等、执行制度没有例外,不留'暗门'、不开'天窗',坚决维护制度的严肃性和权威性,坚决纠正有令不行、有禁不止的行为,使制度成为硬约束而不是'橡皮筋'。"②只有切实落实全面从严治党监督检查问责制度机制,严格执行制度,真正让铁规发力、让禁令生威,真正做到有权必有责、用权受监督、违法要追究,才能使广大党员干部受警醒、明底线、知敬畏,主动在思想上画出红线、在行为上明确界限,真正敬法畏纪、遵规守矩,才能使人民赋予的权力始终用来为人民谋利益。

因此,全面从严治党,健全检查问责机制,强化责任追究,必须把党的纪律挺在前面,让纪律立起来、严起来。党的十八大以来,党中央三令五申严明党的纪律。在中央纪委五次全会上,习近平总书记再次强调,要把守纪律讲规矩摆在更加重要的位置。面对新形势下国内外种种复杂因素对党的建设带来的影响,严明纪律、严守规矩是抵御各种风险考验、维护党团结统一的治本之策。严明党的纪律和规矩,需要坚持教育和查处相结合:一方面,要强化教育把纪律和规矩意识"立起来"。通过加强纪律教育,使党员干部真正明白什么是党的纪律、懂得为什么要严守纪律、知道怎样才能守好纪律。不断强化党员干部的纪律和规矩意识,立起铁的纪律和规矩。另一方面,要强化督查把纪律和规矩执行"严起来"。坚持严字当头,紧紧围绕党委政府重大决策部署落实情

---

① 习近平:《在中央政法工作会议上的讲话》,《人民日报》2014年1月8日。

② 习近平:《在党的群众路线教育实践活动总结大会上的讲话》,《人民日报》2014年10月9日。

况,分项目、分专题、分领域开展专项监督检查,坚决查处上有政策、下有对策,有令不行、有禁不止行为;严格执纪问责,把遵守党的纪律和规矩情况作为监督检查的重要内容,对不守纪律和规矩的行为,发现一起,查处一起,真正使党的纪律和规矩成为触碰不得的硬约束、高压线。

全面从严治党,健全检查问责机制,强化责任追究,还必须提高制度执行力。让违反制度的人付出应有的代价,才能真正树立起制度的权威性。要完善违法违纪责任追究机制,坚持把责任追究与绩效考核、干部选拔任用等结合起来,确保各项制度落实。要健全问责机制,坚持有责必问、问责必严,把监督检查、目标考核、责任追究有机结合起来,形成法规制度执行强大推动力。问责的内容、对象、事项、主体、程序、方式都要制度化、程序化。要把法规制度执行情况纳入党风廉政建设责任制检查考核和党政领导干部述职述廉范围,通过严肃追究主体责任、监督责任、领导责任,让法规制度的力量在反腐倡廉建设中得到充分释放。加大监督检查力度,对有令不行、有禁不止的,不仅要严肃查处直接责任人,而且要严肃追究相关领导人员的责任。持续加大责任追究力度,对不执行反腐倡廉制度发生重大案件,或者有案不查、压案不查,以及对贯彻落实反腐倡廉制度措施不得力、问题得不到有效解决的部门和单位,根据情节轻重严肃追究相关领导责任。坚持有法有纪必依、执法执纪必严、违法违纪必究,同一切违反制度的现象作斗争,发现一起,查处一起,决不姑息迁就,切实维护制度的严肃性和权威性,形成"正气存内,邪不压正"的良好局面。

(二)相互关系

机制与制度相互依存、相互促进,机制离不开制度,制度也离不开机制;制度是基础,没有好的制度就没有机制;机制是制度的灵魂,有了好的机制才能运作起来、发挥作用;人叫人,人可能不动;机制制度叫人,人不得不动。河南"4+4+2"党建制度体系建设是一项系统工程。两项机制是基层四项基础制度和县级机关四项基础制度的共同保证,其核心是强化制度对权力的规范和约束。八项制度与两项机制之间是紧密联系、融合共促、协调共进、相辅相成的关系,共同构成了河南省党建制度体系,共同构成了落实"两个责任"、加强基层党建、加快中原崛起河南振兴富民强省的制度保障。强化"4+4+2"党建制度体系建设,必须统筹兼顾、协调推进,不能顾此失彼、搞"单打一"。

河南推进"4+4+2"党建制度体系建设,核心在加强党的领导。办好中国的事情关键在党,只有自觉坚定坚持党的领导,坚决贯彻执行党的路线方针政策,坚定同以习近平同志为核心的党中央保持高度一致,自觉维护党的团结和统一,党的事业才能兴旺发展。深刻认识全面从严治党的必要性和紧迫性,自觉坚定保持党的先进性和纯洁性,不断提高党的领导能力和执政水平,有效应对"四大考验"、防范"四种危险"。深刻认识伟大事业需要伟大工程来保证,自觉坚定锻造坚强领导核心,把亿万河南人民更加紧密地团结起来,协调推进"四个全面"战略布局,加快中原崛起河南振兴富民强省。充分发挥各级党委(党组)领导核心作用、基层党组织战斗堡垒作用和广大党员先锋模范作用,形成干部清正、政府清廉、政治清明的政治生态,不断增强党的自我净化、自我完善、自我革新、自我提高能力,为中原崛起河南振兴富民强省和服务支持国家大局提供坚强政治保证。

1. 八项制度与两项机制之间的关系

"4+4+2"党建制度建设体系,两个"4"的构建是整个体系的基础性工程,是开展党组织建设的具体抓手,两个机制则是对8个制度的系统总结和升华,处于指导性地位。

(1)八项制度是两项机制的基础工程、具体抓手、实践路径。基础不牢,地动山摇。治国安邦,重在基层;管党治党,重在基础。基层党组织凝聚力和战斗力能否充分发挥,直接决定我们党的执政根基是否坚如磐石、坚不可摧;做好服务群众工作关键在基层,群众对我们党的评价依据关键在基层,党群干群关系好坏关键在基层。河南省委切实增强抓基层、打基础的政治自觉和行动自觉,牢固树立大抓基层、抓好基层的鲜明导向,把抓基层打基础作为长远之计和固本之策,把基层党建工作放在心上、抓在手上,以点带面,上下联动,整体提升,推动基层组织建设全面进步、全面过硬。

推进"4+4+2"党建制度建设,必须统筹安排,不能"单打一"。两个"4"具有不同的指向,具有不同的层次性,第一个"4"是基层四项基础制度,它指向的是基层,重点是乡、村、社区,直接关系群众切身利益区域。这4项制度是夯实基层、打牢基础的关键所在,为我们解决基层问题提供了重要遵循,为夯实党的执政基础提供了重要抓手。基层四项制度落实的好坏,直接关系到党执政基础的稳固。基层四项基础制度,核心是服务人民群众,重点解决基层存在的影响改革发展、影响民生改善、影响社会稳定的突出问题,推动地方经济发展、社会和谐稳定。民主科学决策制度是建设基础党建制度的核心,关键要解决好群众民主权利保障问题;矛盾调解化解制度是关键,关键要解决好社会公平正义问题;便民服务制度是重点,关键要解决好服务群众"最后一公里"问题;党风政风监督检查制度是保障,关键要解决好基层党员干部违法违纪、侵害群众权益的问题。第二个"4"是指县级以上机关四项基础制度,核心是规范权力运行,着力解决影响党的集中统一、影响党的队伍建设、影响党的执政能力的突出问题,为推动改革发展和保持社会稳定提供坚强保证。县级以上机关四项基础制度,民主集中制是根本,完善和落实民主集中制制度,重点是增强党组织的凝聚力和战斗力;严肃党内政治生活是关键,完善和落实严肃党内政治生活制度,重点是提高党员干部的政治性、原则性、战斗性;干部选拔任用制度是重点,完善和落实干部选拔任用制度,重点是树立正确选人用人导向;反腐倡廉制度是保障,完善和落实反腐倡廉制度,重点是从源头上预防腐败。在两项机制建设方面,要加强权力规范运行机制建设,建立完善监督检查问责机制。两项机制,核心是强化制度的规范和约束,加快建立权力清单和责任清单制度,进一步清理行政审批事项,规范行政决策权行使,完善权力运行制约和监督制度,防止公权私用、滥用职权、为政不公。

党的十八大以来,河南省委根据党建工作需要,以拓展深化"四议两公开"工作法为重点,提高基层事务决策和管理的科学化、民主化、制度化水平;统筹整合各类服务资源,让群众办事更方便、更高效。制定出台了《基层民主科学决策暂行办法》《关于加强基层便民服务工作的意见》等基层四项基础制度建设。这是在认真调研、掌握实情的基础上,把基层近些年探索创新的"四议两公开"工作法、便民服务等具体做法进行总结提炼、深入论证,形成的制度机制,是河南省认真贯彻落实党的十八大和十八届三中、四中全会精神的重要举措,是推动基层党建工作的具体抓手,是推进基层治理体系和治理能力现代化的实践路径。如《基层民主科学决策暂行办法》,就是我国基本政治制度在基层的实践和运用,把决策重点放在村、社区这一级。当前,河南省已进入深化改革、结构调整的紧要关口,也进入了社会矛盾凸显期,维护社会和谐稳定,大量的工作在联系群众最为密切的乡村两级。目前,乡镇、街道这一层级的议事决策规则、监督制约办法相对成熟完善,而属于群众自治层面的村、社区,在重要事项决策方面还缺乏规范有效的工作机制,有必要建立健全基层党组织领导的充满活力的基层群众自治机制,扩大基层群众自治范围,完善村级民主制度,把农村和城乡社区建设成为管理有序、服务完善、文明祥和的社会生活共同体。这就决定了社会治理的重心必须落到农村和社区这一级上。《基层民主科学决策暂行办法》就是我国基本政治制度在基层的实践和运用,既发挥了村、社区党组织的领导核心作用,又发挥了村、社区基层组织的自治作用,从本质上实现了群众事群众议、群众定,确保群众真当家、真做主。针对群众自治中存在的重要事项决策不够规范等主要问题,《暂行办法》从明确范围、规范程序、保证落实入手,重点解决谁来决策、决策什么事、怎样决策好、如何落实到位、不落实如何追责等五个方面的问题。同时,针对人员不好召集、不好形成决议、选择性决策等问题,《暂行办法》提出了重要决策事项清单制度、直接联系群众制度、合法性审查制度、决策咨询评估制度和问题预警处置机制等五项配套制度机制。还有《关于加强基层便民服务工作的意见》,就是要打造便民服务平台,是建设服务型党组织、打通联系服务群众"最后一公里"的重要抓手。基层便民服务制度,是基层党组织转变工作方式、改进工作作风的制度保障;打造便民服务平台,是服务型党组织贴近基层、贴近实际、贴近群众的重要载体。通过加强基层便民服务工作,推动基层党组织在强化服务中更好地发挥领导核心和政治核心作用,是服务型党组织建设的一项重要任务。打造基层服务型党组织,要有功能实用的服务场所,建设便捷服务、便利活动、便于议事的综合阵地,承担政治、经济、文化等公共职能,提供教育、卫生、文化、交通、通信等公共产品,解决社会就业、社会分配、社会保障、社会福利、社会秩序等公共问题,做到民有所盼、我有所应,民有所求、我有所为。各地在党的群众路线教育实践活动中,围绕打造基层服务型党组织、打通联系服务群众"最后一公里"创造和积累了许多好经验好做法,在调研总结提升的基础上,提出打造县乡村三级便民服务平台,推进基层党组织强化服务功能、完善服务保障、改进服务作风、提高服务能力,推动便民服务规范化、常态化,巩固扩大教育实践活动成果。

由此可以看出"4+4+2"党建制度体系,是一个系统集合体。建设权力规范运行机制则是在对各级党组织和国家机关的权力进行规范约束,全面从严治党监督检查问责机制则是其他项制度执行的保障,同时也对党的建设中存在的其他问题进行监督检查。从它们的系统构成和实践需要来说,八项制度是两项机制的基础工程、具体抓手、实践路径。

(2)两项机制是八项制度的系统集成、灵魂精髓、共同保证。贪似火,无制则燎原;欲如水,不遏必滔天。共产党与腐败水火不容,人民群众对腐败深恶痛绝。党的作风关系党的形象,关系人心向背,关系党的生死存亡;作风建设既是攻坚战,也是持久战和保卫战。贯彻群众路线没有休止符,作风建设永远在路上。"四风"问题根深蒂固、无孔不入,具有很强的变异性、传染性。纠风之难,难在防止反弹;必须抓常、抓细、抓长,营造一个良好从政环境、一个良好政治生态。坚持不懈纠正"四风",持续推进反腐倡廉建设,从根本上讲,还是要靠系统严密有效的制度机制。

机制的建立和形成,一靠体制,二靠制度。这里所谓的体制,主要指的是组织职能和岗位责权的调整与配置;所谓制度,广义上讲包括国家和地方的法律、法规以及任何组织内部的规章制度。狭义上讲,制度一般指要求大家共同遵守的办事规程或行动准则。机制通过与之相应的体制和制度的建立或者变革,在具体的实践活动中得到体现。体制和制度会随着事物的变化而进行调整,机制也要做相应联动性的调整,所以机制经常处于不断补充完善的过程中。机制更好地体现了引领性、指导性作用。

"4+4+2"党建制度体系建设是一项系统工程,是对相关政策措施的系统集成创新,既各有侧重,又有机统一。一方面,要把八项制度建设到位、落实到位、执行到位,离不开两项机制的构建、发威与促动;另一方面,八项制度的核心要义在于规范权力的运行与运用,确保人民赋予的权力真正为人民谋取利益,保持党与人民群众的血肉联系;而要规范权力的运行与运用,则又必须构建起权力运行运用的监督检查问责机制,两项机制建设是八项制度的系统集成、灵魂精髓、共同保证。两项机制,核心是强化制度的规范和约束,加快建立权力清单和责任清单制度,完善权力运行制约和监督制度,防止公权私用、滥用职权、为政不公。两项机制体现了顶层设计,八项制度在具体社会生活实践中需要不断地完善修改,但是其核心要始终围绕权力的运行和监督。基层四项基础制度核心是服务人民群众,解决基层存在的影响改革发展、影响民生改善、影响社会稳定的突出问题。县级机关四项基础制度核心是规范权力运行,解决影响党的集中统一、影响党的队伍建设、影响党的执政能力的突出问题。两项机制的核心是强化制度的规范和约束,是基层四项基础制度和县级机关四项基础制度的共同保证。目前河南省党建制度体系的蓝本已经形成,但是各地各部门还需要结合实际制定出台具体的制度、方案、办法,在这个过程中就要注意防止照搬照抄、束之高阁两种倾向。具体化的过程需要在两项机制的指导下做好细化分解,总体把握两项机制的核心内容和精髓,在制定制度时既要结合实际,又要体现科学性、实用性。目前八项基础制度在河南省尚未完全形成覆盖,一些制度还需要不断修订完善,对制度推进情况需要不断进行阶段性总结盘点,总结经验,发现问题,调整完善,务求实效。在此推进过程中,两项机制体现出了统领性作用,这是推进八项制度的纲领性文件。从"4+4+2"党建制度体系的关系来说,两项机制是八项制度的系统集成、灵魂精髓、共同保证。

2. 两项机制之间的关系

两项机制有机结合在一起,一个突出了权力运行的规划设计,一个突出了对权力运行的监督检查与问责;一个强调了对权力运行的事前监督,一个强调了对权力运行的事中监督与事后监督,二者紧密联系、相互依存、相互影响、相互促进、相辅相成、相得益彰,突出体现了对权力运行的规范与制约;第一项机制建设为监督检查问责机制指明目标和方向,使检查问责能够做到有的放矢,有利于全面从严治党监督检查问责机制的实现;第二项机制建设能够对权力运行机制查漏补缺、准确查找出"病根""病灶",有利于进一步完善权力规范运行机制。这两个方面的机制建设,统一于"四个河南"建设与提高治理体系和治理能力现代化建设实践之中,贯穿在落实"两个责任"、加强基层党建八项制度建设的方方面面。

(1)权力规范运行机制建设是监督检查问责机制建设的前提与基础。"绝对的权力导致绝对的腐败",权力具有无限扩张的本性,所以要确保权力正确运用必然要求对权力进行规制约束。要建立健全权力规范运行机制,就需要及时总结管党治党实践经验,以务实创新精神推进党的建设制度改革。科学编制制度建设中长期规划和年度计划,做好制度废改立工作,构建内容科学、程序严密、配套完善、运行有效的制度体系。推进全面从严治党,依规管束权力是核心。建立健全权力规范运行机制,就是要按照建立健全决策权、执行权、监督权既相互制约又相互协调的权力结构和运行监控机制,对权力运行路线进行设计,把其纳入制度化、规范化、程序化轨道,做到决策更加科学、执行更加顺畅、监督更加有力,保证权力高效运行和正确行使。这一机制突出了规范权力运行,把权力关进制度笼子里,在行使权力时不越位、不错位,越界即为违规。权力规范运行机制建设是基础性工作,只有对权力边界进行了明确规范,监督检查问责机制建设才有明确的目标和指向。制度治党是全面从严治党的重要内容,科学严密的制度安排可以实现从严治党常态化。规范权力运行机制,主要依靠制度限权,在制度设计上要首先抓住容易滋生腐败和权力寻租的重点领域和关键环节,查找工作漏洞和制度缺失,做到用制度管权管事管人。要推行政府部门权力清单制度,把政府能干什么清清楚楚列出来,防止不作为、乱作为。其次,要靠阳光晒权。要坚持"公开是原则、不公开是例外",严格执行党务、政务和各个领域办事公开制度,公开权力运行流程,使显性权力规范化、隐性权力公开化。如果权力能够公开运行,那么是否出现违规就能一目了然。通过以上制度设计建立权力运行机制,为监督检查问责机制指明目标和方向,使检查问责能够做到有的放矢,准确查找出"病根""病灶",便于全面从严治党监督检查问责机制的实现。从两项机制的关系上说,健全权力规范运行机制是推进全面从严治党监督检查问责机制的前提与基础。

（2）监督检查问责机制建设是权力规范运行机制建设的关键和保障。2015年6月26日,习近平总书记在中共中央政治局就加强反腐倡廉法规制度建设进行第二十四次集体学习时指出,"我们党长期执政,既具有巨大政治优势,也面临严峻挑战,必须依靠党的各级组织和人民的力量,不断加强和改进党的建设、管理、监督。铲除不良作风和腐败现象滋生蔓延的土壤,根本上要靠法规制度。要加强反腐倡廉法规制度建设,把法规制度建设贯穿到反腐倡廉各个领域、落实到制约和监督权力各个方面,发挥法规制度的激励约束作用,推动形成不敢腐不能腐不想腐的有效机制。""要健全问责机制,坚持有责必问、问责必严,把监督检查、目标考核、责任追究有机结合起来,形成法规制度执行强大推动力。问责的内容、对象、事项、主体、程序、方式都要制度化、程序化。要把法规制度执行情况纳入党风廉政建设责任制检查考核和党政领导干部述职述廉范围,通过严肃追究主体责任、监督责任、领导责任,让法规制度的力量在反腐倡廉建设中得到充分释放。纪律检查机关要加大监督检查力度,对有令不行、有禁不止的,不仅要严肃查处直接责任人,而且要严肃追究相关领导人员的责任。"

全面从严治党监督检查问责机制,就是要对领导干部权力行使情况进行监督检查,突出一个"严"字,看是否严格按照要求落实主体责任,是否严谨按照规定规范行使权力,是否存在违法违纪问题;突出一个"责",全面从严治党,要求必须管党治党,关键是从严治吏。要把责任主体明确到位,出现问题,该问责必须问责。全面从严治党监督检查问责机制可以促进权力运行机制的查漏补缺。有效监督权力是全面从严治党的重要保证。有权者任性,根源在于权力集中,缺乏合理制衡;权力过大,缺乏有效监督。全面从严治党,重在"严",关键要"治"。强化监督问责机制,就是强化对权力的制约和监督,真正堵住权力监督"漏洞",消除权力监督"死角",推动形成风清气正的政治生态。监督检查的过程也是查漏补缺的过程,对于权力运行中存在的问题要及时纠正偏差,加强督查,强化考核。对制度推进情况认真进行阶段性总结盘点,积极探索、不断完善,发现好经验好做法要及时总结推广,对监督检查过程中发现的不完善、不适应形势任务变化的地方及时修订,确保对规范权力的运行制度设计更加科学、更加有效,充分发挥监督检查问责机制建设对于权力规范运行机制建设的关键和保障作用。

四、推进两项机制建设过程中的重点和难点

(一)推进两项机制建设过程中的重点

1. 科学界定权力范围的边界

科学界定权力范围的边界必须瞄准国家治理现代化的实现。全面深化改革的核心是处理好政府与市场的关系,而如何处理好政府与市场的关系,关键在于如何进一步划分好政府权力的边界问题。长期以来,政府权力设租寻租、事中事后监管不到位、自由裁量权不透明等社会反映强烈的焦点问题,迫切要求用制度管住权力的"任性",以规则重塑权力运行,以责任校准权力观念。

科学界定权力范围的边界必须深刻理解权力的本质。我国是社会主义法治国家,是人民当家作主的国家,政府权力是人民赋予的,权为

民所赋,权为民所用,权为民所制,这是我国政府权力的本质要求。这就要求用制度约束权力,从顶层设计角度进行权力再调整再分配,从而解决制度集权的总病根。权力是人格化、阶级化的象征,这表明:权力不是掌权者个人的,不能假公济私。权力是利益和利益冲突的产物,权力是一种有组织的强制力量,权力也是一种制度化的力量,以制度化的规范和程序作为自己的合法性基础。同时,权力也具有腐蚀性,即谁掌握公权,谁就具有把公权转化为私权的机会和可能。因此,必须进行制度设计以约束权力,防止权力的滥用,确保权力为公共利益所用。

科学界定权力范围的边界必须实现权力的约束与制衡。国家治理现代化,政府权力不仅要从制度上得到有效约束,而且要从权力结构和组织设置上得到有效的分权和制衡,既要用制度约束权力,还要用权力约束权力,才能做到权力制衡,才能保证权为民所用。在中国特色社会主义制度条件下,权力不仅要通过中国共产党代表大会和全国人民代表大会选举产生,还要接受党代会和人民代表大会的有效监督和权力制衡,还要在宪政和法治的框架下,依据法律程序有效运行。权力决不能凌驾于授权人和法律之上,任何权力在制度面前决不能有例外。

科学界定权力范围的边界必须实现政府职能的根本转变。市场起决定性作用,政府职能转变是关键,要解决政府干预过多,监管和服务不到位的问题。在市场还是政府配置资源问题上,要划清公共资源和市场资源的界限,市场资源一定要由市场价格决定;公共资源是一种稀缺资源,其管理权和分配权,要科学安排,国家公权必须得到制衡,否则,公权转化为私权,国家权力的滥用和贪腐是不可避免的。

科学界定权力范围的边界必须明确未来努力的方向。首先,要加快建立负面清单、权力清单和责任清单制度。三份"清单"着眼于转变政府职能、建设"有限"政府,简政放权先行、制度建设跟进,以润物细无声的法治精神与制度建设,推动改革从政策推动向法治引领转变。"三份清单"三位一体,具有清晰的逻辑:"负面清单"从经济改革切入,瞄准政府与市场的关系,打破许可制,拓宽创新空间;"权力清单"和"责任清单"从行政体制改革入手,界定政府权力边界。通过建立"权力清单"和"责任清单",将本部门行使的各项权力及其依据、行使主体、运行流程、对应责任等明确列示出来,向社会公布,接受社会监督,并建立清单动态管理和长效管理机制,严格按照清单行使权力,促进权力运行公开透明。其次,要加快推进行政审批制度改革。行政审批制度改革是行政管理体制改革的重要内容,也是民主政治建设的重要内容,是政府职能转变的关键环节。从坚持市场优先和社会自治原则出发,修改相关法规、条例,进一步清理行政审批事项,削减行政权力,取消非行政许可审批,清理规范行政审批中介服务,切实划清政府和市场、政府和社会之间的关系,把权力关进制度的笼子,让权力运行受到严格的规范和制约。再次,要推进行政决策权的规范运行。规范行政决策权行使,健全依法决策机制,确保决策制度科学、程序正当、过程公开、责任明确。规范行政权力首要的就是规范行政决策权。行政决策,既是政府选择最优方案实现宏观管理目标的过程,也是其根据法律的要求行使公权力的过程。本着法治精神,必须对权力运行中涉及的重大事项决策、政策制定、会议议事、行政监督、依法行政等制定具体制度,形成较为完善的政府工作制度体系,并通过探索和实践重大行政决策的调研、论证、咨询、听证等制度,进一步完善依法决策机制,进一步推动政府决策的民主化、科学化、法治化进程,有效地优化政务环境,促进经济、社会的协调发展。

2. 完善行政权力监督的体系

"有权必有责、用权受监督"是现代法治政府的基本要求。只有监督才能有效消除各种滥用、私用公权力的"腐败微生物",使人民赋予的权力始终为人民谋福利。有效的监督能防止行政权异化,建设法治政府不能忽视对行政权力的监督。法治政府的标准是有限有为、透明公开、权责一致、便民高效。政府行使决策、执行、监督等各项权力均应符合这一标准。只有依法行政,才能做到法治政府,真正推进和实现依法治国基本方略。

完善行政权力监督的体系必须熟悉其现存不足及其原因。我国行政执法的监督体系在执行中还缺乏有效整合,多是事后监督和被动监督,还难以对行政行为全过程监督,并对违规行为及时制止和纠正。我国大多数行政执法监督行为有待通过法律形式进行严格规范,行政执法监督制约机制不健全、行政执法监督方式简单、程序滞后,都制约了行政执法监督功能的发挥。目前,我国行政权力监督体系的不足之处在于:行政权力监督部门缺乏整体合力,行政监督主体缺乏独立性,行政监督法律法规不完善,行政监督偏重事后追惩,行政监督人员素质有待提高。究其原因,主要表现是:行政监督体系自身特征限制,对党政领导监督乏力,公众监督缺乏保障。

完善行政权力监督的体系必须明确未来的努力方向。为了有效解决我国现行的行政监督体系存在的缺陷与弊端,提高行政监督的效能,建设完善的行政监督体系,必须从理论和实践两个层面上对我国行政监督加以改革。第一,建立行政监督体系协调机制。面对日益严峻的反腐形势,必须加快建立行政权力监督体系的协调机制,设立专门的协调机构,对各个监督主体进行指导和协调。一是对监督主体的各目标进行协调。二是对监督主体的监督过程进行协调。第二,强化行政监督机构独立性和权威性。在行政监督活动中,行政监督主体只有不受监督客体的约束限制,才能充分行使监督权,保证监督的独立性和权威性。将监察部门从行政机关中独立出来,并在监督部门管理体制上实行自上而下的垂直领导体制。在经济上独立出来,形成自己独立的经济预算系统,不再依赖同级行政部门,以增强监察部门的独立性和权威性,利于工作的开展。第三,推动行政监督法制化。加快建立健全各项行政监督法律法规,从根本上保证行政监督的程序规范化,势在必行。从立法角度而言,应尽快制定一部统一的《行政监督法》,为行政执法监督提供依据。此外还要加快修订和完善《行政复议法》《行政诉讼法》等相关法律,使之更具有可行性,以保证行政监督工作顺利进行。第四,建立全程行政监督体系。完善事前监督和事中监督,做到事前、事中、事后监督的有效结合。只有将事前、事中、事后三方面监督同时做好,才能降低官员违法乱纪行为,从而保证行政权力监督体系的有意义存在。第五,提高行政监督人员综合素质。为了提高行政监督人员综合素质,就要将自律和他律两方面有效结合。行政监督人员应强化自律意识,加强业务知识学习,不断提高业务工作能力。在道德层面上提升自我修养,不断强化自己内在的道德责任感,树立正确的人生观和价值观。

3. 完善监督检查问责的机制

在各级党组织和国家机关建立完善全面从严治党监督检查问责机制,是全面从严治党的要求,是坚持纪在法前、严肃执行党纪党规的迫切要求,是解决一些地方和单位管党治党不严问题的现实需要,是推动党建制度体系真正落到实处的重要保证。完善监督检查问责的机制主要在于回答"查什么""谁来查""怎么查""查出来怎么办"等四个方面的问题。

突出重点,回答"查什么"的问题。既要对全面从严治党开展全方位、全过程监督,也要突出对违反政治纪律、违反中央八项规定精神等问题,权钱交易、以权谋私、贪污受贿、违规推荐和使用干部等问题,玩忽职守、贻误工作、办事不公、与民争利等不作为、乱作为问题的监督检查。要根据情况变化及时调整监督检查的重点,什么问题成为共性问题、上升为社会热点,就要将其作为监督检查的重点。目前,党的建设仍存在一些不容忽视的问题,有的地方和单位从严治党责任落实不到位,党内生活政治性原则性战斗性不强,干部管理失之于宽失之于软,基层党组织政治功能弱化、服务功能不强,"四风"问题存在反弹压力;有的党员干部对马克思主义基本理论不深学、不真懂、不会用,理想信念动摇,宗旨意识淡漠,政治纪律和政治规矩意识淡化,责任意识和担当精神缺失,不廉不公、消极腐败等问题仍不同程度存在。这些问题如不认真解决,就会影响党的领导水平和执政能力,进而影响现代化建设事业。因此,这些问题必然成为当前监督的重点。

明确主体,回答"谁来查"的问题。各级党委是履行管党治党第一责任主体,各级党委书记要严格履行第一责任人责任,党委成员要严格履行分管责任。各级党的工作部门要严格落实职责范围内的党建责任。各级各部门纪检监察机构作为党内监督的专门机关,要按照转职能、转方式、转作风的要求,创新方式方法,建立健全常态化监督检察工作机制,切实提高工作实效。各级纪检监察机关要主动站位全局,坚持纪挺法前,聚焦主业主责,强化监督执纪问责,持续纠正"四风",为全面从严治党凝聚正能量;加强对全面从严治党决策部署执行情况的监督检查,落实"纪挺法前",推动各级党组织落实主体责任,严明纪律规矩。要持续深化"三转",在全面从严治党中找准职责定位,坚持纪挺法前,抓早抓小,防微杜渐。要抓住从严治党主体责任的"牛鼻子",主动衔接党委主体责任和纪委监督责任,以责任追究推动全面从严治党责任落实。要健全和落实全面从严治党监督检查问责机制,加强对党内日常监督制度落实情况检查,强化对权力运行的制约监督,全面开展巡察工作,以反腐倡廉的实际成效取信于民。同时,还要整合多种监督检查形式,加强上级监督、领导班子内部监督,充分发挥人大、政协和审计监督,强化信访监督、群众监督和舆论监督,构建协调联动、运行有力、务实有效的监督体系,充分发挥党内监督、舆论监督、法律监督、民主监督、群众监督等作用,建立全面从严治党监督检查常态化机制,实现监督效力的最大化。

拓宽渠道,回答"怎么查"的问题。一是要不折不扣地贯彻执行党纪国法。各地各部门要按照党纪国法的要求结合实际,真正形成事前报告、事后评议、离任检查、违规失责追究的监督链。用权责一致、有权必有责、失责受追究的根本要求,规范执行好党纪国法,用铁的纪律来保证公平公正地选人用人。二是要加强督促检查。党纪国法贯彻实施情况,要列为干部选拔任用工作集中检查的重要内容,切实加大督促检查力度。综合运用集中检查、重点抽查、专项巡查、年度自查等多种方式开展检查,对发现的问题,立即督促整改,坚决予以纠正,通过深入督查推进党纪国法的贯彻落实。三是要严格案件查处。贯彻落实好党纪国法,深入整治用人上不正之风,必须用好查处这个最直接、最有威慑力的武器,以铁的纪律保证选人用人风清气正。坚持有案必查、鼓励自查、加强协查、重点督查、实行复查,做到对违规用人问题及时发现、迅速查处、严格问责,坚决查处违反党纪国法的行为,增强制度的影响力和威慑力。抓住典型案件处理,推动党纪国法的切实执行。检查的案件,如果自己不主动查、查不动,上级部门就要督促查、直接查、查到底。四是要加大问责力度。问题经查属实,该追究的要追究、该问责的要问责、该处理的要处理,不能虎头蛇尾,搞下不为例。不仅要一查到底,还要追究到位、问责到人,以战斗的实际行动和成效取信于民。各地各部门对用人上的违规违纪问题,要查实一起、剖析一起、通报一起,警示干部,引以为戒。

严格问责,回答"查出来怎么办"的问题。人大对政府官员拥有问责权和制裁权。掌握有人事任命权和监督权的人大,对政府官员拥有问责权和制裁权,这符合法治国家的发展方向。通过人大行使问责权和制裁权,更能体现依法治国的精神。目前,对官员的纠错和问责机制已有一定基础,以后,还需要从"具体如何问责、哪种情况追责到何种程度、谁来负责追责"等方面,进行完善并通过法律确定下来,做到更周密、更权威。"查出来怎么办"?查出来,要加大问责力度,界定履行从严治党责任不力的情形,建立问责清单,规范问责方式和程序,明确问责主体和执行机关,对有失职行为的党委和党员领导干部,按照有关规定启动问责程序,做到有责必问、失责必究。要完善纠错问责机制,健全责令公开道歉、停职检查、引咎辞职、责令辞职、罢免等问责方式和程序。对于领导班子实施问责的方式是:诫勉谈话、责令作出书面检查、通报批评、整顿调整;而对于党员干部实施问责的方式是:批评教育、诫勉谈话、责令作出书面检查、通报批评、调整职务、责令辞职、免职、降职等组织处理、纪律处分、法律法规规定的问责方式。受到问责的领导班子和党员干部,一年内取消评先评优资格;受到调离岗位处理的,一年内不得提拔;引咎辞职和受到责令辞职、免职处理的,一年内不得重新担任与其原职务层级相当的职务,两年内不得提拔;受到降职处理的,两年内不得提拔。

（二）推进两项机制建设过程中的难点

1.“圈子文化”造成了权力的异化

“圈子文化”造成了权力的异化，这给两项机制建设造成了严重的困难，必须设法扫除官场“圈子文化”的消极影响。习近平总书记指出：“有的干部信奉拉帮结派的‘圈子文化’，整天琢磨拉关系、找门路，分析某某是谁的人，某某是谁提拔的，该同谁搞搞关系、套套近乎，看看能抱上谁的大腿。”“圈子”，是以利益为核心，以关系为链条结成的小团体。多是老同事、老同学、老战友、老乡亲、老关系户或是官商关系组成，容易形成利益共同体而导致腐败。

显然，官场“圈子文化”具有明显的消极影响。欲加入某个官场“圈子”，校友、同乡都可以成为媒介，吹吹拍拍、吃吃喝喝、拉拉扯扯、剖心效忠、利益输送也是断不可少的。为了能进入“小圈子”，有的官员不惜送金钱送美色，溜须拍马，阿谀奉承，无所不用其极。公职人员成了长官的家臣，成天琢磨抱谁的大腿又怎样才能抱上大腿，搞得官场乌烟瘴气，哪有心思工作？你有你的“领地”，我有我的“圈子”，一个组织就被切割成一个个“小山头”，看上去似乎还是一个战壕里的战友，实则不过是一群各怀心事的乌合之众，哪里会有什么凝聚力、战斗力？

更需警惕的是，但凡“圈”里的官员，大多是“两面人”——小圈子之外，冠冕堂皇，正人君子；小圈子之内，沆瀣一气，醉生梦死、互谋私利，尽展其贪婪本性。而那些不是“圈子”的人则常常被排挤出局、冷落一边。既云“圈子”，“有福同享、有难同当”是其观念基础和行为准则，对内必拉拢腐蚀，对外必同心排拒。“圈子”排拒的不仅是“非我族类”的个人，也不仅是其他“圈子”，还包括来自中央于己不利的政令。中央政令都受到“圈子”的抵制，何况两项机制的建设呢？

“圈子”，以权力为纽带，以谋利为目的，对内抱成团，针插不进，水泼不进，经常吃吃喝喝，拉帮结派，导致放弃原则，损害权力公正。长此以往，会影响党的纯洁性、先进性，破坏党的战斗力、凝聚力，使权力运行变味，滋生腐败现象。“圈子”沦为权钱交易的“贸易货栈”，是一种赤裸裸的腐败，影响着公共权力的正确运行，对社会的杀伤力巨大。由于"圈子"的人在某些方面属于一个利益共同体,一荣俱荣、一损俱损,导致窝案、串案呈明显上升趋势,通常是"拔出萝卜"的同时被"带出泥"。更为严重的是,"圈子"永远把自己的利益置于其他利益之上,为了"圈子"的利益不惮于为所欲为,不惜牺牲党和政府的形象,不惜损害公共利益。可以说,官场"圈子文化"是败坏官场风气、社会风气的毒素,是侵害党和政府肌体的毒瘤,不加以大力扫除,后果不堪设想。不扫除"圈子文化",两项机制建设就难以推进。

习近平总书记多次强调,要有一个好的政治生态。而净化政治生态,营造廉洁清正的从政环境,就必须清理各种拉帮结派的"圈子文化",要对那些整天琢磨拉关系、找门路的党员干部当头棒喝:"圈子文化"不是共产党人的文化,必须痛加鞭挞,坚决抵制。祛除"圈子文化",除了干部们加强修养,自我约束外,更关键的是权力要受制约,需要科学配置权力,对领导干部进行全过程、常态化监督与管理。需要在选人用人时,严格按党的原则办事,坚持五湖四海、任人唯贤,不让投机钻营者得利;需要完善监督和责任追究机制,铲除"小圈子病"滋生、蔓延的土壤。

2."阳奉阴违"造成了执行的阻滞

在两项机制建设过程中,"阳奉阴违"的表现就是"上有政策,下有对策",这就会严重阻滞两项机制建设的推进进程。从表面上理解,所谓的"上有政策,下有对策"是不执行上级政策,甚至是执行和上级政策完全相反的本地政策。然而,随着上级政府对政策执行督促检查的力度加大,一些地方"顺应"需要,变通政策,目前,在现实中情况各异,具体表现为对上级决策部署的"替换性"执行、"选择性"执行、"附加性"执行、"象征性"执行、"欺骗性"执行、"对抗性"执行等六种情况。从本质来说,"上有政策、下有对策"是把上级政策肢解、曲解为我所用,实现狭隘的地方部门利益,甚至是个人私利,实质上是一种消极的政策变通,是对原政策的背离,是一种虚假执行。很长时间以来,"以会议传达会议,以文件落实文件,以通知贯彻通知"成为不少基层部门应付上级工作安排的惯招。这就是一种"阳奉阴违"的虚假执行现象。

如此做法,纯粹是欺上瞒下,两项机制建设面临这种工作作风,是不可能落地生根的。

之所以出现这种情况,一是行政决策体制不科学,导致政策制定出现问题;二是行政执行体制缺陷成为"阳奉阴违"行为的滋生土壤;三是碎片化的行政监督体系为"阳奉阴违"行为的产生提供了条件。解决这些问题,一是要加强政策执行中的思想文化建设;二是要完善权力制约体系;三是要健全科学民主的决策制度;四是要完善政策执行的监控系统。唯有如此,才能确保两项机制建设落到实处,开花结果。

3."家长作风"造成了民主的失灵

"家长作风"导致民主集中制的失灵,这会使得两项机制建设陷入无法前进的困境。民主集中制既是党的根本组织制度和领导制度,也是我们党最大的制度优势。然而,在诸多因素影响下,民主集中制在贯彻执行过程中往往容易走样变形,甚至会发生变异。

"家长制"所表现出来的"家长作风"使得民主集中制变为个人专断、"一言堂",只有集中,没有民主。在民主集中制得不到正确贯彻执行的情况下,如果党内民主受到严重破坏,作为集中主体的党的代表大会及由其选举产生的党的委员会的决策地位,往往被作为党委一把手的个人所取代,集中不再按照少数服从多数的原则进行,而完全由党委一把手个人说了算,从而使集中的主体发生扭曲和变异,并进而使集中制畸变成为个人专断的"家长制"。"家长作风"使得集体领导畸变为个人专断。个别党委一把手为掩人耳目,往往不再赤裸裸地搞个人专断,而是为其个人专断行为披上集体领导的外衣,假集体领导之名、行个人专断之实,"书记定了调,成员围着转"。民主集中制得到正确的贯彻执行,就能够保证权力的正确行使;反之,民主失灵,就难以发挥其应有的保障作用,甚至还可能畸变为少数人以权谋私的工具。这样,权力规范运行以及从严治党监督检查问责,也就无从谈起。

之所以出现这种情况,一是思想认识上的偏差,二是封建专制主义残余的影响,三是领导制度存在弊端的影响,四是民主集中制自身在具体制度和机制上存在弊端的影响,五是民主集中制缺乏一套切实可行的运作制度和机制。要解决这一问题,突破"家长制",实现党内民主,推进两项机制建设顺利进行,要做到以下几点:一是澄清模糊认识,正确把握民主与集中的相互关系;二是消除封建主义残余因素,深挖党内民主集中制变异的制度根源;三是牢牢把握核心制度推进改革,着力解决权力过分集中问题;四是紧紧围绕制约权力运行,进一步完善民主集中制的具体制度。

为防止"家长制""一言堂"和少数人"借集体集中之名,行少数人集中之实",可以制定《党委贯彻执行民主集中制的基本规则》,对各级党委贯彻执行民主集中制作出细致规定,包括贯彻执行民主集中制的基本要求、决策范围、决策程序、决策配套制度等内容。明确规定,党委决定重大问题,必须召开正式会议充分讨论,按照少数服从多数的原则有效表决。不得以文件圈阅、个别征求意见、现场办公会等形式代替,不能个人或者少数人说了算,不能随意简化或变通决策程序。明确规定各级党委按照民主集中制原则议事决策时,会前酝酿不得以任何形式代替党委会议决定,党委书记应当末位表态,综合各方面意见提出建议方案,提请会议表决,表决以赞成票超过应到会人员的半数为通过。

4."为官不为"造成了治理的困境

"为官不为"造成两项机制建设在实际工作中无法推进。在工作中,一些党员干部患得患失,怕得罪人、出乱子、丢位子,下不了狠心,导致责任不落实,工作没效果;有的对上级的决策部署阳奉阴违,有令不行、有禁不止,搞形式主义,其结果是贻误了战机,耽误了发展,可谓"为官一任、祸害一方"。一些党员干部面对与主流意识形态相左的奇谈怪论,视而不见、不敢表态;面对大是大非的重大理论问题,不敢发声、不敢亮剑;面对黑恶势力横行霸道缩头忍让,只想做"绅士",不敢当战士,其结果是是非不清,引起人们思想的混乱,造成社会秩序的失范。

"为官不为"最重要的表现是"理政无良策、行政不作为"。在观念上,崇尚享乐主义,贪图享受;在精神上,消极懈怠,敷衍塞责;在工作上,只求过得去,不求过得硬。遇到矛盾逃避躲闪,遇到困难绕道拐弯。

从本质上讲,"为官不为"是一种典型的官僚主义,更是一种典型的腐败现象。"为官不为"遗患无穷,其害有三:一是"为官不为"为社会矛盾激化提供了可乘之机。二是"为官不为"浪费了宝贵的行政资源。三是"为官不为"损害了公务员队伍的良性生态。

"为官不为"究其原因,主要表现有,一是考核监督制度不科学,没有硬性约束而不能为;二是"仇官"心态、污名现象日趋严重,担惊受怕不敢为;三是自身不干净,千方百计求自保,小心翼翼不想为;四是甘当庸官、懒官、太平官,"笨"而不会为;五是失落感增强导致心理失衡,心存幽怨不愿为。

要想推进两项机制建设,就必须破除"为官不为"的现象。只有破除"平平安安占位子,忙忙碌碌装样子,疲疲沓沓混日子,年年如此老样子"的"为官不为"现象,才能在全面深化改革大潮中攻坚克难、披荆斩棘。一是加大教育引导效力,树稳"为官有为"思想基础;二是科学制定考核机制,激发"为官有为"内生动力;三是涵养勇于担当精神,营造"为官有为"政治环境;四是从严管党治吏,保障"为官有为"长效机制。

五、两项机制建设与全面从严治党

近年来,河南从严治党机制建设不断创新,积累了独特的党建经验,为从严治党机制建设提供了新模式。

(一)机制创新:从严治党机制建设在河南的实践

河南从严治党机制建设的主要模式有,河南邓州"四议两公开"、尉氏"创新党员四权"、许昌"五老会"、中牟"家庭联户代表制",这些模式坚持以人为本,体现了从严治党机制创新主体的广泛性、内容的丰富性、机制的程序性、制度的规范性。

1. 邓州"四议两公开"

"四议两公开",也就是"4+2"工作法,即所有村级重大事项的决策由村党支部在广泛征求党员和村民意见的基础上提议,再由村"两委"会商议、党员大会审议、村民代表会或村民大会决议,决议和实施的结果都要向全体村民公开,是河南从严治党机制建设的新模式。第一,村党支部提议。对村内重大事项,村党支部在广泛听取意见、认真调查论证的基础上,集体研究提出初步意见和方案。第二,村"两委"会商议。根据村党支部的初步意见,组织"两委"班子成员充分讨论,发表意见。第三,党员大会审议。对村"两委"商定的重大事项,提交党员大会讨论审议;党员大会审议后,村"两委"要认真吸纳党员的意见建议,对方案修订完善。第四,村民代表会议或村民大会决议。党员大会通过的事项,依照有关法律法规规定,在村党组织领导下,由村委会主持,召集村民代表会议或村民会议讨论表决。第五,决议公开。经村民代表会议或村民会议决议通过的事项,一律在村级活动场所和各村民小组村务公示栏公告。第六,实施结果公开。决议事项在村党支部领导下由村委会组织实施,实施结果及时向全体村民公布。

2. 中牟"家庭联户代表制"

河南中牟白沙镇在全镇实行以"家庭联户代表制"为基础,以建立村民组委会、联户代表大会、村民监督委员会为主要内容的"三会"制度,实现了农村基层民主建设"无断层"村治模式。第一,村民组委员会制度。每个农户推选1名18岁以上的家庭代表,每10户组成一个联合体,从10名家庭代表中推选1名联户代表,任期三年。村民组委员会由村民组长和组内全体联户代表组成,管理村民组重大事务。第二,联户代表大会制度。行政村全体联户代表组成村联户代表大会,每月召开一次会议,主要听取村"两委"月度工作报告,监委会关于村财务收支通报,审议表决村内重大事项。第三,村民监督委员会制度。按照联户代表10∶1的比例,民主推选村务监督员,组成村民监督委员会。监委会作为联户代表大会的常设机构,对村委会工作日常监督,全面监督村组财务收支情况。

3. 许昌"五老会"

毛泽东指出,在我党的一切实际工作中,凡属正确的领导,必须是从群众中来,到群众中去。许昌"五老会"是由村里的退休老干部、老教师、老生产队长、老复员军人、老党员等乡村精英自发组成的自治组织。许昌市的"五老会"发端于体制外的民间组织,经市委理论提升、政策规范和大力推广,现在已分布于全市各村。"五老"成员基本上是按照城里人的上下班作息制度,村文化室是他们的办公场所。"五老"们不仅见多识广有威望,具有管理经验和专业知识,而且有的还有较高的退休金收入和充足的闲暇时间。"五老"因无私热心而赢得村民尊敬;因公正公平、办事实在,拥有广泛的社会资本。"五老会"已成为许昌市从严治党机制建设的创新模式。

4. 尉氏"创新党员四权"

党内民主是党的生命。习近平指出,要大力发展党内民主,认真贯彻党员权利保障条例,逐步推进党务公开,推进决策的科学化民主化。开封尉氏县创新党员"四权"。第一,公开党务,保证党员的知情权。坚持重要文件党内先传达,重大问题党内先讨论,重大决策实施党内先动员,建立党务公开制度,设立"党务公开栏"。第二,健全制度,保证党员的参与权。建立党内情况通报制度、情况反映制度和参与重大决策制度,探索实行党员代表列席党委会制度。第三,完善机制,保障党员的选择权。乡村重大事项由乡镇党委会进行集体研究,投票表决,推行村级组织党员大会表决制。第四,畅通渠道,保障党员的监督权。改进党内民主评议制度,变"双评"为"三评",坚持和完善年终支部评议、党员评处制度。建立党代表审议、质询党委工作制度,把党员群众的评价和"印象"作为干部任免调整的参考依据。

(二)价值创新:从严治党机制建设的河南启迪

河南邓州"四议两公开"、尉氏"创新党员四权"、许昌"五老会"、中牟"家庭联户代表制",规范了从严治党机制,使党员的监督意志得到了表达,具有重要的创新价值。

1. 实现了"四个民主"的有机统一

"四议两公开"源于河南邓州在深化"三级联创"活动、加强农村基层组织建设的创新实践中,把党的要求、发展任务和村民愿望结合起来,在运行中得以实现。它在内容上明确了"四议""两公开"的议事决策程序,范围上涵盖了农村经济社会发展的各项工作,实践上体现了科学化、制度化、规范化的要求,效果上达到了加强党的领导、充分发扬民主、严格依法办事的有机统一,从体制机制和方式方法上破解了农村党组织在推动改革发展中遇到的新课题,探索了加强农村基层组织建设的新路子。

2. 实现了基层民主建设"无断层"

首先,化解了矛盾。农村家庭联户代表制度的运行,使镇—村—组—联户代表—家庭代表实现上下联动。其次,促进了和谐发展。农村家庭联户代表制度的推行,促进了党在农村各项方针政策的贯彻落实,有力地推动了全镇经济社会各项事业的和谐发展。再次,保证了农民群众的民主权利。选举农村家庭代表和联户代表,建立村民监督委员会,使广大农民群众的权益得到了保障、诉求得到了表达、参与公共事务管理的愿望得到了实现。最后,调动了各方的积极性。家庭联户代表制度的推行,健全和完善了农村管理体制,使农民由管理的客体变为管理的主体,从而大大增强了他们参与村务管理的积极性和主动性。

3. 走出了一条从严治党新路子

村民代表会议制度把村代会塑造成行政村的决议机关,而原来的权力机关村委会则成为具体的执行机构。这样,村代表不仅成了联系村集体和村民的纽带,而且也是村民参政议政的代理人。村民政治参与程度的提高,有效地克服了过去村级组织行政化的倾向。"村民代表会议制度"推行以来,农村党组织焕发出了新的生机和活力:村务公开透明,村民和谐相处,农村日趋稳定;农村基层权力运作有了制衡监督机制,增强了农村干部的自律意识;调动了村民群策群力建设家乡的积极性,农村经济和各项社会事业得到较快发展。

4. 建立健全民情信息收集制度

"民主议事制度"实行有事大家商量办,有利于集中民智、理顺民心、凝聚民力、化解民怨,促进了农村的发展和稳定。有事大家商量办,变命令为商量,变指挥为协调,变管理为服务,干部宣传政策百姓爱听,部署工作百姓愿干,群众和干部的心贴得更近了。有事大家商量办,凝聚了群众的智慧和力量,调动了广大党员发展经济的积极性。

(三)实践指向:从严治党现代化的科学路径

从严治党有利于党员群众实现最广泛的政治参与,最大限度地包容和吸纳各种利益诉求,促进决策的民主化、科学化,也有利于培养基层群众的主人翁意识。

第一,坚持原则性,不断创新从严治党。要坚持以共产党为核心主体,以宪法为最高权威,以制度为基本平台,以共存为基本前提,以合作为基本价值,以发展为共同目标,以参与为基本动力,以监督为基本保证,以协商为基本手段这一根本原则,在从严治党机制创新中切实处理好三对关系,即"务虚"与"务实"、"民主"与"民生"、"精英"与"草根"的关系,并把握好三大重点,即要将服务科学民主决策的政治协商常态化,将围绕民生议题的民主监督公开化,将表达利益诉求的参政议政实效化。

第二,强化规范性,不断完善从严治党制度。现阶段,乡镇、村两级组织要结合当前的农村实际,围绕在新形势下加强农村基层民主建设的新要求,建立和完善村民会议和村民代表会议制度,完善村民自治章程和村规民约,规范村级重大事务的决策和村务公开特别是财务公开制度,开展民主评议村干部制度等各项制度,进一步建立健全基层协商治理的一系列易操作、可控制,避免随意性的民主决策、民主管理、民主监督、民主选举制度,提高村级民主制度的科学性、规范性。

第三,扩大包容性,不断建立协商治理机制。从严治党机制建设,既要包容多元,又要不断化解矛盾,要真正把一些重大事项纳入民主协商的范畴,就必须充分发挥党员群众参与协商治理的积极性和创造性,尽快形成"深入了解民情、充分反映民意、广泛集中民智、切实珍惜民力"的决策机制,通过可行的制度设计,完善监督机制加以制度保障。

第四,增强实效性,不断提升从严治党质量。既要解决好对从严治党的重要性认识不够、重大问题没有纳入协商范畴、决策前的协商不充分、协商程序不够规范、协商的水平有待提高等问题,努力提高协商治理水平,又要促使人们关注公共利益,让社会不同群体的不同意见和要求通过民主协商达成共识,实现公共决策中各方利益均衡最大化。

(四)两项机制建设创新的许昌模式

"4+4+2"党建制度体系中的两项机制建设,即在各级党组织和国家机关建立健全权力规范运行机制和全面从严治党监督检查问责机制。它是河南省委立足贯彻落实"四个全面"战略布局,推进全面从严治党做出的重大战略部署。许昌市委以高度的政治敏锐性和高效的执行力积极践行,创新工作,为河南省两项机制建设提供了新鲜经验和价值启迪。

1.思想认同机制的科学建构

人类的一切思想认同、文化认同和政治认同,归根结底都可以概括为价值认同。许昌市在两项机制建设中,非常注重党员干部的思想认同。

(1)强化政治意识。习近平指出,理想信念是共产党人精神上的"钙"。认识是行动的先导。许昌市委高度重视两项机制建设,王树山书记在省委提出后立即组织全市党员干部认真学习,深刻领会,把握实质,掌握精髓,积极引导党员干部把两项机制建设与落实"四个全面"、建设中原经济区、实现中国梦有机结合起来,准确把握贯穿其中的坚定信仰追求、历史担当意识和真挚为民情怀,强化政治意识、坐标意识。牢固树立正确的价值观、权力观、利益观;真正做到认真做事、务实干事,争做为民务实清廉的表率。

(2)树牢群众观点。毛泽东指出,群众观点是共产党员的出发点与归宿。两项机制是党的宗旨意识的时代体现。许昌市委在贯彻实践中坚持群众观点,强化宗旨意识,着重解决好党员干部是人民公仆的角色定位问题。市委领导提出,党员干部心中眼里要有群众,要想群众所想,急群众所急,紧紧依靠人民群众,让人民群众发现问题,检验效果,帮助改进工作。要求党员干部回答好"我是谁、依靠谁、为了谁"的问题,多深入基层,多直面群众。要求和群众心贴心交融,以心换心、以情换情。

(3)抓好分级培训。习近平提出,"打铁还需自身硬"。许昌市抓住党员干部这个关键,创新学习形式,抓好分级培训。一是编印辅导读本,确保理论上过关。组织百余名县乡村党组织书记谈认识、谈体会、谈做法,收集省委有关文件、领导讲话和各层面实践案例,全面系统地解读两项机制建设的内涵和精髓。二是组织分级培训,做到能力上过硬。2015年,市委举办了专题研修班,对县乡党委书记、县(市、区)纪委书记、组织部长、政法委书记进行集中培训;让基层干部真正做到内容烂熟于心、内涵深刻理解、宣讲对答如流、实践身体力行、落实走在前面。

2. 目标导引机制的务实推进

习近平指出,要"把抓好党建作为最大的政绩"。目标越明确,行动方向性越强。目标导引机制重视全程化建设,注重目标引导,激发党组织自我效能感。它是党的建设的有力途径,是许昌市两项机制建设的重要措施。

(1)厘清权力清单。许昌市委明确提出,党政主要领导担负总揽全局和对班子成员监督管理的主要责任,不能直接分管干部人事、财务、工程建设项目、行政审批和物资采购五项工作。领导班子集体讨论决定这五项事项时,党政主要领导集中多数人的意见后末位表态,集体讨论情况要记录并存档备案。形成了"副职分管、正职监管、集体领导、民主决策"的权力运行机制。许昌市实行市级行政权责清单、行政审批事项清单、产业集聚区企业投资项目管理负面清单、行政事业性收费清单、政府性基金清单等"五个清单",公众可在许昌市政务服务网上查询。建立健全配套机制,通过打通便民服务的"最后一公里",真正确保行政权力全过程监管、动态化监督、实时化监察;建立清单的动态管理,确保"五个清单"始终适应许昌经济社会发展需要。

(2)倡导"三管齐下"。落实"四议两公开"工作法倡导全覆盖、重规范、真运用"三管齐下",确保见到实效。一是全覆盖。2014 年年底前许昌市所有行政村(社区)全部推行。乡镇(街道)、机关、企事业单位和城市社区,认真吸纳借鉴"四议两公开"工作法的民主公开理念,促进依法决策、民主决策、科学决策。二是重规范。进一步规范运用"四议两公开"工作法决策的内容和程序,做到应用尽用、科学规范。对纳入"四议两公开"工作法的决策事项,严格按照程序规范运作,防止简单化;对可以简化运用的程序,必须确保全程公开、群众知情、群众认可。三是真运用。要求乡村两级党组织切实履职尽责,建立工作台账,实行目标管理,加大督查力度,探索建立全程监督机制,充分发挥村监委、"两代表一委员"、党员群众及社会各界的监督作用,做到有议有决、有行有果。

(3)坚持五抓并举。习近平指出,干工作、抓落实就好比钉钉子,一锤子往往是钉不好的,需要一锤接着一锤敲,钉牢一颗再钉下一颗。许昌市紧紧抓住教育、管理、公开、监督、惩处五个环节,着力构建"五位一体"的制度体系。一是抓教育。大力学习弘扬焦裕禄精神,持续开展"三问三行""双学双争",拧紧思想"总开关"。二是抓管理。严格落实民主生活会、"三会一课"、民主评议党员、党员党性定期分析等制度,积极推行"党员六制管理"、无职党员设岗定责等制度,以制度保障先进性、纯洁性。三是抓公开。积极完善党务公开、政务公开、村务公开和各项办事公开制度,认真落实乡(镇)领导班子重大事项集体决策制度,不断拓展公开途径,确保权力始终在阳光下运行。四是抓监督。认真落实"两个责任",充分发挥党内监督、群众监督和人大、政协、纪检监察、新闻舆论等监督作用。五是抓惩处。各级纪检监察机关加大涉农案件的查处力度,及时回应社会关切,严肃查处基层党员干部违纪违法问题。

3.组织协同机制的坚强有力

组织协同是指管理的不同主体与环节之间,通过相互配合、相互协作实现优势互补,发挥出 1+1>2 的整体效果。两项机制建设在许昌市的落实得益于组织保障坚强有力。

（1）领导率先垂范。毛泽东指出，正确的路线确定之后，干部就是决定的因素。许昌市委高度重视两项机制建设，时任市委书记王树山对两项机制建设始终放在心上，抓在手上，带头抓，亲自抓，示范抓，督导抓，始终把抓好两项机制建设作为市委最大的政绩，作为书记的重要责任。2014年7月王树山书记提出大抓基层，专门召开市县乡会议，集中精力打造两项机制建设，并在《河南日报》发表《作风建设常态化》的署名文章。2015年8月7日许昌市委召开了六届九次全会，全会主题是贯彻省委九次十届全会精神，审议通过《关于推进全面从严治党的实施意见》。在2014年河南省辖市市委书记党建述职会上，时任省委书记郭庚茂充分肯定许昌经验，省委省政府通报表彰许昌模式。

（2）细化决策责任。党的十八届四中全会提出，"建立重大决策终身责任追究制度及责任倒查机制"。许昌市按照"谁决策，谁负责"的原则制定责任认定规则。重大事项的决定，从可行性、科学性、合法性论证，方案的筛选，直到方案的选定，每一个环节都明确责任者，建立相应的论证责任制、评估责任制、领导责任制。严格执行和遵守法定程序。完善纠错问责机制，健全责令公开道歉、停职检查、引咎辞职、责令辞职、罢免等问责方式和程序。根据不同情况，依法依规追究决策失误者的政治责任、行政责任、经济责任和刑事责任。建立起包括决策失误行政处分制、决策失误赔偿制、决策失误辞职制、决策失误法律追究制等追究决策失误责任的法律法规体系，使其成为约束和规范决策者行为的有力手段。

（3）运用科学方法。方法决定成败。许昌市非常注重方法的科学性。一是搞好顶层设计。许昌市委按照"务实管用"的原则，实施了以"一站式服务、集中受理和台账管理、对上对下双报告、双评议"为主要内容的"1222计划"，明确了制度建设的路线图和时间表。二是坚持协调推进。抓覆盖，倒排时间进度，建立推进台账，统筹推进有形覆盖、有效覆盖和台账式推进覆盖。抓督查，开展明察暗访，建立情况通报制度。抓考评，把基层四项基础制度建设纳入各级党组织书记履行基层党建工作责任制述职考评，接受上级党组织考评和群众满意度测评。

4.绩效评价机制的效能强化

习近平指出,好干部要做到信念坚定、为民服务、勤政务实、敢于担当、清正廉洁。科学评价党建绩效是党的建设的重要环节,以质量为导向构建绩效评价机制,对促进党的建设具有重要意义。

(1)评价开放化。习近平指出,必须彻底改变"唯 GDP 主义"的考核倾向,改变片面重视上级、轻视群众的"官本"考核,增加"民本"考核权重。一是引导党员干部树立以人为本、执政为民的政绩理念。为群众办事是最扎实的政绩,群众认可是最好的政绩。二是在考核内容上增加为民权重,降低 GDP 权重,把民生改善、社会进步、生态效益等指标和实绩作为重要考核内容,以促使政府把工作的重点放在提高经济增长的质量和效益上来,把发展成果用在保障和改善民生上。三是在方式上强化民众对干部政绩的发言权,以广大人民群众的满意度作为衡量、评判政绩的重要标准。将领导干部的权力行为交给广大群众,注重发挥媒体、网络、群众等新生监督主体的强大威力。"只有让人民来监督政府,政府才不敢松懈",保证人民赋予的权力切实用在为人民服务上。

(2)监督程序化。许昌市把监督贯穿于两项机制建设全过程。第一,明确"谁来监督"。着力强化部门监督,纪检、组织、政法等部门加强检查指导,协调解决问题,确保制度落实到位;着力强化群众监督,充分发挥"两代表一委员"、党员群众及社会各界的监督作用;着力强化舆论监督,充分发挥主流媒体的主导作用。第二,规范"监督什么"。对基层民主科学决策制度,突出决策过程、决议执行和执行结果公开,确保全程参与、全程监督;对基层矛盾调解化解制度,突出平台建设、责任落实、制度执行、效果反馈;对基层便民服务制度,突出服务平台、服务机制、服务效率、考核评议;对基层党风政风监督检查制度,突出解决侵害群众利益、群众反映强烈的问题。第三,落实"怎样监督"。许昌市通过严格公开制度、建立监督平台、设立监督电话、聘请群众监督员、开展群众评议等手段,建立健全畅通、便捷、有序、高效的群众反映问题绿色通道。充分发挥巡察制度,增强巡察监督的力度,实现监督看得见、权力管得住。

（3）问责常态化。一分部署，九分落实。两项机制建设能否根深叶茂，关键在于责任是否落实。许昌市各县（市、区）党委切实加强组织领导，党委书记亲自抓，副书记直接抓，研究重大问题，协调重要工作，根据实际情况适时完善推进和保障措施；纪委、组织、政法等部门要分工协作，齐抓共管。坚持集中督导和明察暗访相结合，实行月督查、月通报制度，及时发现问题，跟踪督促落实。对督查暗访情况，记入县（市、区）党建责任制考评工作档案，作为评分项目，增加权重比例；对督导暗访中发现严重问题的，市委将通过组织约谈、责任追究等方式对有关责任人进行执纪问责。各县（市、区）持续开展督查，确保形成常态。

总之，许昌市在两项机制建设方面，坚持价值取向，体现多元治理，立足许昌现实，植根传统文化，2015年上半年，许昌出京上访量下降了81.7%，安全感指数全省排名第一，群众满意度显著提升。2014年许昌市生产总值增长13%，公共地方预算财政收入增长15.4%，规模以上工业增加值增长19.1%，城乡居民人均收入分别增长9.4%和10.3%，工业居全省第三位。2015年上半年，许昌经济运行稳中有进，主要目标趋稳向好，荣获"全国文明城市"，全省经济社会目标考评先进省辖市，受到省委省政府的表彰和奖励。

六、推进两项机制建设的路径选择

（一）突破人情文化，夯实法治观念

中国社会是一个人情社会，河南作为中华文明的主要发祥地之一，人情文化更为浓厚，人情成为当前我国社会影响人们行为的重要因子之一。然而，以人情为纽带来调整人们的行为，不仅成本高昂、弊端丛生，而且与我国当前法制社会建设的方向相背离。在当今利益多元化的复杂社会背景下，唯有以法律为纽带来约束、规范人们的行为，才能有效维护社会的和谐有序发展。只有靠法律的统治才能避免人为的不公正及其导致的政治腐化。党的十八届四中全会以"法治"为主题,也进一步表明了我们党和政府全面推进依法治国的决心。突破人情文化,夯实法治观念,进一步推进河南省两项机制建设,需从以下两个方面入手。

1.进一步加强法治教育,弱化人情思维

权力规范运行和全面从严治党监督检查问责两项机制的建立与完善离不开法治的框架,从根本上说,两项机制的建设是依法治国、从严治党的要义之一。在思想观念上进一步加强法治教育,弱化人情思维,树立理性人情观,是建设法治中国的内在要求,是进一步推进两项机制建设的思想保证。尤其是要加强对各级领导干部的法治教育,使之崇尚法治、信仰法治,逐步形成遇事找人到遇事找法的转变,养成解决问题靠法、用法的高度自觉;使之对法深怀敬畏之心,明晰"法治"与"人治"的关系,破除"权大于法"的意识,自觉维护法律权威,真正担当起依法治国,建设法治政府的践行者。

2.进一步加强权力约束,消弭人情空间

突破人情文化的藩篱要从思想观念和制度建设两方面入手。法制观念的加强是从思想认识的层面强化权力主体的权力约束意识,使之不愿因为人情而突破法制的界线,属于"软"约束;与此同时,加强权力约束的制度建设,铸就"硬"约束也必不可少,使权力主体不敢为人情而僭越法制。习近平总书记在第十八届中央纪委二次全会上的讲话中严肃指出:"要加强对权力运行的制约和监督,把权力关进制度的笼子,形成不敢腐的惩戒机制、不能腐的防范机制、不易腐的保障机制",以此为指导,继续探索制定政府的"权力清单制度""责任清单制度"以及"廉政清单制度";进一步确定重大行政决策法定程序,建立行政机关内部重大决策合法性审查机制;继续完善执法程序,建立执法全过程记录制度;建立、完善重大决策终身责任追究制度及责任倒查机制;全面推进政务公开等等,从制度上加强权力约束,进一步消弭人情空间。

（二）杜绝形式主义，强化制度执行

1. 提高两项机制执行主体的素质

制度由人来制定，也由人来执行，人的因素直接影响着制度的执行效果。权力规范运行和全面从严治党监督检查问责两项机制建设的主体主要是各级干部，其执行意愿和执行能力等综合素质是落实两项机制的关键因素。执行意愿反映执行主体的政治素质、道德修养以及对事业的忠诚度；执行能力体现了执行主体的工作作风、领导艺术以及对工作的把握度。意愿是前提，能力是基础，制度的良好的落实，执行主体的意愿和能力缺一不可。

其身正，不令而行；其身不正，虽令不从。两项机制的执行过程中，领导要带头践行，不能高居制度之上，对人马克思主义，对己自由主义，领导的榜样力量可以强化各级执行主体的执行意愿，使之可以认真负责并以积极的态度，主动促进两项机制的执行、落实；相反，缺乏强烈执行意愿的执行主体往往出现不愿、不会或者拖延、变相执行制度，使得两项机制建设的落实受到阻碍。解决两项机制建设执行主体的执行意愿和执行能力问题，需要在以下三个方面进一步着力：

首先，进一步强化两项机制建设的主体认知。两项机制的有效落实是以执行主体对两项机制的认同和接受为前提的，而认同和接受又是以对两项机制的准确认识为基础的，因此，加强两项机制建设的落实必须提高执行主体的制度认知水平。我们认为，提高主体的认知水平需要做好以下几点：第一，学习制度是执行制度的逻辑前提，执行主体需系统学习领会两项机制建设的主要内容及要求，能够认识到两项机制建设对创新社会管理的现实意义以及建设过程中的重点、难点，达到对两项机制建设的准确认知。正如刘少奇同志所言："我还要求我们的同志用一番工夫去研究党的决议和文件，去把目前的形势和党的策略任务详细研究清楚，这也是使我们的工作进入实际的第一步。"第二，完善执行主体的知识结构，提升认识水平。从整体上提高执行者的制度认知能力，使其了解当前党和国家的相关制度安排，明晰两项机制建设的时代背景，使其具有高度的思想政治觉悟，进而为认同两项机制

建设创造必要的条件。

其次,进一步增强执行主体的制度认同。从制度认知到制度认同对执行者来说是质的提升,是两项机制执行过程中的关键环节。如果对于两项机制的作用对象来说,认知制度的有关内容即可的话,那么对于执行主体而言,必须能够认同两项机制的真正内涵,不能认同两项机制就很难真正地接受和执行之。

最后,进一步改进执行主体的行为方法。工欲善其事必先利其器,制度的执行方式、方法对于制度的落实是一项"利器"工程。在以往的行政执行过程中,我们积累了大量的有效方式,比如示范式,抓典型树模范,引导制度对象的行为;强制式,通过行政命令等强制措施约束制度对象的行为等等。转型期,我国社会呈现出多元化、复杂化的特征,无论是执行主体抑或是制度的作用对象其行为多元化趋势明显。在两项机制落实过程中,应不断探索制度执行的新方式、新方法,以适应时代的要求,比如约谈、公开通报等形式在实践中越来越多地得以运用。

2. 健全完善制度执行的奖励惩处机制

奖励惩处机制的构建是两项机制建设的重要保障措施。在两项机制落实过程中,首先要完善违反制度的惩戒性规定。对于制度的执行不但要有明确的程序性规定,增强制度执行的操作性,同时,还应有明确的惩戒性规定,明确违反制度将要受到什么样的惩罚。在监督检查和问责过程中,结果及时公开通报,对有令不行或变通执行,甚至于恶意规避的行为要公开通报批评,并坚决追究相关责任人的责任,以改变以前"制度执行不执行一个样",甚至认为"谁执行好谁吃亏"的不良状况。其次要完善激励机制。对两项机制落实到位的单位和个人要及时予以表彰,并作为个人提拔使用或单位评优评先的重要依据。

(三)坚持群众路线,鼓励公众参与

公民参与的概念最早源于古希腊,指每个公民都可以参与城邦政治事务。1969 年,公民参与理论的先驱,美国学者谢里·安斯坦在论文《公民参与的阶梯》中指出:"公民参与是一种公民权力的运用,是一

种权力的再分配,使目前在政治、经济等活动中无法掌握权力的民众,其意见在未来能有计划地被列入考虑。"她将公民参与从低到高分为 8 个阶梯:操纵、治疗、告知、咨询、展示、合作、权力转移、公民控制,由此奠定了公民参与的理论基础。在我国,群众路线一直是党的根本工作路线,强调一切为了群众,一切依靠群众,坚持从群众中来,到群众中去。该方针为进一步推进两项机制建设的公众参与提供了理论支撑与现实土壤。

1. 改善公众参与的生态环境

公民对国家或地区公共事务的参与是建立在特定的政治生态基础之上的。在我国,"外发后生型"的政治发展特点使得我们在社会条件尚未完全具备的条件下即开启了政治民主化的进程,其间各种矛盾与碰撞在所难免,该境况使得我国公民参与社会公共事务的现实表现出极为复杂的一面。在实践中,长期受封建主义思想传统的影响,民众心理上积淀了大量"权威崇拜""清官思想"和"与世无争"等复杂的政治意识,习惯于远离政治,对与自身利益非直接相关的公共事务表现出明显的非参与倾向。总体上看,我国当前"顺从型"民众在政治生活中仍占有相当比重,其缺乏参与公共事务的传统,政治能力感和效应感也相对贫弱,这些都成为公众参与公务事务治理的桎梏。

破除公民参与国家或地区政治生活的桎梏,需要我们从多方面改善公众参与的生态环境。

首先,通过推动民主行政释放公民参与的民主诉求。民主行政即将民众的政治意愿输入到行政管理机关,使得公民的参与权、监督权渗透于行政权力运行的始终,同时,也可以使政府推行的政策最大限度地获得民众的支持,实现社会治理的最优化。

其次,通过提升社会组织的能力建设,推动公众参与的有序化。社会组织的能力建设涉及组织自身的治理结构、治理过程及其同其他行为主体之间的关系等。其在推动公民参与方面的作用取决于两个因素的影响,一是社会组织自身的内部治理状况,二是政治框架所提供的参与途径的状况。两个因素的作用效果均取决于组织的自身能力建设,一方面,组织自身的民主化程度是社会组织取得成员信任得以生存发展的基础,该民主化进程有利于培养成员的民主意识,提高成员的参与意识,为整个社会的公民参与提供了良好基础;另一方面,社会组织处理好与其他行为主体尤其是政府组织的关系,对于其自身的政治参与有效性有着直接影响,如果政府对其需求有着良好的回应性,社会组织的发展往往会受到极大鼓励,逐步成为公民参与社会公共事务治理的重要角色。

最后,构建公开透明的信息环境,消除信息的不对称。公民广泛参与地区公共事务要以最大限度的信息掌握为基础。受传统体制的影响,"信息垄断"的思维定式在一些干部群体中,尤其是基层干部群体中还大量存在,进一步转变观念,主动、及时、完整、准确地公开信息,确保公民的知情权,是强化公民参与的重要一步。

2. 拓宽公众参与的渠道路径

两项机制建设的根本是实现对公权力的约束,公众参与是实现该目标的最有效途径。当公众的利益诉求表达不畅时,参与受到威胁或需求得不到满足时,公众和政府间的隔阂就会加剧,利益冲突和矛盾就会逐步加深,"一旦某个政治系统在社会公众的心目中失去了正当性,也即意味着出现了合法性危机的困顿局面"。

在实践中,传统的公众参与途径如调查会、座谈会、听证会等虽有政府文件对其进行了相关规定,但就效果而言,流于形式的多,落到实处的少,与公众参与的理想效果相距甚远,在当前形势下,应进一步完善传统的公共参与渠道,使其发挥应有的功能作用。同时,也应拓展新的参与渠道,适应新媒体时代的要求,利用现代传媒开通网络政务,如政务微博、微信以及网络问政等,如河南省洛阳市建立的《网民反映问题办理情况周报》制度就极大地提高了政府各职能部门的办事效率,也在一定程度上规范了政府权力的运行。总之,为公众提供成本低、效率高且更为方便的渠道,提高公众参与的有效度既是执政为民的需要,也是监督权力运行的有效途径。另外,在拓宽公众参与渠道的同时,也应增加公众参与的实质内容,使公众能够拥有影响公共事务过程的权力。在当前,除了继续做好社会治安、社区建设等基层民生事务参与外,还应逐步在社会预算等公共事务核心领域引导公众参与,在包括预算编制、预算审核和预算监督等各环节全方位引入公众参与,扩大公众利益表达的范围。

3.规范公众参与的制度体系

"制度化是组织和程序获取价值观和稳定性的一种进程。"实现公众对两项机制建设的有效参与,制度是关键,如果可操作的程序性制度支持不足,公众的参与只能流于表层。在当前的社会转型期,由于利益格局的变化,利益关系的调整,公众的政治参与热情被极大地激发,与此同时,由于制度的开放性、民主性不足,尚不能容纳公众的广泛参与,使得"制度虚置"或"程序缺少"问题凸显。在很多情况下,既非政府不愿让公众参与,也非公众不想参与,而是缺乏足够的制度支撑,使得公众参与政治生活缺乏可依据的规则和程序,同时,程序性制度的滞后也使得公众参与缺少规制和引导,其直接结果是公众的有限参与达不到应有的目的,进而参与的积极性也随之降低。为进一步增强两项机制建设的效果,规范公众参与的制度体系建设必不可少。

第一,完善社会公示制度。按照公示范围适当、公示内容客观、公示时间充分的原则进一步完善社会公示制度。对于重大经济社会事项以及与人民群众利益密切相关的各种事项,除涉及党和国家机密之外的,政府都应及时向社会各界公示,对公示后的群众反映、建议和举报,有关职能部门应按照要求受理并予以记录、答复。

第二,规范社会听证制度。当前,虽然听证会制度已经通过法律规范确定下来,但是并未充分发挥其作用,其适用范围小,听证结论影响有限,甚至于一些听证会还存在着走过场,缺乏监督的情形。针对上述问题,应进一步规范听证制度,制定具体可操作的听证规则,逐步扩大听证会的适用范围,并加强对听证会的结果处理。

第三,强化反馈回应制度。反馈回应是信息传送闭环系统中的重要环节,政府对公众意见及时作出有效的反馈和回应,并使之制度化、规范化,不仅促进政府对民意的关注,实现政府与公众间的良好双向沟通、互动,而且也有利于公众参与效果的实现,仅有公众参与的信息输入,没有良好的结果反馈,前期公众参与活动的效果也将大打折扣。

另外,在相关制度建设方面,还应适应新形势需要及时制定相应法规,如当前应加快网络参与立法的步伐,以法律、法规的形式确认和保障公众网络参与行为。

七、两项机制建设的经验启示

《河南省规范行政权力运行机制暂行办法》与《全面从严治党监督检查问责机制暂行办法》已于2015年6月由河南省委向全省各级党组织印发并初步产生了一定的创新效应。全面从严治党的两项机制是河南省在全面从严治党的战略背景之下,继在基层和县级以上机关建立《四项基础制度》的基础上探索省级党建长效机制的重大战略决策。四项基础制度与两项之机建设构成一个完整的"4+4+2"的党建制度体系。既有制度上的顶层设计,又有实践上的推进路径,为新时期河南推进全面从严治党的战略决策夯实了基础,指明了方向。河南党建两项机制建设是河南省委在新常态下通过实践逐步确立和摸索出的党建工作创新的新模式。它的提出和实施既是对中共中央新时期"全面从严治党"基本方略的积极实践和地方探索,又是推进河南省委四项基本制度建设,形成"4+4+2"党建制度体系的有力抓手和实践路径,是新时期中国基层党建工作的有益探索,具有重要的典型示范意义。

(一)文化浸润与良法善治并重,形成权力规范运行合力

心中有责不懈怠、心中有戒不妄为,这描绘的正是新常态下河南党建的全新局面。相信,几千年中原优秀传统文化的浸润定能为河南党员干部的内心法治信仰奠定牢固的文化根基,同样,完善而切合河南发展实际的党内党外法规及其落地生根的运行机制定能使河南"4+4+2"的党建制度体系为中原更出彩提供强有力的政治保障。

习近平总书记在首都各界纪念现行宪法公布施行30周年大会的

讲话中明确指出:"法律是成文的道德,道德是内心的法律。"①全面从严治党的推行从来离不开民族历史文化的浸润,一项没有文化底蕴的制度约束有余而信仰不足。如果全面从严治党的制度和机制不能够经由文化的浸润化为每一个党员干部的内心信仰,那么这种制度就很难成为一种新常态。河南省委提出并实施党建两项机制建设是深刻理解和研究了拥有"秦砖汉瓦""春秋文化"的河南优秀传统文化后得出的结论。无论是鞠躬尽瘁的好局长任长霞还是对党和法律怀着无限忠诚的人民检察官蒋汉生,无论是县委书记的好榜样焦裕禄还是甘当新时期孺子牛的村党支部书记燕振昌,诠释的都是厚重的中原优秀传统文化的时代主题。厚重的中原历史文化对于新时期的河南党建来讲是一本深刻的历史教材和一面鲜亮的鉴史明镜,为我们今天的全面从严治党提供润物细无声的文化浸润,让我们的两项机制建设能够成为有源头活水的长效机制,党建机制具备了化为党员干部内心信仰的文化和道德基础。中原优秀传统文化是河南党建两项机制建设的"根"与"魂"。我们要建设的河南党建新常态是全体河南党员干部源自内心法治信仰与对党和国家内心敬畏的党建制度体系,而中原优秀传统文化就是连通中原党建制度与机制的内在路径。

"治国必先治党,治党务必从严"在十八大以后已然成为全中国的共识。就河南省来讲,要实现法治河南的战略目标,除了在社会层面完善立法、执法、司法、守法的法治体系以外,全省各级党委机关以及党员干部在何种程度以及如何依法执政成为在新世纪必须要面对的历史课题。全省的党员领导干部如何在法律允许的范围之内依法依宪执政,如何能够在党规党纪允许的范围内管党治党,是今天施行法治河南建设的有力抓手和重要经验。省委审时度势,在党内制度完善层面及时出台了"四项基本制度",县级以下党组织和县级以上党组织"双4"推进,有机配合,可谓初步建立了党内良法基础。权力规范运行与监督检查问责两项机制,一个注重事前规范决策权行使、规范执行权运行、规

---

① 《习近平谈治国理政》,外文出版社2014年版,第141页。

范监督权行使、规范责任追究;一个把从严治党的各项要求落到实处,强化日常监督检查、专项检查,落实问责方式、程序,使之成为从严治党的利器。政党治理是社会管理创新的核心内容,依靠完善的党内法规制度体系,积淀而成的法治精神才能够从根本上提升党员领导干部执行党纪国法的能力,这是新时期河南党建创新的基本结论之一。

(二)党委主体责任与纪委监督责任并重,筑牢责任监督防火墙

把党委主体责任与纪委监督责任相互结合,齐头并重是河南推进两项机制建设的重要经验之一。对那些在落实主体责任与监督责任方面重视不够、措施不力、敷衍塞责导致问题较多的党委和纪委的主要领导干部,要严肃追究责任,促使党委纪委真正把主体责任与监督责任记在心上、扛在肩上、抓在手上、落实在行动上,促使党委纪委真正各自坚守好"主阵地"、耕种好"责任田"、攻打好"持久战"。唯有如此,全面从严治党的责任监督体系才能筑牢防火墙。

通过查处新乡市委书记李庆贵等党委一把手的现实举动,河南省委把落实党委主体责任追究强化为河南全面从严治党的新常态。正如习近平总书记在十八届中央纪律检查委员会第三次全体会议上指出的那样,"要落实党委的主体责任和纪委的监督责任,强化责任追究,不能让制度成为纸老虎、稻草人"。① 责任追究是全面从严治党的利器,如果各级党委不能履行好自身所担负的政治责任、用人责任、查处责任、防治责任、支持责任、示范责任,再好的党建制度也会因缺乏落地的土壤而流于形式。一直以来,河南省委党委对那些对主体责任认识不清、落实不力,不愿抓甚至是不想抓党风廉政建设的一把手,对那些用人失察、选人唯亲,面对不正之风避而远之抑或不坚持原则、不做斗争的党委一把手不姑息、不掩盖。依法依纪严肃责任追究,推动了河南全面从严治党各项任务真正落到实处。

党的纪律检查制度向来都是管党治党的重要利器,但值得一提的

① 《习近平谈治国理政》,外文出版社2014年版,第395页。

是,实施党的纪律检查的纪检机关及其责任人亦需接受主体责任的监督。我们一方面要不断改革党风廉政建设的体制机制,保证各级纪委监督权的相对独立性和权威性,增强权力制约和监督的实效性;另一方面,当各级纪委在协助党委工作不力,监督检查流于形式,责任追究不到位,不认真执行重要情况请示报告制度、监督失职失责的各级纪委负责人,也要严格追究主体责任,坚持"一案双查"。要想使社会监督、群众监督、党外监督真正起到实效,各级纪委机关的守土有责和沟通协调必不可少。各级纪委所持有的党的纪律检查的"尚方宝剑"不是其炫耀的资本,而是维持政党良好政治生态的重要约束力量。权力的规范运行是一个合理作用的结果,当我们的权力监督出现问题之时,追究纪委的主体责任是题中应有之义。

(三)宽渠道、严要求,使全面从严治党在河南落地生根

河南省委在四项基础制度之上所提出的两项基本机制与之共同构成了新时期河南全面推进从严治党伟大战略的制度体系。权力规范和责任监督检查机制紧密配合,辩证统一,彰显了新常态下河南党建宽渠道、严要求的基本经验。

宽渠道表现在两项机制的提出和实施不是对从严治党泛泛而谈,而是构建了从一把手权力监督问责到普通党员领导干部日常管理的全方位政党治理模式。我们知道,即使是再好的机制也不一定能够成为制度建构的实践平台,关键在于能否有行之有效的推进渠道。河南省委着眼于党建制度体系与党员领导干部实际的有机结合,以系统性的全渠道覆盖全省所有党员。一方面,两项机制建设把治理一把手作为管好公权力的核心和有力抓手,用从严治吏推动从严治党。省委对于各级党委一把手权力运行实行有效的监督和制约,对于发现的诸如新乡市委书记李庆贵之类的党委一把手失职失责情况绝不姑息。不仅如此,通过整合监督力量,把党内监督与其他方面监督有机结合起来,建立了日益完善的日常监督联动机制。

全面从严治党是一个系统工程,全面是基础,从严是关键。全面从

严治党要落地生根,离不开在思想建设、组织建设、政治建设、作风建设、纪律建设和制度建设各个环节严字当头。① 思想建党是制度建党的前提和基础,如果不能够保有正确的政治方向,坚定的政治信仰,过好思想关,恐怕很难确保从严治党的成果会真正地成为推动河南发展的政治保障。为此,河南省委在推进两项机制建设的进程中把思想建党放在首位,严把党员领导干部的思想入口关。政治上从严是确保中国共产党执政地位的迫切要求,丝毫不能够放松。严明的政治纪律性是河南省委在两项机制建设上开给全省党员加强党性修养的良药。组织建设是党建的重中之重,如何以及在何种层面上推进组织建设是河南党建制度体系建设的关键点。在具体实施层面,省委要求全省党员能够把从严治党的制度要求化为洁身自律的内在信仰,以此打牢组织建设的文化根基。党员中不中,关键看作风。全省一亿多父老乡亲对党员领导干部的评判最主要的标准就是党员作风问题。中央八项规定对党风廉政建设提出了现实标准和客观参照,具体到河南党建的实际来讲,我们必须通过抓牢基层党员干部作风建设,营造从严治党的土壤。省委回应全省人民群众的呼声,把党员作风建设作为两项机制建设的突破口,抓好抓牢抓实,目前来看取得了较大的实际成果。

(四)坚定政治信仰和宗旨意识,以群众满意为基本标准

习近平总书记在党的群众路线教育实践活动工作会议的讲话中指出:"我们党来自人民、植根人民、服务人民,党的根基在人民、血脉在人民、力量在人民。""党要继续经受住执政考验、改革开放考验、市场经济考验、外部环境考验,就必须始终密切联系群众。"②河南省构建的新常态下的党建制度体系立足于中国共产党全心全意为人民服务的价值追求和政治价值观,以人民群众的满意为立党兴省的基本标准和根本出发点,这是河南党建两项机制建设的最鲜明特征。

---

① 朱立国:《论从严治党》,《求实》2007 年第 2 期。
② 《习近平谈治国理政》,外文出版社 2014 年版,第 367 页。

　　共产党员不是普通群众,当然更不是宗教信仰者,我们信仰的是马克思主义的基本原理和共产主义的远大目标。坚持马克思主义在意识形态领域中的指导地位首先是坚持中国共产党党员的坚定政治信仰。在新的历史环境和发展样态下,党员领导干部决不能当着共产党的官,骂着共产党的娘,这样的党员要坚决清除出党员队伍,这样的干部要坚决剔除出领导干部行列。作为一名中国共产党党员,最为基本的要求就是要有对马克思主义的基本信仰,要有对社会主义制度的忠诚,要有对党纪党规的敬畏,如此才能够为新常态下河南发展奠定最为基本的思想政治基础。两项机制建设所要确立的就是全省党员领导干部所要严守党的政治纪律和政治原则。从河南省党建两项制度建设实施效果来看,缺乏最为基本的政治纪律性的事件,省委绝不姑息,都给予了严肃处理。简言之,省委从政治信仰的小事情入手,彰显从严治党治省的坚强决心;从改善基础党组织的小环境入手,力争扭转全省党建大气候。

　　宗旨意识是一个政党的政治信仰所在,决定着党群和干群关系的基本状态。全心全意为人民服务是我们党的基本宗旨,为此我们在立党执政中虽不要求人人做到夙夜为公,亦要坚持权为民所用、利为民所谋、情为民所系的以人为本的基本原则。我们通过党建两项机制建设所要创新的党的宗旨意识不是敷衍塞责、娱乐大众的政治表演,而是为思想把把脉、为行为量量标准、为批评与自我批评找找差距的党内实践的重要部分。河南省各级党组织通过立足中原优秀传统文化,通过党内政治生活强化对全省党员干部的使命意识、责任意识、宗旨意识、担当意识。面对严峻的改革形势和发展任务,我们的党员领导干部就要通过党内政治生活推动党建制度的内部变化,从而实现习近平总书记"打铁还需自身硬"的基本要求和目标,全力把推进河南省改革的各项事业做好做实,努力实现"四个河南"建设的战略目标。通过全省党建的两项机制建设改进党的作风,能够为全省党员干部干事创业树立基本的政治规矩和党的纪律,能够为党员领导干部正确处理党的领导与市场经济的关系指明方向,能够为党的群众路线和全心全意为人民的宗旨寻找一个个现实的实践载体。

（五）以反腐倡廉为突破口，为河南改革发展营造良好政治环境

民心向背看作风，反腐倡廉树清风。在河南省以往的反腐倡廉以及改进作风的工作中，党员干部重形式、轻内容，爱搞面子工程，往往"喊破嗓子，也不愿甩开膀子"，如此蔓延开来势必会造成贪污腐化现象层出不穷，腐化党的健康肌体，损害党群关系，失去人民群众的支持和信赖。实际上"转变党员干部的作风不应只是一阵风，也不能只是耳旁风，而是要成为新常态的四季风"。① 唯有根据河南改革发展的实践不断创新和完善反腐倡廉制度，才能够为全省的改革发展营造良好的政治生态环境。

进入新世纪以来，河南省委积极推进党风廉政建设和反腐败斗争，尤其是对于党的基层腐败问题的治理推出了新举措、新方法，取得了一定实效。但不容否定的是，全省各级党委机关、部门以及单位依然有谈起政绩工作来口若悬河、谈起反腐倡廉作风建设来走走样子、摆摆面子；抓起反腐工作来敷衍塞责，对错误缺点视而不见等现象层出不穷。对此我们必须有清醒的认识和积极的应对。全省当前所实施的党建两项机制建设所构建的正是全面从严治党的新常态。

自河南省党建两项机制建设提出实施以来，省委以四项基本制度为突破口，狠抓两项机制的落实，切实完善和创新全省反腐倡廉的制度、机制、体制，努力提高反腐倡廉的科学性、民主性和规范性，成为新常态下河南党建的一大亮点。亮点之一是紧紧抓住落实两条责任主体的核心不放松，积极探索党委主体领导责任的推进和追究机制，结合实践创新纪委监督责任主体的推进和落实机制，为两个责任落地生根积极创造有利的实践平台。亮点之二是积极探索党的纪律检查工作的双重领导机制。在业务推进上，坚持各级纪委人员由上级纪委机关领导，查处的纪检案件要既要向上级纪委机关报告又要向同级党委机关报告，在坚持业务工作独立性的基础上实现党的内部管理的协调统一性。

① 中共中央宣传部理论局：《理论热点面对面2013：理性看，齐力办》，人民出版社2013年版，第125页。

亮点之三是强化党纪国法的问责力度。事实表明,很多党员领导干部在腐化堕落的关口如果有制度的牢笼加以限制和约束的话,贪污腐化人员的比例会大幅下降。说到底,这一是个党的监督关口能否前移的问题,抑或说是构建一个反腐败的预警机制问题。只要我们通过健全的问责制度不断约束党员干部的谋取一己私利的行为,就可以在一定程度上避免集腋成裘、养痈遗患。同时要在正面"战场"上切切实实地对腐败行为和腐败人员零容忍,真正做到有责必问、问责必严。亮点之四是建立惩治和预防腐败风险评估机制。积极利用现代技术手段拓展对党内腐败堕落行为的举报和预警机制,使制度监督与技术监督有机结合,切实提高廉政风险防控的实效性。通过警示教育和典型示范教育共同打造党员领导干部的思想防火墙。

第三章 战略思维与大学发展

一、河南省高等教育发展战略研究

教育在我国现代化建设中具有先导性全局性作用,科教兴国战略的实施对我国全面建设小康社会有着重要意义。河南省是我国的人口大省和教育大省,在我国"促进中原地区崛起"战略中有着重要位置,因此,分析和研究河南省高等教育发展战略具有积极意义。

以高等教育理论作为理论基础,充分借鉴前人的研究成果,结合河南省高等教育的发展实际,并在认真总结成就经验的基础上,从深层次分析了目前河南省高等教育发展中的主要矛盾和突出问题以及面临的机遇和挑战,确立了新阶段河南省高等教育发展的目标,并依据河南省经济及社会的发展特点,构建了高层次突破战略、地方特色品牌战略和社会需求导向战略等战略选择,努力发挥现代远程教育的积极作用,创建河南省本科教育亮点,推动高职高专教育快速发展,打造一流的高水平大学。同时,对河南省高等教育发展中的瓶颈问题如新校区建设、资金筹措、人才问题等作了深入分析,提出了切实搞好河南省高校新校区建设的高起点规划与低成本运作、拓宽办学资金渠道、强力推进"人才兴校"与"人才强校"工程等增强河南省高校核心竞争力的对策建议。

（一）绪论

1. 背景

中共中央在关于制定"十一五"规划的建议中,明确指出"深入实施科教兴国战略和人才强国战略",尤其提到了以下几个方面:

（1）加快科学技术创新和跨越。发展科技教育和壮大人才队伍,是提升国家竞争力的决定性因素。科学技术发展,要坚持自主创新、重点跨越、支撑发展、引领未来,不断增强企业创新能力,加快建设国家创新体系。从我国经济社会发展的战略需求出发,把能源、资源、环境、农业、信息等关键领域的重大技术开发放在优先位置,按照有所为有所不为的要求,启动一批重大专项,力争取得重要突破。加强基础研究和前沿技术研究,在信息、生命、空间、海洋、纳米及新材料等战略领域超前部署,集中优势力量,加大投入力度,增强科技和经济持续发展的后劲。加强重大科技基础设施建设,实施若干重大科学工程,支撑科学技术创新。继续深化科技体制改革,调整优化科技结构,整合科技资源,加快建立现代科研院所制度,形成产学研相结合的有效机制。加强科学普及。繁荣和发展哲学社会科学,积极推动理论创新,进一步发挥对经济社会发展的重要促进作用。

（2）坚持教育优先发展。加快教育发展,是把我国巨大人口压力转化为人力资源优势的根本途径。适应经济社会发展对知识和人才的需要,全面实施素质教育,深化教育体制改革,加快教育结构调整,在全社会形成推进素质教育的良好环境。强化政府对义务教育的保障责任,普及和巩固义务教育。大力发展职业教育,扩大职业教育招生规模。提高高等教育质量,推进高水平大学和重点学科建设,增强高校学生的创新和实践能力。切实提高师资特别是农村师资水平。加大教育投入,建立有效的教育资助体系,发展现代远程教育,促进各级各类教育协调发展,建设学习型社会。

（3）加快推进人才强国战略。树立人才资源是第一资源的观念,坚持党管人才原则。加强人力资源能力建设,实施人才培养工程,加强党政人才、企业经营管理人才和专业技术人才三支队伍建设,抓紧培养专业化高技能人才和农村实用人才。着力培养学科带头人,积极吸引海外高层次人才。继续深化干部人事制度改革,健全以品德、能力和业绩为重点的人才评价、选拔任用和激励保障机制,注重在实践中锻炼培养人才。各级政府和企事业单位要加大人力资源开发的投入,推进市场配置人才资源,规范人才市场管理,营造人才辈出、人尽其才的社会氛围。

在党的十六大报告中指出:"教育是发展科学技术和培养人才的基础,在现代化建设中具有先导性全局性作用,必须摆在优先发展的战略地位。"河南省是我国中部的中心和主体构架,是全国人口大省,河南兴则中部兴。无论是区位、人口、经济总量、工业基础以及发展潜力等方面,河南在中部地区都当属首位。在"东西互动、带动中部""促进中部地区崛起"的战略中,河南可谓举足轻重。"得中原者得天下",河南作为全国最大的发展中省份,其发展快慢已成为牵动全国发展的重要因素。近几年,河南省委、省政府提出了努力实现中原崛起,使河南的发展走在中西部地区前列的奋斗目标,河南要在中部崛起中扮演重要角色,发挥"领跑"作用,做出更大贡献,就必须有强有力的人才资源作支撑,必须有良好的教育作基础,必须大力发展高等教育。但由于历史的原因,长期以来,河南高等教育基础相对薄弱,整体办学水平不高,难以适应经济社会发展的需要,河南面临着原有高等教育基础薄弱和新一轮高等教育发展的双重压力。

2. 目的和意义

(1)推进高等教育发展是河南省全面建设小康社会的要求。全面建设小康社会,努力实现中原崛起,是河南今后近20年的首要任务。高等教育在小康社会建设进程中具有不可替代的重要作用。河南高等教育经过改革开放20多年的发展取得了较大成绩,为河南经济建设做出了巨大贡献,然而与全国高等教育相比是落后的,与广大人民群众的强烈需求仍有较大距离,在一定程度上已经成为制约河南全面建设小康社会,实现中原崛起的瓶颈。由河南省委七届五次全会审议并原则通过的《河南省全面建设小康社会规划纲要》强调,河南建设小康社会、实现中原崛起,必须"把教育摆在优先发展的战略地位"。而高等教育在整个教育系统中具有主导作用,必须清醒地认识到全面建设小康社会,早日实现中原崛起,必须有发达的高等教育作支撑。

(2)推进高等教育发展是新阶段河南经济发展的必由之路。河南省是我国第一人口大省,又是一个以农业与劳动密集型产业为主体经济结构的省份,存在着经济结构不合理、经济总量低、人口素质结构不合理等制约河南省经济腾飞发展诸多因素。综合国内外经济发展规律,经济的迅猛发展,首先是社会整体人口素质的提高,鉴于此,在目前省内各项条件的前提下,保持全省高等教育的可持续发展,是河南省综合发展的必要前提。而河南省高等教育目前存在的主要问题有两点:第一,本、专倒挂严重;至 2003 年年底,全省普通高校 66 所,普通高校在校生 46.8 万人。但由于历史原因,教育层次结构难以从根本上发生变化。66 所高校中高职高专院校达 42 所,本专比例倒挂严重不符合全国教育发展形势;第二,教育经费严重不足,教育经费来源较少,面对扩招带来的学生人数激增、教学设备严重不足等问题,经费显得相对紧张。在这样的背景下对河南省高等教育进行研究和分析,对河南省高等教育发展策略具有积极意义。只有全力推进高等教育的发展,才能实现统筹协调城乡经济发展,缩小城乡差距,实现教育发展水平与整个经济社会的协调发展,才能真正实现经济发展的战略目标。

(3)推进高等教育发展是河南建设"人力资源强省"的主要途径。大力推进高等教育的发展,才能把人口大省转变成人力资源强省。《河南省全面建设小康社会规划纲要》提出,"大力开发人才资源,充分发挥人才作用。牢固树立人才资源是第一资源的新观念"。"全面推进素质教育,造就大批高素质劳动者、专门人才和拔尖人才。"进入新世纪,中央确立了"人力资源是第一资源"的指导思想,更加重视高等教育在经济发展中的重要作用。河南是我国人口第一大省,处于中西部经济不发达地区,人口基数大,教育、文化落后,人口整体文化素质不高,人口问题成为制约全面建成小康社会的主要因素之一。要想发展河南经济,全面建设小康社会,实现中原崛起,就必须把浩浩荡荡的农村富余劳动力转移成城镇或者二、三产业各类专门人才,把河南沉重的人口压力变成巨大的人力资源和人力资本。正如邓小平所说的那样,"一个十亿人口的大国,教育搞上去了,人才资源的巨大优势是任何国家也比不了的"。如果河南高等教育搞上去了,那么河南人口众多的现实问题,就会变成人才资源的巨大优势。因此必须大力发展高等教育,继续扩大高等教育规模,不断满足广大人民群众日益增长的强烈要求接受高等教育的愿望,减缓升学压力,培养造就无数全面建设小康社会的各类人才。

(4)推进高等教育发展是河南省打造繁荣文化的重大举措。大力推进高等教育的发展,才能不断创造高度繁荣发达的文化。全面建设小康社会,早日实现中原的崛起,不仅仅是经济得到发展,物质文明取得进步,还必须有整体文化素质的大大提高,必须全面促进社会主义物质文明、政治文明和精神文明有机统一和协调发展。没有高度发达的精神文明作支撑,即使经济发展的程度再高,人心涣散、离心离德、精神颓废、一盘散沙,也难以达到小康社会建设目标,中原的崛起也只能成为泡影。

3.理论基础

(1)科学发展观。科学发展观为高等教育的发展提供了重要的理论依据和发展原则。从长远来看,经济社会协调、全面、可持续发展,取决于高层次、高素质的人才,人的素质的提高在教育。知识经济时代,大学在社会经济发展中的战略地位空前上升,高等教育已经进入社会经济发展的中心,因此,高等教育的协调、全面发展十分重要;高等教育随着社会的发展而发展,面对市场化、国际化、大众化对教育发展提出的新要求和带来的新矛盾,高等教育将面临重大变革,要确保高等教育持续、协调发展,必须以科学发展观为指导;科学发展观极大地拓展和丰富了高等教育改革与发展的内容,"以人为本"的观念和五个统筹的思想和原则,既是高等教育发展的指导方针,又是高等教育发展的要求。因此,科学发展观的提出,对于推进我国高等教育的科学发展和高等教育研究的深入开展,为经济发展和社会进步提供人才支撑和知识贡献提供了重要的理论依据。

第一,科学发展观强调发展高等教育必须坚持以人为本。坚持以人为本是实现高等教育科学发展的核心,促进学生全面发展是高等教育的科学发展观的目的。以人为本是教育的本质,是现代高等教育改革和发展的基本特征和价值所在,是高等教育工作的出发点和归宿。人是教育的中心,也是教育的目的;人是教育的出发点,也是教育的归宿;人是教育的基础,也是教育的根本。以人为本的核心在于对人性的充分肯定,对人们潜能智慧的信任,对人的自由和民主的追求。一切教育都必须以人为本,这是现代教育的基本价值。以人为本,就是突出人在高等教育发展中的主体地位和作用,这是高等教育工作的中心,也是高等教育发展的关键因素。

第二,科学发展观强调高等教育必须坚持全面、协调、可持续发展。在科学发展观的要求下,一是要注重高等教育发展的全面性,发展高等教育是为了全体学生,满足学生全面发展的需要,在此基础上实现各种类型、各种层次的高等教育统筹发展,这是促进高等教育发展的前提因素;二是注意高等教育发展的协调性,强调调动高等教育发展主体的积极性,加强各类要素的内在联系和有效整合,推进各级各类高等教育发展的良性互动,实现高等教育与经济社会之间发展的协调;三是注重高等教育发展的持续性,充分考虑发展高等教育所需要的人口承载力、资源支撑力和社会承受力,在满足当前社会发展需要的基础上,根据未来社会发展的前景和需要制订高校可持续发展战略。因此,高等教育的发展应当是全面的、系统的、协调的过程。

(2)人力资本理论。美国著名经济学家诺贝尔经济学奖获得者舒尔茨,在继承前人研究成果的基础上,发表了《人力资本的投资》一文,1963年发表了《教育的经济价值》等论著,创立了人力资本理论。由此,"教育具有经济价值"这已成为人们的共识。舒尔茨等人第一次将资本区分为物质资本和人力资本,强调人力资本投资是效益最佳的投资。舒尔茨指出,改善人福利的决定性生产要素不是空间、能源和耕地,决定性要素是人口质量的改善和知识的增进。而增进知识,提高人口质量,又有赖于教育。人力资本理论的主要观点认为,人口质量重于人口数量;人力资本投资与物力资本投资都是经济发展不可缺少的生产性投资,但在现代化经济条件下,人力资本投资作用大于物力资本投资的作用。例如,战后美国的农业生产增长,只有20%是物力资本投资的结果,80%主要是教育或与教育有关的科学技术作用,或者说是人力投资的结果;教育投资是人力资本的核心。说明这个问题,有三个具体理论观点。其一,教育投资是一种生产性投资。其二,提高人口质量的关键是教育投资。其三,教育投资比物力投资更有利,会带来更多利润。例如美国1900—1957年间,教育投资增长速度远远超过物力资本增长速度,其所获利润结果为:物力资本所赚回的利润增长了3.5倍。同时教育投资增加的利润则达到17.5倍;教育投资收益率高于物力资本投资的收益率;教育投资的收益率是可以测算的,基本上同物力形态投资收益率的测算相同;人力资本是体现在人身上、以人的知识与技能为基础的资本。教育支出形成的教育资本是人力资本的主要部分,劳动力数量和质量的提高是国民经济发展和国民收入增长的重要因素。舒尔茨进一步运用成本—效益分析方法,分析了教育成本和教育收益,计算了教育的私人收益率和社会收益率。人力资本理论成为影响最为广泛的教育经济学理论,也为我们在市场经济条件下进一步探索高等教育产业的形成和发展提供了理论依据。

(3)知识经济理论。美国著名管理学者德鲁克曾经说过,知识生产力已成为生产力、竞争力和经济成就的关键。知识已成为首要产业。这种产业为经济提供必要的和重要的资源。21世纪的大幕已经揭开,人类将在新世纪进入知识经济时代。知识经济是建立在知识和信息的生产、分配、使用上的经济,智力和人才是它的第一资源,知识更新产业是它的第一支柱产业。知识经济的这种本质特征,决定了教育的知识产业属性及其重要地位。在知识经济条件下,智力资源取代自然资源而成为最主要的投入要素,从而使主要依靠知识、智力投入的知识产业,取代自然资源依赖型产业即传统的工业产业而成为最重要的产业。知识产业包括高技术产业、教育产业、新闻出版产业、文化产业、咨询产业、软件开发产业等等。

高等教育作为重要的知识产业,对于知识经济条件下国民经济的发展,具有基础性和先导性的战略意义。这是因为:高等教育是生产力和再生产科技劳动力、全面提高国民素质的重要手段;高等教育是科学知识再生产和积累的有效形式;高等教育是知识创新的重要源泉。高等院校既是传播知识和培养人才的基地,又是知识和科技创新的重要发源地。

(4)马克思的生产劳动理论。按照马克思的生产劳动理论和非生产劳动理论,教师的劳动是服务于劳动力的再生产,因而具有生产性。马克思在《资本论》中全面阐明了社会再生产理论,即物质资料再生产、劳动力再生产和社会关系的再生产。"教育可以生产劳动能力""教育可以增进劳动者劳动变换的能力"成为劳动力再生产的最经典论述。马克思指出:"要改变一般人的本性,使它获得一定劳动部门的技能和技巧,成为发达的和专门的劳动力,就要有一定的教育和训练。""教育可以生产劳动能力",教育是劳动力再生产的基本途径和手段,教育是科学技术再生产的手段,是科学技术转化为现实生产力的转换器。马克思、恩格斯指出,"在社会主义社会中,劳动将和教育相结合,从而保证多方面的技术训练和科学教育的实践基础"。

教育是实现人的全面发展的最有力手段。马克思还创立了劳动价值论,揭示了劳动的二重性特征,即具体劳动形成商品的使用价值,抽象劳动形成商品的价值,这就为计量教育投资的社会经济效益提供了理论基础。

(二)近年来河南省高等教育取得的成就

近年来,河南省围绕实施科教兴豫战略和教育事业优先、超前、加快发展的要求,不断深化各项改革,高等教育取得了历史性成就,为河南省高等教育的持续健康协调发展奠定了良好基础。

1. 高等教育规模实现了跨越式发展

2004年,全省高等教育总规模约为127.36万人,比1998年增长了

128%。高等教育毛入学率为16%。高等学校和研究机构共招收研究生5408人，比上年增加1590人，增长41.64%。在学研究生11853人，比上年增加3388人，增长40.02%。全省普通高等教育共招本科、高职（专科）学生25.74万人，比上年增加6.71万人，增长35.28%。在校生达70.28万人，比上年增长26.13%，比1998年增长了308%。全省成人高等教育共招本专科学生约14万人，上年增加3.23万人，在校生约达33.74万人。普通高校均规模（全日制本专科在校生）由上年的7519人增加到8226人，其中本科院校由上年的14172人增加到15176人，高职（专科）院校由上年的4076人增加到4103人。

2. 高等教育发展的新格局初步形成

通过办学体制改革，政府单一办学的格局有了较大转变。2004年，民办普通高校发展到10所。通过管理体制改革，形成了中央、省和省辖市三级办学，中央和省两级管理，以省为主的新的管理体制。对原中央所属的12所高校实行了省部共建。组建了新的郑州大学、河南大学以及河南科技大学、河南理工大学和河南工业大学。16所专科学校升格为本科院校。通过布局结构调整，优化了高校区域布局结构。新设置了45所高等职业技术学校，18个省辖市和一些大的行业、部门均布局了高校，初步构建了为区域经济服务的具有地方特色的高等教育体系。通过投资体制改革，形成了以政府投资、学校收费、银行贷款和民间资本注入为主要渠道的高等教育投资新体制。通过后勤社会化改革，高校的后勤保障模式和服务方式发生了根本变化。通过就业制度改革，逐步建立和形成了市场导向、政府调控、学校推荐、学生和用人单位双向选择的就业新机制。

3. 高校"三重"建设取得显著成效

郑州大学国家"211工程"重点建设项目进展顺利。全省高校拥有了材料加工工程、凝聚态物理、作物栽培学与耕作学3个国家级重点学科，拥有了橡塑模具工程中心、小麦工程中心等2个国家级工程技术中心和3个国家级、部级重点实验室，结束了河南省高等教育无重点学校、重点学科、重点实验室的历史。郑州大学研究生院成立。全省普通高等学校和科研机构博士学位授权点由 1998 年的 13 个增加到 2004 年的 35 个;硕士学位授权点由 1998 年的 197 个增加到 424 个。一批基础较好、发展潜力较大、经济建设急需的学科正在迅速成长。

4. 高校教师队伍整体水平明显提高

实施了创新人才培养工程和骨干教师资助计划,加强了在职教师继续教育工作等,高校师资队伍建设取得实效。2004 年全省普通高校专任教师 4.2 万人,比 1998 年增长 120%。专任教师中副高级以上的有 13448 人(其中正高级 2338 人),占总数的 32.04%;其中本科院校专任教师中副高级以上的有 8980 人(其中正高级 1899 人),占本科院校专任教师总数的 35.36%。专任教师中研究生及以上学历的有 11030 人(其中博士学历的有 1783 人),占总数的 26.28%,比上年提高 1.38 个百分点。在省属高校工作的"两院"院士从 1998 年的 1 人增加到 2003 年的 19 人,并实现了本土培养院士零的突破。

5. 高校办学资源大幅度增加

强力推进"高校扩容建设工程"。普通高校占地面积 93075.7 亩(产权归学校所有),比上年增加 16221.9 亩,比 1998 年增长了 275%;普通高校校舍建筑面积 2308.46 万平方米(产权归学校所有),比上年增加 363.58 万平方米,比 1998 年增长了 198%;固定资产总值达 195.69 亿元,其中教学、科研仪器设备资产值达 40.36 亿元,比上年增长了 29.73%,比 1998 年增长了 341%;普通高校图书藏量 5466.72 万册(产权归学校所有),比上年增长 29.91%,比 1998 年增长了 108%。

(三)河南省高等教育发展面临的机遇

1. 中原崛起带来发展机遇

党的十六大和十六届五中全会提出坚持科学发展观,构建社会主义和谐社会,坚持以人为本,促进人的全面发展。中央开始实施中部崛起战略,河南作为中部和全国第一人口大省,其经济社会的发展水平对全国的影响将会有所加强,必将受到更多的关注和重视。省委、省政府继续实施"科教兴豫""人才强省"战略,坚持优先发展教育事业,把教育发展作为转变经济增长方式、提高竞争能力、实现经济社会全面协调可持续发展的重要举措,教育的基础性、先导性、全局性地位和作用将更加突出,教育战略地位将进一步落实。高等教育发展宏观环境的深刻改变,为河南省高等教育带来了前所未有的发展机遇,河南省高等教育面临着良好的发展机遇和条件。

2. 经济发展是高等教育发展的必要条件

教育的普及、提高和高水平的发展,是经济可持续发展的动力源泉。由于历史的原因,这里在相当长的时间内,文化教育事业相对滞后。"文化大革命"前,郑州仅有 6 所普通高校,全省也不过十几所普通高校。1958 年,经国务院批准成立的唯一综合性大学——郑州大学也不是重点大学。中国的人口大省,地处中原的河南由于高校少,且没有重点大学,许多优秀的中学毕业生和其他拔尖人才必须以比外省学生高得多的分数到外省外地去上学。并且学成后大部分被滞留。这种极其不公平的状况造成了有着悠久文明、极具发展潜力的大省长期处于人才缺乏的极其不正常的状况。不仅迟滞了河南经济文化的发展,也制约了全国的经济和文化的发展。随着河南加快工业化、城镇化、农业现代化进程,转变经济增长方式,建立节约型社会,增强自主创新能力,发展自主知识产权,大力发展文化产业,实现文化资源大省向文化产业强省转变等一系列战略措施的实施,迫切需要教育提供强有力的人才保障和智力支持。同时随着全省国民经济持续快速发展,经济实力不断增强,民间资本加快进入教育领域,广大人民群众生活更加殷实富裕,对高等教育的消费预期和支付能力不断提高,将为高等教育的发展提供更加有力的经济支撑。学习型社会的逐步形成将对高等教育发展产生有力的需求拉动。现代国民教育体系的逐步建立,全民学习、终身学习的学习型社会的逐步形成,广大人民群众要求提高生存和发展能力、扩大受教育机会、接受高等教育的愿望越来越强烈。尤其是适应终身学习需要的现代远程教育、成人高等教育和自学考试等将会有一个大的发展,势必对整个高等教育的发展产生巨大的需求拉动。河南省绝大部分高校都制订了校园发展建设规划,并根据规划征地建设了新校区或对老校区实施了扩建工程。这些高校建设工程的推进,扩建工程的实施,为河南省高等教育今后一个时期持续、快速、健康发展提供了必要的物质条件。经过多年的发展,河南高等教育事业取得了历史性成就,比较健全的教育体系,教育资源的长期积累,人才的大量培养和储备以及多年来教育改革发展实践中积累的宝贵经验等,为进一步发展奠定了良好基础。

3. 高等教育具有可发展的良好基础

改革开放以来,河南省政府抓住难得的机遇,在教育、文化等事业上加大投入和政策倾斜。二十多年来,教育事业得到了飞速发展,进入20世纪90年代后期,仅郑州市的大学就超过50多所。开封市也以有90多年建校史的河南大学为龙头,组建一批新高校。新乡、焦作等城市的高校也得到长足的发展。1999年,在国家教委和河南省政府的大力支持下,原郑州大学、郑州工业大学、河南医科大学三所河南力量最强的学校,组建了新的郑州大学,并在郑州市西高新技术开发区建立了占地4884亩的新校区,加上老校区占地已达8000多亩,师生已达6万多人。新郑州大学一成立就以高起点、大手笔、快节奏、高质量让人耳目一新。新的郑州大学建校几年来,连续实现跨越式发展,一年一个大变样。新郑州大学有以下几个显著特点:领导班子年轻化、专业化、高学历化。这样的领导班子结构,有力地带动了新的郑州大学的发展。校级领导除了党务工作者外,其余均为出国留学进修归来的或具有博士以上学位的人才,他们学习了外国办学经验和长处,带来了办学新理念,他们更懂得人才对于学校发展的重要性,所以他们更具有"爱才之心、识才之智、用才之艺、容才之量"。领导班子务实进取,专业知识新颖,所从事的科研工作均为国内外最前沿的课题和国家急需的科技攻关项目。个个精力充沛,才华过人。新郑州大学的院系领导基本上也具有博士学位。相当数量院系的老师中,具有博士学位的老师占总教师数量的三分之一或五分之二。教师队伍的学历层次显著提高。较高的学历层次带来的是新的教育理念,以及学术气氛浓,科研水平和教学质量高,学校生源好,人气旺的良好局面。

2005 年年末,由国务院学位委员会组织的第十批博士、硕士授权评审结果全面公示,数据显示,河南省高校(未包括军校、科研院所)新增博士单位、硕士单位各一个;新增博士一级学科点 10 个,博士点 69 个;新增硕士一级学科点 77 个,硕士点 413 个。现在,河南仅省属高校的博士点就达到 104 个,硕士点 822 个,这种布局事实上为这些高校下一批的申报打牢了基础。除已拿到博士授予权的 5 所高校,其他高校如河南中医学院、河南科技大学学科建设也很完善,都已具备了冲博的实力。在省委省政府的领导下,河南已阔步走在了引领中部崛起的大道上。人才是河南崛起的重要支撑,担负着培养人才重任的高等教育无疑是这一支撑的基石。

(四)河南省高等教育发展存在的问题

1. 高等教育基础欠缺

改革开放以来特别是近年来,河南省高等教育事业快速发展,取得了历史性成就。全省普通高等学校在校生规模由 1998 年的 14.6 万人增加到 2003 年的 55.7 万人,高等教育毛入学率由 6% 提高到 14.1%。高等教育体制改革取得了阶段性成果,教育结构进一步优化,重点学校、重点学科、重点实验室和高层次人才培养引进工作取得重大进展,高等教育服务经济社会的能力进一步增强。但是,全省高等教育与全面建设小康社会的新形势还不相适应,在规模、结构和质量等方面与现代化建设的需要和人民群众的需求还有一定差距。高等教育肩负着培养高级专门人才和发展科学技术文化的重任,在现代化建设中具有先导性全局性作用。必须紧紧抓住 21 世纪头 20 年这一重要战略机遇期,大力推进高等教育改革与发展,使高等教育更好地满足经济社会发展的需要,为全面建设小康社会,实现全面、协调、可持续发展和中原崛起提供坚强的人才保证和智力支持。

2. 高等院校数量少与质量低

到 2002 年年底,河南省普通高校 66 所,普通高校在校生 46.8 万人。但由于历史原因,教育层次结构难以从根本上发生变化。66 所高校中高职高专院校达 42 所,本专比例倒挂严重不符合全国教育发展形势。目前,河南省只有两所综合性大学,专职教师中,高级职称所占的比例比全国平均水平低三个多百分点。这与全国第一人口大省的实际需要差距甚远,也必然影响到所培养人才的质量,从一定程度上制约河南经济的发展速度。同时,河南省高等教育毛入学率(指高等教育在校学生数与 18—22 岁年龄段总人口的百分比)比全国低三个多百分点,这势必造成大量适龄青年不能接受高等教育,影响河南省人口素质的提高,制约河南省经济建设的健康发展。

3. 高校办学条件全面趋向饱和

为适应河南省经济建设和社会发展对高层次人才的需要,满足人民群众不断增长的对高等教育的需求,近期内必须扩大高等教育的规模,高等教育的发展速度应高于国民经济的发展速度。但值得注意的是,河南省高等教育发展速度的增长幅度应控制在经费有保障、学校有潜力、高等教育可持续发展所允许的范围内。从 1999 年扩招后河南省高等教育承受能力来看,高等教育持续高速发展所带来的问题不容忽视。最大和最突出的问题是办学条件已经到了全面饱和的地步。高等教育的投入跟不上学校发展的需要,部分高等学校办学条件严重不足,超负荷运转;一些高等学校学生宿舍拥挤、破旧、简陋;大多数高等学校学生宿舍设施老化,供电、供水、供气设施因资金短缺而年久失修,存在很大的安全隐患;高等学校教学用房、图书馆和仪器设备、食堂和浴室极为紧缺,无法满足迅速增加的学生的需要。此外,一向被社会认为潜力很大的师资也已经处于全面紧张的状态。2001 年河南省高校的师生比已经达到 1∶18,结构性的短缺更加明显,学生对办学条件的不满情绪在增加。这些困难和问题已成为制约河南省高等教育发展的"瓶颈"。

4. 高等教育规模发展任务繁重

河南省教育改革和发展也面临着一些需要认真解决的突出矛盾和问题,高等教育发展的任务仍然十分艰巨。一是高等教育规模发展的任务繁重。河南虽然是全国第一人口大省,但高等教育的整体发展水平与全国平均发展水平相比仍有较大差距,高等教育毛入学率仍低于全国的平均水平;二是高等教育结构调整的任务比较艰巨。由于历史欠账太多,河南省本科院校数量明显偏少,博士学位授予点与硕士学位授予点数量偏少,河南高校培养高层次人才的能力仍然较弱;河南作为农业大省,提出要走新型工业化道路的发展战略,而目前全省高校现有的专业结构和培养能力仍不能很好地适应经济结构战略性调整的需要。因此,层次结构、学科专业结构调整的任务很重。三是支撑高等教育持续发展的财力资源明显不足。全省高校利用信贷资金已达 60 亿元,并且陆续进入还贷期。高等教育投入将面临偿还"十五"期间欠账和未来五年继续加快发展的双重压力。高等教育持续、快速发展与经费投入不足的矛盾仍将十分突出。近年来国家对高等教育的投资、数量远远满足不了高等教育发展的需要,对高校只宏观规划、评估,在资金运作上没有积极政策。再加上我国金融业政策不断收紧,对高校贷款发展没有正确的认识,更谈不上积极指导和扶持。不但对高校贷款长期控制,而且在贷款条件上沿用了企业的标准,忽视了高等院校属于公益事业单位,其投资效益周期长的特点,使得高校有限的贷款发挥不了应有的作用。四是高校师资仍然不足。随着多年持续扩招,2003年,全省专任教师缺口达 6700 人。教师队伍中存在着学历层次不高、专业结构性矛盾突出及公共基础课和新兴学科专业的专任教师严重缺乏等问题。五是高校办学自主权不够。尽管《高等教育法》赋予高校各项办学自主权,但由于历史原因,高等教育管理体制还有许多不相适应的地方,计划经济的管理模式和影响还依然存在,学校的自主权没有得到落实。多层管理,管得过多过细,高校办学自主权难以落到实处,造成部分高校的发展理念与人才培养模式已经不能完全适应全面建设小康社会的需要,高校发展的社会环境有待进一步优化。六是高校办学潜力挖掘不够。近年来,河南在高等教育管理体制改革方面取得了很大进展,特别是高校之间的合并取得了显著成效,但高校内部仍存在机构重复设置、资源浪费现象,高校之间资源开发共享还不够。另外,少数高校对自身的学科专业特色、办学优势和整体实力缺乏客观的分析与评价,定位不够准确,教学改革创新滞后,教学管理跟不上,造成教育质量不高;一些高校在贴近经济、科技和社会发展实际办学方面还不够,导致输出的毕业生与市场需求不相适应的矛盾比较突出。本专科教育衔接不够。专科与本科教育相衔接的专业还不广泛,各自的特色还不明显。这些问题和挑战,都有待于在今后的改革发展中认真予以解决。

(五)河南省高等教育健康发展的战略选择

党的十六届三中全会明确提出的科学发展观,是中央对发展内涵、发展要义、发展本质的进一步深化和创新,是在坚持毛泽东、邓小平和江泽民同志关于发展的重要思想,充分肯定改革开放以来我国取得举世瞩目的发展成就的基础上,从新世纪新阶段的实际出发,适应现代化建设需要,努力把握发展的客观规律,汲取人类关于发展的有益成果,着眼于丰富发展内涵、创新发展观念、开拓发展思路、破解发展难题提出来的。可以说,科学发展观的提出既符合时代发展潮流,又符合当代中国国情,既彰显出鲜明的时代特征,又蕴含着深刻的人文精神和理性思考。科学发展观对于高等教育的发展同样具有重要的现实意义和深远的历史意义,牢固树立和认真落实科学发展观,理应成为摆在高等教育工作者面前的一个重要课题。河南高等教育经过多年的建设和快速发展,取得了巨大成就,已经初步具备可持续发展的能力和蓬勃活力,为树立科学发展观奠定了良好的物质基础。但是河南高等教育仍然存在着一些薄弱环节,办学层次、结构、布局的矛盾还比较突出,高等教育的发展仍然不能很好地满足人民群众的期望,高等教育改革和发展中的诸多矛盾和问题迫切需要科学发展观来"破题"。河南高等教育树立和落实科学发展观,关键在于努力推动各层次高等教育健康协调快速发展,促进河南高等教育的全面繁荣。

1. 实施高层次突破战略

一个国家要实现现代化,教育必须率先实现现代化。而有无世界一流大学和高水平研究型大学是教育现代化的重要标志。有世界一流大学的国家,最终都会成长为经济强国。纵观当今世界强国,无一不拥有世界一流的研究型大学,这些大学都直接影响和推动着本国经济、社会、科技、教育乃至军事等各个领域走在世界前列。谁能够创建这样的大学,谁就能占领世界科技发展的制高点。近年来,世界各国更加重视创建一流高水平大学,德国政府计划从 2006 年至 2010 年向 10 所大学以及一批优秀科研机构投入 19 亿欧元巨资,以打造一批世界一流大学和研究中心。马来西亚政府考虑将国内 17 所国立大学从教学型转移到研究型大学,使之"迎头赶上成为世界一流大学"。中国要实现现代化、增强国际竞争力,就必须建设世界一流大学和一批国际知名的高水平研究型大学。

世界经济正在面临一个深刻的转变,即从工业经济社会转向知识经济社会。能不能抓住这一转变的机遇,乘势而上,关乎我们国家发展的前途命运。世界一流和高水平研究型大学与其他高等学校区别开来的重要标志,就是大学的科技创新能力和重大社会贡献,对于抢占制高点,在竞争中占取主动地位,整体进入国家创新体系,实现高等教育的新跨越至关重要。把我国一流大学和高水平大学建设搞上去,是时代发展和我国现代化建设进程向我们提出的一个重大任务。我国也在 1999 年就展开"打造世界一流大学"的"985 工程"计划,十几所国内知名大学打出了打造世界一流大学的口号,必将发挥出带动高等教育整体发展的积极作用,形成我国高等教育"一马当先、万马奔腾"的发展格局。这也是树立和落实科学发展观的应有之义。

当前,河南高校中的重点大学、高水平大学数量与河南人口大省的地位极不相称。全省仅有郑州大学一所"省部共建"和进入"211 工程"的大学。河南高等教育应在基础薄弱的情况下,注重发挥比较优势,实施重点突破战略,在若干领域抢占发展的制高点,大力打造一流大学,以点带面,引导和带动整个高等教育高水平、高质量地发展。虽然基础比较薄弱,但是河南仍然具备打造一流大学的基本条件。2005 年河南省生产总值初步预计达到 10020 亿元,人均生产总值达到 10770 元,成为全国第 5 个生产总值超万亿元的省份,工业大省的地位基本确立①,这个经济实力为河南创办一流大学提供了现实可能。郑州大学、河南大学等都有着深厚的文化历史传统,为创建一流大学提供了深厚的历史文化底蕴。由原河南医科大学、河南工业大学、郑州大学合并而成的新郑州大学是国家教育部、财政部和河南省人民政府共同重点建设的综合性大学,师资队伍中具有博士学位的有617人,占专任教师总数的25.8%,现有十大学科、42个院(系),4个附属医院,86个本科专业,125个硕士学位授权点,6个专业硕士学位点,18个博士点,7个博士后科研流动站,1个国家理科基础科学研究和教学人才培养基地,1个国家大学生文化素质教育基地。2个国家级重点学科,6个"211工程"二期重点学科建设项目,52个省级重点学科。现有各级、各类科研机构165个,其中有1个国家橡塑模具计算机辅助工程研究中心,1个国家钙镁磷复合肥技术研究推广中心,1个教育部重点实验室,1个国家药品临床研究基地,6个省级重点实验室(工程中心),6个省高校重点学科开放实验室,1个河南省实验动物中心,1个省部共建人文社科重点研究基地,8个省高校人文社会科学重点研究基地。具有较强的基础研究、应用研究和科技开发能力,进一步发展的潜力很大,经过努力,完全可以发展成为国内一流、国际知名大学。

创建一流大学,集中资源,突出重点,体现特色,发挥优势,坚持跨越式发展,加快培养和引进一批站在全国甚至世界科技前沿的学术带头人,促进一批国内甚至世界一流学科的形成,重点建设高水平科技创新平台和哲学社会科学创新基地,使之成为攀登科技高峰,解决重大理论和实践问题、带动相应学科领域发展的重要基地,成为国家创新体系的重要力量,对于整体提升河南省高等教育的教学质量和竞争实力,显然有着重要的带动作用。当然,创建一流大学的目标并非一日之功,需要从严治教、从严治校,规范管理、科学管理,更需要艰苦奋斗、埋头实干,既要有远大的理想,更要有把理想付诸实施的坚定意志和扎实

① 李敬欣等:《盘点过去筹划未来河南工业大省地位确立》,《大河报》2006年1月6日。

行动。

　　同时还要做到正确处理好高等教育规模与质量的关系,从1999年国家开始高校扩招以来,在校的大学生数量迅速增加,据统计,截至2004年,全国各类高校在学人数超过2000万人,高等教育毛入学率约19%,我国高等教育迅速进入大众教育阶段①。一方面,高等教育规模的增大,使得更多的人有机会接受高等教育,对整个国民素质的提高具有重要的作用;另一方面,高等教育规模迅速扩大,使教育资源的紧缺、教育规模与教育质量的不协调等诸多问题随之出现,表现在高等学校招生生源质量下降,一些高校办学条件全面紧张,不能满足办学需要,并导致教育质量下滑等。这种不协调的发展,是在追求高等教育规模扩大的基础上的短期行为,缺少发展的后劲和持久的生命力,随着高等教育的深入发展,这种不协调带来的弊端还将继续扩大并直接影响高等教育的健康发展。按照科学发展观的要求,高等教育发展应当坚持适度原则,在保持并持续扩大高等教育招生规模的基础上,充分考虑高校的软硬件的承载能力,不断巩固并提高高校的软硬件建设水平,使高等教育发展的规模与社会经济支持能力相适应,与学校的承受能力相适应,与社会对高级专门人才的合理需求相适应,按照教育部提出的"巩固、深化、提高、发展"的八字方针,使高等教育能够健康地、持续地发展。

　　2. 实施地方特色品牌战略

　　复旦大学前校长、核物理学家杨福家说:"不同的大学应该有不同的特性,就像交响曲一样。"这句话形象地说明了高等教育在服务于经济社会发展中的定位。《中国教育改革和发展纲要》明确提出"制订高等学校分类标准和相应的政策措施,使各种类型的学校分工合理,在各自的层次上办出特色"。特色品牌战略是经济学研究的范围,通常是指企业在生产经营过程中为占有市场、赢得一定的市场份额,通过采用

　　①　仲岩:《试论以科学发展观推动高等教育的发展》,《沿海企业与科技》2005年第9期,第25—26页。

先进的科研技术、提高质量、降低成本、广告宣传等一系列方法与手段，使其生产的产品得到消费者与社会普遍认同的长期效用的建立过程。高校的品牌战略就是使高校面向市场、面向社会、面向未来确定自己的整体优势或特色，通过优秀人才、特色学科、经济效益，使学校及其特色得到社会普遍的认同。品牌意识的确立实际是高校为适应市场经济规律而采取的一种生存与发展方式的选择，并非是教育的市场化。伯顿·克拉克曾指出"对各高等院校进行分工已经变得越来越必要，因为这有利于不同单位全力投入不同的工作，不同层次的专业培训，不同类型的、适合于不同学生的一般教育，复杂程度不等的研究（从最基础的理论研究到最侧重应用的研究），所有这一切都可以因院校分工后产生了各类相应的组织结构得到承担"。① 这就要求各高等学校根据本身实际及优势进行自我定位，并逐步形成各自的办学特色。因此，保持、挖掘和培育地方优势与特色，提高知名度，扩大品牌效应和市场份额，对于提升河南高等教育的竞争力和影响力有着积极意义。河南高校尤其是本科高校应立足河南，面向全国，准确把握在全国高等教育发展大格局中的定位，针对河南省情，依靠优势学科和新兴学科，培养高层次拔尖创新人才，培养具有较高综合素质和全面发展的人才，培养技能型高级专门人才，加快由人口资源大省向人才资源强省的转变。

河南工业门类齐全，全国工业有 40 多大类，河南就有 39 类。目前全省已形成支柱产业的有建筑建材、食品加工、有色金属、纺织、机械制造、电子工业等，已形成了比较突出的产业优势。河南要走新型工业化道路，必须要在现有产业基础上，进一步以先进技术改造提升传统产业，提高深加工水平，拉长产业链条，增强产业集成度，强化支柱产业的优势，使之成为河南发展的重要支撑。同时，经济集群化、产业集群化、城市集群化，已经越来越成为河南现代化的显著特征。以郑州为核心组成的中原城市群在规划上"进可攻、退可守"，中原城市群拥有郑州、

---

① 伯顿·克拉克:《高等教育系统——学术组织的跨国研究二》,杭州大学出版社 1994 年版,第 18 页。

洛阳、开封这样的国内外知名城市。郑州是南北东西大通道的交会点，目前河南有三纵三横的铁路和公路交通，到 2007 年，河南高速公路的总长度会位居全国前列，郑州到北京、西安、武汉的火车快速线路正在积极建设，这些为河南发展物流业、商贸业、金融业和信息业创造了很好的条件。西部洛阳是我国制造业基地，发展先进制造业，提升产品的水平、科技含量和附加值，优化工业结构极具优势。南部许昌有电力设备、烟草、金刚石等优势产业；漯河有食品、纺织、造纸、制革制鞋、化工、机械制造等产业；平顶山则以煤炭、机械、电力、化工、烟草、纺织为支柱产业。北有新乡的纺织、电子、电器、机械、化工、医药、建材；焦作的化工、能源工业和汽车零部件；济源的电力和铝工业。东面开封作为历史名城，可以把文化、旅游业和国际会展业做好。这一区域内拥有宇通客车、日产汽车、三全食品、思念食品、新飞电器、双汇食品、许继集团、洛阳一拖、洛玻等一大批全国知名企业。河南企业的竞争力就是河南经济的竞争力，而这一切，在很大程度上取决于河南高等教育的竞争力。

办好地方性院校的关键是突出自己的优势和品牌，办出特色。各高等学校形成自己的办学理念和办学特色，是高等学校发展的基础和前提。如果一个高校没有独具自身特色的专业或教育品种的话，那么，她一定没有发展前景。"竞争的状态能激励一些院校像企业那样去寻找特色，并从中取得利益。"①在高等教育竞争日益激烈的情况下，河南的高等教育应该立足于河南的产业优势和传统支柱产业，大力发展自己的特色品牌，努力创建高等教育的亮点。河南现有的本科高校有不少已经形成了自己的办学特色和优势，在服务于河南经济社会发展中做出了积极贡献，理应发挥出更大的作用。一要合理定位。"首先学校要定位准确。办学与办企业一样，产品定位要准，知己知彼，才能百战不殆。"②各高校要正确把握在全国、全省及当地经济、社会发展和高等教育中的位置和角色，建立与河南产业结构相适应，结构合理、特色

---

① 伯顿·克拉克：《高等教育系统——学术组织的跨国研究二》，杭州大学出版社 1994 年版，第 156 页。

② 薛昌词：《普通高校也要办出特色》，《光明日报》2000 年 1 月 27 日。

鲜明的学科专业体系,进一步提升高等教育为经济发展和社会进步服务的能力,避免贪大求全、千校一面,努力提高教育质量和办学水平,逐步形成自身的办学特色鲜明的学科专业体系,进一步提升高等教育为经济发展和社会进步服务的能力,避免贪大求全、千校一面,努力提高教育质量和办学水平,逐步形成自身的办学特色。二要不断调整和优化高校学科专业结构。"我们每一所大学都要经历生存竞争的挑战,也就是要接受人才市场选择的挑战。不同的学校,具有不同的基础和条件,如何才能在激烈的人才市场竞争中,占有一席之地,必须从自身特点出发,盲目攀高,就会高不成低不就,为市场所淘汰。"①要按照河南省经济结构战略性调整对人才的需求,调整、优化人才培养结构,主动适应人才市场需求,以服务经济建设和社会发展为导向,抓紧进行学科、专业调整,增强专业结构调整的前瞻性,提高专业设置的针对性,扩大人才培养的适应性。凝练学科方向,汇聚学科队伍,构筑学科基地,营造学术氛围,实施重点突破,使其成为知识创新、技术创新的基地,并尽快取得创新成果。优先发展与河南省支柱产业密切相关的应用型学科专业,积极发展服务业急需的学科专业。形成布局合理、特色明显、优势突出的河南重点学科和专业体系。力图瞄准地方经济发展的实际,结合自身条件,建立一个直接为当地经济服务、有鲜明地方特色的学科体系,为当地经济建设输送更多的有用之才。三要积极推进"产学研"结合。面向国民经济建设主战场,走教学、科研、社会服务协调发展之路。但在实际操作中,"产学研"结合却存在着许多问题,主要体现在:"校企合作的关系不稳定;在高等职业技术教育机构中,实施真正意义上的产学合作的比例较低;企业急需能够直接上岗、顶岗的高级技术应用型人才,但对接受高职学生的实习缺乏积极性。"②这就要求我们通过各种形式不断深化校企合作,共同锻造特色品牌。应该指

① 高教学会赴美考察团:《美国高等教育考察报告》,《辽宁高等教育研究》1999年第6期。
② 周文锦:《高职教育产学结合人才培养模式的比较研究》,《教育发展研究》2004年第10期。

出的是,高等学校办学特色是高等学校发展的基础和前提,而办学特色不是一朝一夕就能形成的,需要长期的积淀和发展,从一定意义上说,特色就是质量,特色就是服务与质量的特殊性。

3. 实施社会需求导向战略

高等教育的发展必须在满足社会对人才需求的基础上通过专业结构、层次、布局的合理调控才能体现出综合效益。我国正处在经济结构和产业结构调整的重要时期,经济的发展客观上要求高等教育的培养方向、层次、结构与之相适应。然而当前我国的高等教育存在诸多难以适应社会发展趋势的问题,突出表现在:能够适应新兴产业结构发展需要的专业较少,学科专业设置过窄过细,学科老化问题突出,反映出很多高校的专业设置过于滞后;高校的学科和专业与社会需求存在脱节,带有很大盲目性、随意性;同时,高校之间专业重复设置,以招生状况来评价专业,造成人才培养难以适应社会需求,使高水平人才的供给与需求之间的矛盾突出。这些问题的存在使高等教育对经济的快速发展难以发挥应有的促进和推动作用。按照科学发展观的要求,高校办学应遵循市场经济规律,以社会经济发展的需要为出发点,对学科专业设置进行科学规划;进一步改造传统学科,加强优势学科建设,积极发展与经济建设相适应的学科专业和适应新兴产业需求的学科专业,以实现高等教育的发展与经济、社会的发展相协调,促进高等教育的可持续发展。

贯彻落实科学发展观,要求各类高校合理定位、有效分工和相互合作,全力促进各级各类高等教育的持续协调健康快速发展。"德国战后复兴的一个重要经验,就是大力发展职业教育,培养高素质的普通劳动者。"[1]高职高专教育是高等教育的一个重要组成部分,在培养高技能的应用型人才方面起着重要作用,这种作用在河南省全面建设小康社会进程中也将日益凸现。

---

① 《中部崛起:河南的机遇——李成玉接受阮次山专访》,《纵论中部崛起与河南发展》,《河南日报》2005年4月7日。

河南省对中、高级技工人才有着巨大的需求量。以纺织业为例，河南是全国重要的纺织基地之一，是纺织大省。多年来，省委、省政府始终把纺织工业作为河南省的支柱产业，纺织服装业是对河南省国民经济持续高速发展和提高国际竞争力具有重要作用的传统产业，也是河南省工业化进程中的先导产业和高关联产业，是河南省重要的特色品牌。郑州女裤已成为中国化纤女裤领域的霸主，销量全国第一，占全国同类产品的 50% 以上；郑州也是全国六大男裤生产基地之一，目前有中小服装加工企业 3000 多家。从全国平均水平看，纺织业中受过高等教育或有技能的人才不到纺织业劳动力的 10%，纺机工业更是不到 7%，专门人才中学历层次结构偏下，本科、大专、中专三者的比例，棉纺织企业为 $1:1.7:3.25$，毛纺织企业为 $1:2:4.3$，化纤企业为 $1:1.6:2.6$。河南省纺织服装工业中受过高等教育或有技能的人才比例更是低于全国平均水平，中、高级技工人才缺口量很大，河南唯一一所全日制纺织类普通大专河南纺织高等专科学校，近几年纺织类、纺化类毕业生供需比连续多年达到 $1:11$ 以上就充分说明了这一点。中、高级技工人才的欠缺极大地制约了纺织服装工业的发展，导致了河南虽然是传统的纺织大省，但技术含量和经济效益却称不上是"强省"。从全国范围来看，目前我国已经成为世界出口大国，制造业出口占全部出口的 80% 以上，有专家预言，21 世纪中国将成为亚洲乃至世界的制造中心，而与此相对应的是高级技工人才的严重短缺。据统计，在我国 7000 万技术工人中，高级技工仅占 3.5%，中级技工占 35%，初级技工占 60%。而发达国家技术工人中，高级技工占 35%，中级技工占 50%，初级技工占 15%。另外，下岗职工的持续增加也迫切需要职业技术教育体系的健全。据中国社科院"中国社会形势分析与预测"课题组在 2004 年"社会蓝皮书"①中公布的数字：20 世纪 90 年代以来，城镇登记失业率逐年上升，1995 年为 2.9%，1999 年为 3.2%，2001 年为 3.6%，

---

① 汝信、陆学艺、李培林：《2004 年：中国社会形势分析与预测》（社会蓝皮书），社会科学文献出版社 2004 年版，第 89 页。

2002 年为 4%,2003 年可能达到 4.5%,登记失业人数将超过 700 万人。国有企业下岗职工继续增加,2003 年 6 月底,下岗职工达 464 万人,而再就业率则逐年下降,1998 年为 50%,1999 年为 42%,2000 年为 35%,2001 年为 31%,因此,高职高专教育将在河南和我国经济社会中有着美好的发展前景。

高职高专院校只要坚持以经济、社会发展和人民群众对高等教育的需求为导向,坚持面向市场,科学定位,办出特色,健康发展,为经济、社会发展提供服务,就一定能够成为具有发展后劲的教育类型和办学层次。如创建于 1954 年的河南纺织高等专科学校,始终坚持"立足纺织、跨越纺织、面向社会"的办学思路,积极落实河南省创建全国新型纺织工业基地发展战略,主动承担起振兴河南纺织工业的历史重任,多年来紧跟行业和市场的步伐,不断深化教育教学改革,大力加强师资队伍建设,加大实验仪器设备经费投入,走出了自己的特色办学之路,逐步完成了由单科型向多科型、综合型专业体系的转变,在纺织、纺化、服装、艺术设计等领域形成了突出办学特色和专业优势。学校现有 3 个本科专业,35 个专科专业,涵盖了工学、理学、人文、社会学、管理学等五个学科门类,并且形成了一批优势专业和品牌专业,其中纺织工程、财务会计、服装设计等 3 个专业为全国高工专示范专业,化纤生产技术专业为省级示范专业,染整技术、装潢艺术设计、国际经济与贸易等 3 个专业为省级试点专业。学校注重强化实践教学,建设了设施一流的纺织服装类校内实习实训基地,基础实验室全部为省级合格实验室,另外建有校外实习实训基地 163 个。学校还是国家级职业技能鉴定站,目前开设了 10 余种技术职能证书考试,已经成为河南乃至全国重要的纺织、服装人才培养基地。学校的在校生在大学生挑战杯赛、河南工业设计展、"太可思"杯全国服装设计大赛、"真维斯"杯服装设计大赛、上海国际服装设计大赛、大连国际服装节等国内外重要的赛事中屡获大奖,学校的毕业生殷姗姗、郭敏力先后获得中国十大设计名师称号。学校面向全国 18 个省招生,学生广泛就业于河南、广东、海南、浙江、江苏、福建、山东、广西等地,纺织类、纺化类、服装类、艺术类等专业的毕业生供不应求,纺织工程、化学纤维和染整工程等专业的毕业生供需比更是达到1∶11。学校先后被评为全国大学生社会实践先进单位、省级文明单位、河南省文明学校、河南省大学生就业工作先进单位、河南省师德建设十佳单位、省级卫生先进单位、省安全保卫先进单位。取得了良好的办学效益和社会效益,学校的核心竞争力不断增强,自我发展、自我创新的后劲和潜力日益突出。

(六)推进河南省高等教育健康发展的对策

1.努力发挥现代远程教育的积极作用

党的十六大明确提出把一个比较完善的现代国民教育体系和全面学习、终身学习的学习型社会,促进人的全面发展作为全面建设小康社会的目标之一,构建终身教育体系历史地提上我国社会主义经济建设的日程。洛桑管理发展学院(IMD)2002年公布的年度国际竞争力报告表明,现阶段制约中国竞争力提升的一大"软肋",就在于国民素质总体不高,教育体系适应性不强,人才缺乏。学习型社会的逐步形成将对高等教育发展产生有力的需求拉动,社会成员要想不断发展、可持续发展,就要不断提高自身的素质,很多人已经提出了"一张文凭的'保鲜期'还有几年"①的疑问,可以说,我国劳动人口技能和创新能力的提高,在很大程度上取决于一个完善的终身教育体系的构建。终身教育体系是学校教育的补充和适应新技术新变化的智力支持及能力的源泉,建立完善的终身教育体系,满足全体国民受教育的需求,是为全面建设小康社会提供足够和高质量人才的重要保障。因此,随着现代国民教育体系的逐步建立,全民学习、终身学习的学习型社会的逐步形成,广大人民群众要求提高生存和发展能力、扩大受教育机会、接受高等教育的愿望越来越强烈。适应终身学习需要的现代远程教育、成人高等教育和自学考试等将会有一个大的发展,势必对整个高等教育的发展产生巨大的需求拉动。

---

① 苏迪、严炜:《后学历时代崇尚终身教育》,《深圳商报》2002年12月5日。

1998 年 9 月,教育部启动国家现代远程教育工程,清华大学、浙江大学、北京邮电大学、湖南大学成为第一批试点。近年来,河南认真贯彻落实国务院批转的教育部面向 21 世纪教育振兴行动计划,推动实施现代远程教育工程,教育信息化建设和远程教育取得了一定成绩,河南教育科研计算机网络已具一定规模,河南省自 1995 年开始组建教育科研计算机主干网,目前大部分带宽已达到 2.5G,绝大多数高等院校建设了比较完备的校园网,创建了自己的网站,河南省教育科研网作为中国教育和科研计算机网(CERNET)在河南省的省级网络,积极发展省内高速网络 HERNET 的建设,促进省内各院校科研单位高速接入 HERNET,在全省布设了四个呼叫中心,650 部 IP 电话,是国内乃至亚洲最大的 IP 电话系统,实现了全省教育系统的免费 IP 电话通信。已建立起连接全省所有省辖市的高速宽带主干网络及郑州市教育高速宽带城域网,标志着 HERNET 在传输速率和接入能力方面已经达到发达国家水平。大部分高校建立了校园网,规模不断扩大,效益不断提高。河南省还针对地市电大在教学资源整合、共享的趋势下出现的新情况,有针对性地及时提出了很富有新意和有效的措施,进一步改造和丰富完善了覆盖全省系统的计算机互联网络、双向视频等网络教学环境,实施了河南省高校数字化校园示范工程。对合并电大的领导体制、办学机构、办学人员、办学经费等方面都做出了明确的规定,使系统得到了稳定,从而保证了在制度建设、资源应用、学生入学教育、平时教学、实践环节等方面工作的进一步落实,在管理手段现代化、队伍建设、经费投入等方面也发生了可喜的变化。各级各类学校和教育机构通过不同途径和方式进行了大量的培训工作,广大教育工作者掌握和运用现代信息技术的水平有了较大提高。这些都为河南高等远程教育的发展奠定了坚实基础。

"教育需求的多元化,是高等教育大众化的一个决定性的最本质的特征。"①继续教育不仅是对知识、技术的继承,更注重创造性思维的

---

① 姜崇廊:《解析教育方针新内涵促进高等教育蓬勃发展》,《中国高等教育》2003 年第 6 期。

培养,智能的开发和创新能力的开发,向着生产规范化、经营管理科学化、技术高新化、市场国际化方向发展。面对终身教育体系的时代要求,要转变教育观念,克服浮躁心态,充分运用信息化手段,大力发展现代远程教育。依托现有的远程教育资源,建立现代远程教育基地,逐步扩大普通高校开展远程教育范围。利用现代远程教育的优势,提升河南省成人高等教育的实力和水平。积极开展远程教育和网上教学,开展基于网络模式的教学实践探索和科学试验研究,以教育信息化促进教育现代化,为河南高等教育的跨越式发展提供新的平台。为适应终身教育体系的构建,要以终身教育思想来设计课程和学习,重新审视和规划自身的专业设置和每个专业的培养目标与课程设置,要加快教学模式和教学管理制度等的改革进程,建立富有弹性的学习制度、弹性的课程系统、弹性的学习及管理系统、弹性的教学评价系统、弹性的学籍管理系统、支撑弹性教与学的技术系统、环境系统等等。在专业知识和能力内容上突出针对性、实用性、前瞻性,增加高新技术,吸收与国际通则接轨的生产技术与检测标准和手段,构建教育对象应用知识和技术解决生产、服务、管理等方面的实际能力,培养其具有扎实的职业技能、专深的岗位业务知识、较强的技术再现能力。同时,要面向经济社会发展的需要,积极拓宽办学领域,引导教育对象在生产实践中学习,学习中进行生产实践,保持与生产紧密联系,与从业岗位需要的技能对接。一是开办专业技术培训班,对不同类型从业者有针对性地开展专业技术培训,组建培训体系,有计划、有组织地开展培训工作,开展职业资格鉴定工作;二是开展学历提高教育,从业人员通过参加函授教育、远程教育或者脱产学习提高学历;三是产学结合,不断拓展行业、企业服务市场,把学校的人才培养和为社会服务结合起来,充分发挥社会各方面资源的作用,实现学校和企业的优势互补。以开拓创新的精神努力推进各项改革,坚持在学校多元办学工作中,努力建成实施现代远程教育的开放大学,为构建河南终身教育体系的学习型社会和全面建设小康社会做出应有贡献。

2.建设新校区的高起点规划与低成本运作

今后一段时期,河南省教育事业发展面临的机遇与挑战并存,总体来说,有利条件占主导地位,也有一些制约河南高等教育快速健康发展的瓶颈问题亟待解决,只有转变教育发展观念,创新教育发展思路,丰富教育发展内涵,破解教育发展难题,化解矛盾,营造和谐,才能从根本上促进河南高等教育全面发展。近年来尤其是 1999 年高校扩招以来,我国高等教育发展迅速,但随之而来的是教育资源的严重不足,高校建设新校区成为学校现实和长远发展的需要,对教育发展起到一定的积极作用。当前,河南省高校新校区建设正进入前所未有的发展阶段,高校新校区基本建设步伐加快,成就显著。几乎所有的河南高校都在建设新校区,河南省重点支持的郑州大学坐落在郑州高新技术开发区的新校区占地面积 4845 亩,规划建设总投资 19.7 亿元,总规划建筑面积 165 万平方米;河南大学新校区位于开封市经济技术开发区北部,计划总投资 10.3 亿元,总建筑面积 40 万平方米。此外,省会郑州龙子湖区高校建设区规划面积约为 11.21 平方公里,规划人口约 15.2 万人,可容纳学生 11.7 万人,入驻龙子湖区的已有 13 所高校,其中,河南中医学院征地 1281 亩、郑州航空工业管理学院占地面积 1900 余亩、华北水利水电学院征地 1770 亩、河南财经学院规划用地约 100 公顷、河南公安高等专科学校学校占地 1010 亩;郑州高新技术开发区内的河南工业大学新校区占地面积 2772 亩;位于洛阳市的河南科技大学学校占地面积 5000 余亩;位于平顶山市的平顶山学院占地面积 2145.7 亩;位于安阳市的安阳师范学院分三个校区,主校区黄河大道校区占地 1305 亩,预留 700 亩;位于焦作市的焦作大学占地面积 1000 余亩等等。

但是,高校建设新校区出现的问题也有很多,已经引起人们的重视。如一些高校为了支付银行贷款和新校区后续建设费用,财政已经相当困难,影响了学校的正常营运,延误了部分高校教育科研实力的提高,削弱了高校的发展后劲。一些高校新校区图书馆藏书不多,实验室尚待建设,资源共享、教师流动等难以实现,形不成高校发展的合力,造成教育发展与城市发展的脱节等等。这些问题,必须引起高度重视,采取切实有效的措施加以认真解决。

一是坚持以人为本,科学确立新校区规划。坚持以人为本,是科学发展观的核心。大学教育面对的是"人",忘了人,就忘了一切。因此,高等教育的育人过程必须坚持以人为本,注重人文关怀,高校新校区建设也是如此,必须围绕为社会培养高素质、高水平的创新人才这一目标而建设。所以,在规划建设上要综合考虑教育规律,切忌以工业开发区的模式来发展教育。在新区建设中,要重视物理环境、社会环境和人文环境的营造,营造良好的校园文化,优化校园环境,在营造方法上突出科学的方法、艺术的方法及二者兼用的方法,充分发挥校园文化在学生协调发展和全面发展中的积极作用和潜移默化作用。同时,空间规划布局要有利于资源的共享,例如新校区的空间规模要考虑到人性化尺度,据科学测算,校园教学区如果按照人行尺度来设计,合理半径应该是步行 5 分钟距离,约为 400 米,从生活区到教学区则不宜超过 10 分钟的步行距离,约为 800 米。大而空旷的新校区不一定符合人校和谐。

二是促进全面、协调发展,注重内涵建设。对任何大学来说,发展靠的是"大师"和办学特色等内涵性要素,人才才是第一位的,有了一流的人才,才会有一流的学科方向。在中国大学的历史上,西南联大常常被提及,而西南联大办学条件很差,但是它之所以成功,是因为出了最好的人才,所以只有有了一流的人才才会有一流的大学。一味求大并没必要,高等教育有其自身运作规律,违背规律必然受到相应的惩罚。在注重新校区等外延发展的同时,要按照科学发展观的要求,努力提升高校的内涵,坚持以质量求生存,以特色求发展,正确处理好规模、质量和效益的关系,处理好改革、发展和稳定的关系,处理好新校区建设与师资队伍建设的关系,做好高校人才培养、人才发现、人才引进和人才使用的工作。

三是实现可持续发展,建设生态化校园。可持续发展战略事关中华民族的长远发展,事关子孙后代的福祉,具有全局性、根本性、长期性。高校新校区在推进建设的过程中,应在各地的经济发展需求和教育发展水平前提下实施新校区建设项目,其客观标准应具备必要的师资条件和相应校园内外的空间文化设施投入,做好"持续发展"的思想准备。不能因为资金短缺就搞短期效应,忽视建设质量,降低建设标准,不注重可持续发展的恶果可能在几年后就会显现出来,造成极大的浪费。在实际建设运作中,要高标准规划,根据学校财政状况,合理安排新校区建设进度,对各种单体建筑分期、分批进行。同时,按照科学发展观的要求,抓好资源的节约和综合利用,大力发展循环经济,抓好生态环境保护和建设,努力构建资源节约型和环境友好型校园。

四是实行统筹兼顾,创建和谐校园。新校区建设要想健康发展、教育要稳步成长,资金投入是其依托的一项重要条件。高校一定要注重资金管理,建立良性运转的资金运作模式,如何有效地降低成本和提高效益至关重要。诚如耶鲁大学校长莱温所说,现代大学的校长不能再把眼光仅仅盯在日常事务上,而要在更高层面上做好资源的调配者、制度的设计者。因此,要把成本意识和效率观念贯穿高校新区建设的始终,本着量力而为、量入为出、勤俭节约、开源节流、有所为有所不为的原则,尽量实现资源共享以节约成本。要增收节支,加强财务管理,克服管理中大手大脚的习惯,努力把有限的资金用在"刀刃"上,保证学校各项工作的顺利进行。在降低成本的同时,努力提高效益,做好资源配置问题。在新校区建设过程中统筹兼顾提高师资力量和加强学科建设的需要,统筹兼顾加快科研力度的需要,统筹兼顾教职工福利待遇的需要等,努力创建和谐校园。

3. 注重防范资金风险与拓宽办学资金渠道

高等学校办学活动是一项耗资巨大的事业,没有一定的资金支持,高等学校就难以得到应有的发展,高校办学资金的多寡在很大程度上决定了高校的发展。当前尽管有各级政府和社会金融机构的支持,但高等教育经费增长速度远远跟不上高等学校规模扩张的速度,教育投入不足仍是制约高等学校发展的瓶颈。加入世界贸易组织对我国高等教育的发展环境产生了深刻影响,高校资金来源渠道的多元化成为世界性的趋势。在国家财力有限的情况下,高校要谋取更大的发展,要继续加大对教育的投入以改善教学保障条件,必须要顺应高等教育投资战略综合性、整体性的要求,以与时俱进的精神状态,开拓进取,奋发有为,切实解放思想、转变观念,积极创造条件,建立多渠道筹措资金的新机制,做好资金筹措工作,以缓解办学经费紧缺的矛盾,优化内部资源配置,提高资源利用率和效益,促进学校持续健康快速发展,完成历史赋予的任务。

一是提高办学水平,争取政府投入。不断提高教育教学质量,为社会培养更多的高素质人才,不断扩大自身影响,是资金筹措的根本保障。只有苦练内功,不断提高办学水平和效益,增强办学实力,才可能获得政府资金、政策支持和社会的支持。要充分发挥政府投入主渠道作用,积极争取政府根据高等教育发展的实际需要和财力情况加大投入。要使高等教育对社会的发展做出重要贡献,国家和整个社会就不应当把它看作是国家预算的一种负担,而应将其视为国家的一项长期投资,以不断提高经济竞争力、促进文化发展和增强社会凝聚力。只有政府才有能力持续、大量、稳定地资助高等教育的发展。

二是充分利用信贷资金和国外资金。要有把学校作为一个产业来经营的观念,走产业化道路,建立良好的学校信誉,加强与银行的合作,争取银行贷款用于学校的基本建设,满足学校发展的需要,要完善运作体制,建立一套"负债"管理的财务运行机制,既要有一个总规模警戒线,规避风险,保证学校财务安全,又要积极支持,在政策上有一定的灵活性。同时,要进一步解放思想,在确保教育自主权的前提下,走中外合作的道路,大胆使用外资特别是外国政府贷款。可以充分利用国外的资金,或者是国外的教学仪器、设备、原版教材和图书资料等教育资源。加入世界贸易组织后,与国外高校间的合作不能仍停留在学术交流、互派教师、互送学生等传统模式上,合作经营应是更深层次的交流,而且中方学校从中得益应该更多一些。

三是进行转制改革。广泛吸纳民间资金,积极探索建立股份制学校试点。近几年大量民间资金已把眼睛盯向教育市场,在这种形势下,政府教育主管部门应因势利导,允许民间资金介入。争取整个学校实施股份制经营模式,有条件的成为上市公司。我国部分地区的经验表明,公办学校改制是可行的,也是十分有益的。不仅可以广泛吸纳社会资金,扩大高等教育资源,满足不断增长的教育需求,而且有助于盘活原有的教育资源,促进公办高校内部管理体制的改革,提高办学效益。高校可以积极探索引入市场机制,组建教育发展公司,由公司负责教育建设项目的资金筹措、资金运作和组织实施,以及开展面向师生的生活后勤服务,对新校区的校产和生活、教学设施进行社会化管理,从而回收股本,在一定年限后,全部校舍的产权将以无偿赠予的形式移交学校。

四是建立合理的成本分担机制。根据教育经济学的成本均摊理论,高等教育的接受者也需承担一部分办学成本,建立由政府、社会、学生家长或个人对教育成本的合理分担机制是我国目前进行的学校收费改革的基本原则。在国家面对高等教育大发展而无力大量提供相应经费时,根据经济发展和群众收入情况,逐步提高学费占培养成本的比例,允许不同学校有不同的收费标准,实行优教优价,在一定程度上改善高等学校的办学条件,缓和高等学校经费紧张状况。随着高等教育步入大众化阶段以后,使学费随着生均培养成本的提高而呈现增长趋势。但在此过程中,应考虑到综合因素,注意家庭困难学生的奖贷困补等工作。

五是深化产学研合作办学。中国产业结构的进一步调整势必促进产学研的深入合作,高校利用社会资金尤其是企业资金具有现实可能性。要从实际出发,走产学研合作之路,通过校企合作解决经费不足。争取企业投资,共建实验室、研究所,联办研发机构、工程技术中心等,在同一领域进行大联合,形成优势互补,提升某一领域的综合水平。同时,提高校办产业的盈利能力,研究出一批具有自主知识产权的创新成果,并迅速转化为生产力,以此来支持学校的发展。促进校办产业与社会资源结合,推动院校企业进入经济建设主流。鼓励开展各种创收活动,如签订研究合同,开展广泛的学术与文化服务和开办短期学习班等。

六是积极争取社会捐资。社会集资办大学是美国高等教育的重要特色和优良传统,从 1890 年耶鲁大学创设第一个校友基金会,大学设立基金会向外界筹资成为一种普遍做法,如卡内基基金会、洛克菲勒基金会、福特基金会等逐渐成为大学资金的一项重要来源。我国也有陈嘉庚、张伯苓、李嘉诚、邵逸夫、田家炳等捐资办学的典范,但与发达国家相比还很不够,这不仅表现在筹措资金数量的差距上,更主要表现在人们筹资的观念和筹资制度的保障上。美国不仅有捐资兴学的传统,而且政策上的优惠也是对高校筹资的一个重要促进因素,法律鼓励人们对教育事业或其他社会公益事业的捐赠或成立各种非营利的基金会,规定对这部分资金实行减免税政策,有时政府还采取对学校的筹款按 1∶1 的比例提供配套资金的政策。要借鉴国外高校筹措资金的做法,尽快建立完善优惠政策与法律保障。目前,可以采取成立校友会,争取校友支持捐助的方法。历届毕业生对母校通常都有一种浓厚的感情。成立校友会既可以联络校友感情、加强校友交流和提高学校的质量与声誉,同时也是筹集资金的一种有效的方法。

七是开源节流,推进后勤社会化改革。从一定意义上说,高校后勤社会化改革也是高校减轻办学负担和资金筹措的前提。近年来,高校后勤社会化改革取得了突破性进展,受到了社会各界的普遍肯定和拥护,但改革的成果还是阶段性的。要本着"谁投资,谁受益"和"双赢"的原则,积极寻找探索与企业合作的新路子,积极鼓励社会力量和学校后勤服务实体多渠道筹措资金,以多种形式兴办或参与兴办后勤服务实体,兴建学生生活后勤服务设施。学生食堂、学生公寓等项目可以由企业投资建设,若干年内的经营权及经营收入归投资方,期满后归学校。对学校原用于后勤的国有资产,要实行所有权与经营权规范分离、明确产权、实现保值增值。将后勤资产根据不同用途、以优惠价逐渐增加租价的办法租赁给后勤实体经营,也可以折股招商、引进资金,以市场经济运作方式,建立新的后勤服务实体。积极鼓励采取引进、联合、租赁、资产代管、股份合作制、股份制等多种形式对后勤资产实施优化重组。后勤服务机构实行全员劳动合同制和岗位效益工资制,自主任免内部管理人员,自主招聘、辞退职工和确定内部分配。

八是不断研究筹资方法。筹资活动并不是一种简单的活动,它需要在一定理论的指导下,运用科学的方法,选择适当的筹资渠道和方式,科学筹集自己所需要的资金,如怎样建立信用、如何选择筹资运作的模式、如何确定筹资战略、如何使用筹资专家等。应不断学习和研究筹资技巧,认真分析资金来源的结构、各来源渠道的性质、增减变化、负债规模及风险的防范、学校扩招及新校区建设过程中多渠道筹措资金的经验、影响学校发展的主要因素及对策以及各筹集方式的成本费用等,争取用最低的资金成本和财务风险筹集到最多的可供使用的资金。学校也可以成立专门的筹资办公室,负责学校的筹资活动,以使学校的筹集活动有组织、有计划、有领导地开展。

4. 强力推进"人才兴校"与"人才强校"工程

"有关教育与教学的问题中,没有一个问题不总是与师资培养问题有联系。如果得不到足够数量合格的教师,任何最使人钦佩的改革也势必要在实践中失败。"①优秀的师资力量是高等教育持续、快速、健康发展的重要因素,是高校提升核心竞争力的关键。但是高校扩招以来,河南省高校教师队伍还存在着学历层次不高、专业结构性矛盾突出及公共基础课和新兴学科专业的专任教师严重缺乏等问题。要进一步加大高校教师的培养力度,加强教师培训和继续教育,实施高层次人才引进计划,实施"人才强校工程",进一步开发人才资源,优化人才环境,通过政策支持、精神激励和环境保障,促进人才的健康成长,努力形成人才辈出、人尽其才的工作局面。

一是树立全面的人才观,不断扩大人才资源开发范畴。人才本身就是一个模糊概念,其自身并没有明确的衡量标准和确切含义。高校教师队伍需要的人才是多方面的、全方位的,我们要树立全面的人才观。对于处于激烈竞争背景下的高校来讲,人才是高校的核心价值观,凡是具有职业素养和较高工作技能,能够为用人单位持续创造价值的

---

① 汪华、孔康伟:《论我国高职教育的科学发展观》,《武汉职业技术学院学报》2003年第4期。

人,都应视为人才。既要重视培养、任用高水平的自然科学人才,又要重视培养、任用高水平的哲学社会科学人才;既要重视有所成就的人才,也关注具有潜能的人才;既重视国内人才,也积极吸引海外人才;要克服"见物不见人""重使用轻培养"的倾向,克服人才单位、部门所有的狭隘观念。解决人才问题,既要立足当前,又要着眼未来;既要注重使用现有人才,又要重视培养后备人才。

二是创新人才管理体系,营造人才脱颖而出的环境。一方面要创造条件,营造环境,最大限度地挖掘人才的智力潜能,另一方面要通过有效的管理将其协调和整合起来,发挥整体功能。人才是双刃剑,使用得当,会成为核心竞争力,成为高校的利器;使用不当,反而会破坏高校的管理体系。因此,发现人才重要,引进人才重要,但合理配置人才、科学开发人才、创造育才环境、吸引和留住人才、发挥人才的价值更重要,树立"人才资源是第一资源"的理念更重要,人才管理的理念更重要,根本原因就是管理出效益、管理出人才。

三是创新人才制度体系,充分调动人才干事创业的积极性。"制度问题,更具有根本性、全局性、稳定性和长期性。"①用人制度改革是推动人才培养、开发、利用的不竭动力,是人才队伍健康成长的制度保障。高校用人制度改革要突破僵化、缺乏活力的旧的用人体制性障碍,在竞争中发现和培养人才,在竞争中淘汰那些平庸的人才,最大限度地调动广大专业技术人员的积极性、创造性。要合理设置专业技术岗位,明确岗位职责、任职条件和聘任期限,竞争上岗,择优聘用,实现专业技术职务聘任和岗位聘任的统一。根据"效率优先,兼顾公平"的原则,实行按岗定酬、按业绩定酬的分配办法,形成重实绩、重贡献,向优秀人才、拔尖人才和关键技术岗位倾斜的分配激励机制,真正建立起"按需设岗、按岗聘任、竞争择优、优胜劣汰"的用人制度。如河南纺织高等专科学校,近年来大力推行人事制度改革,专业技术人员每年都有教学和科研(教研)项目考核的新要求、新标准和硬指标,学校每年发表的

---

① 郭清泉:《教育科学发展观的实践与思考》,《当代教育论坛》2004 年第 7 期。

科研论文、科研(教研)项目都以 26% 的速度递增,产生了显著的社会效益和经济效益。

四是创新人才支撑体系,为人才工作提供切实保障。人才支撑体系是人才工作的运行载体,是一个具有多元性、层次性、动态性和整体性的社会系统,它对于人才工作起着枢纽和调控作用。人才工作的支撑体系包括组织、政策、舆论、市场、投入、激励、学习、培养、考核、服务十个方面。各支撑体系之间既有相对独立性,又互相关联,互相渗透。只有不断丰富和创新人才支撑体系,才能逐步形成一支数量充足、结构合理、素质较高、较好适应教育事业发展需要的教师队伍。

五是全面推进高等教育创新。高等教育的发展,必须以其数量和质量、结构和层次、学科和专业、地区和行业等的协调来实现其可持续的发展。这种要求,反映出高等教育发展的复杂性和综合性。因此,实现高等教育结构和层次的合理化,人才培养的层次、规模、类型和规格的多样化,满足行业和产业发展需求成为高等教育深入发展的现实要求。为此,要促进高等教育在地区、层次、结构、规模、培养目标和学科专业建设等各方面的协调综合,符合科学发展观,必须全面推进高等教育创新。

(1)推进高等教育观念和目标的创新,树立正确的人才观念,培育身心、素质、能力和技能全面发展的现代化人才是高等教育的直接任务。

(2)推进高等教育体制和内容的创新,适应全面建设小康社会的要求,促进高等教育和职业教育与经济社会发展的紧密结合,是教育部 2005 年的一项重要工作,要在全国范围内逐步形成布局合理、各具特色和优势的重点学科体系;推进研究生教育创新工程、高校科技创新工程、高层次创造性人才工程等,形成全方位促进高水平大学和重点学科建设的新格局,根据现代化教育对人才的要求,加大实施"高等学校教学质量与教学改革工程"的力度,进一步深化高校培养模式、课程体系、教学内容和教学方法改革,特别是要大力提高高校基础课程教学的水平,要促进高等教育与经济、科技、社会和文化紧密结合,以服务求支持,以贡献求发展。

（3）推进高等教育管理体制和管理方式的创新,按照教育部提出的巩固成果,深化改革,提高质量,持续发展的教育工作方针,继续坚持全面、正确的科学教育发展观、改革观,坚持规模、结构、质量、效益的内在统一的发展思路,统筹兼顾,科学筹划,努力促进高等教育的均衡发展。

实现河南高等教育事业的全面和快速发展,任务十分艰巨,需要认真分析和研究的问题仍有很多,需要进一步解放思想,与时俱进,不断把高等教育发展和改革推向前进,为我国全面建设小康社会做出更大的贡献。

二、略论现阶段高校的办学资金问题[①]

高等学校办学活动是一项耗资巨大的事业,没有一定的资金支持,高等学校就难以得到应有的发展,高校办学资金的多寡在很大程度上决定了高校的发展。高校资金来源渠道的多元化是一个世界性的趋势,加入世界贸易组织对我国高等教育的发展环境也产生了深刻影响。

今后一段时期,我国仍需大力发展高等教育,高等院校的发展面临着空前的机遇和挑战,需要大量的资金投入。但是,由于国家财力有限,加之部分院校自身"造血功能"不强等原因,尽管有各级政府和社会金融机构的支持,但教育经费增长速度远远跟不上教育规模扩张的速度,资金短缺不能满足学校对经费不断增长的需要,教育投入不足仍是制约高等院校发展的瓶颈。因此,高校要谋取更大的发展,必须顺应高等教育投资战略综合性、整体性的要求,需要积极主动地向社会多渠道筹集高等教育经费。

一是提高办学水平,争取政府投入。高等院校不断提高教育教学质量,为社会培养更多的高素质人才,不断扩大自身影响,是资金筹措

---

① 本节内容曾发表于《文教资料》2008年第1期。

的根本保障。只有苦练内功,不断提高办学水平和效益,增强办学实力,才可能获得政府资金、政策支持和社会支持。要充分发挥政府投入主渠道作用,积极争取政府根据高等教育发展的实际需要和财力情况加大投入。要使高等教育对社会的发展作出重要贡献,国家和整个社会就不应当把它看作是国家预算的一种负担,而应将其视为国家的一项长期投资,以不断提高经济竞争力、促进文化发展和增强社会凝聚力。只有政府才有能力持续、大量、稳定地资助高等教育的发展。

二是充分利用信贷资金和国外资金。要有把学校作为一个产业来经营的观念,走产业化道路。建立良好的学校信誉,加强与银行的合作,争取银行贷款用于学校,构建终身教育学习体系;要充分利用计算机系统和信息技术,提高教学效率和质量,为自考生提供优质的学习和辅导服务;要加强考试的规范化管理。要逐步实现无纸化考试,对某些特殊课程或考试项目,可以利用计算机技术实行无限定时间考试、无纸化考试,对有条件的专业或考试课程也可以实行网上考试,减少人为因素干扰。通过以上途径把高教自考办成现代化、开放型、高质量的新型教育形式,适应知识经济时代和学习型社会的需求。

三、大型水利工程移民教育资源布局决策问题研究①

近年来,世界上很多国家和地区陆续兴建了很多大型的工程,如水利工程、城市建设、高速公路、铁路、机场、港口、工业园区等。新中国成立以来也兴建了大量的工程,产生了很多移民,由此也产生了一些社会问题。仅中央直属的87座水库水电站的510万移民中,到1999年年底还有160万人仍处于贫困线以下,占移民总数31%还多②。大型水利工程移民是经济资源重新整合、社会结构局部性变迁与发展、社会关

---

① 本节内容曾发表于《中国管理科学》2013年第1期。
② 唐传利:《中国水工程移民网》,见 http://www.cnsym.com/list.asp? id=1258。

系重构的过程①。移民的生产、生活、心理以及长期形成的传统文化、宗教信仰和风俗习惯都受到巨大的冲击;在住房、食物、饮水、交通、教育、文化、医疗卫生、创业和就业等方面遇到许多新问题,移民的社会关系、经济条件等都发生巨变。要让移民顺利完成这些转变,除了移民点房屋建设、土地配置、政策配套之外,教育资源的规划也非常重要。

随着我国的快速发展,近年来修建的三峡工程、南水北调工程等特大工程产生的移民数量更加巨大、带来的影响更加广泛、随着物权法等的实施,移民工作更加复杂。我国对移民工作要求"迁得出、稳得住、能致富",移民教育安置是移民工作的一个重点,在这三个环节中都起到重要作用。

通过调查研究黄河小浪底、长江三峡等移民区发现,对于移民教育还缺少系统性的思考,本节主要研究移民中农村基础教育资源规划问题,指出了移民教育资源规划的分类、规划的原则,有利于政府做好移民以及移民教育工作,同时给出了定量化的移民学校布局决策方法,有利于决策的精细化。

(一)相关研究分析

1. 我国中小学布局研究现状

我国农村正经历深刻而广泛的变化,很多有几十个村庄、几万人口的乡镇将原来的几十所小学合并为几个甚至一个小学,将几个初中合并为一个初中,甚至乡镇撤销中学,都到县城上初中。教育部副部长陈小娅指出:义务教育要做好统筹协调,规划布局②。

黄治中③指出,1997 年韶关市万人在校生数量、每校班级数量、师生比等指标在广东省倒数第二,在仪器设备、办学规模的 17 项指标也

---

① 廖蒋:《当前我国水库移民的社会冲突与整合研究》,《农村经济》2001 年第 4 期。
② 陈巍:《陈小娅副部长指出:义务教育要做好统筹协调,规划布局——教育部、财政部专题调研青海省义务教育工作》,《青海教育》2008 年第 18 期。
③ 黄治中、王蕾、邹韵文:《基础教育的新跨越——韶关市中小学布局调整一瞥》,《广东教育(综合版)》2001 年第 8 期。

低于全省平均水平。从 1998 年起,该市实行中小学学校布局。

柳海民①的研究显示我国农村的中小学正经历着总体生源减少、学校数量减少的变化——农村中小学教育资源布局调整是一个不可忽略的问题。在此背景下,我国农村正经历着基础教育资源布局的调整——对很多中小学进行合并、缩小、关停。

张浩②通过对河南省西峡县农村中小学校进行的专题调查,认为强力推进农村中小学校布局调整,是提高和巩固农村义务教育成果的必要手段。

陈明建③对重庆市开县大德乡坚持"适当撤并,扩大规模;合理布局,优化配置;改善条件,确保入学;提高质量,群众满意"的原则,综合考虑需求与调整、数量与质量、当前与长远的关系,努力优化教育资源配置,大力实施了中小学布局调整工作的情况作了案例分析。2005年,该乡共有中小学 29 所,其中不到 100 人的学校有 10 所,教育教学设施分散,致使部分学校"超编却缺人",一名教师承担四五门学科的教学任务的现象并不少见,素质教育实施困难。为解决以上问题,2006—2008 年,大德乡全面实施了中小学校点布局调整。到 2008 年秋季,全乡初中由 2005 年的 1 所单设初中、1 个附设初中减少为 1 所单设初中;小学由 2 所中心校、20 所村校调整为 2 所中心校、10 所村校,共减少中小学校点 11 个。

近年来我国农村学校布局调整撤并了一批生源不足、办学条件较差的中小学校,使更多的孩子能享受到学校优质教育资源,以促进农村区域内义务教育的均衡发展。

---

① 柳海民、娜仁高娃、王澍:《布局调整:全面提高农村基础教育质量的有效路径》,《东北师大学报(哲学社会科学版)》2008 年第 1 期。

② 张浩:《农村中小学校布局调整亟待破题——来自河南省西峡县农村教育的实地调研》,《中国财经信息资料》2009 年第 12 期。

③ 陈明建、余定胜、黄建新:《积极实施校点布局调整推进义务教育整体健康发展——来自重庆市开县大德乡校点布局调整的调研报告》,《基础教育改革动态》2009 年第 10 期。

陈亮①对重庆三峡库区学生、教师、家长进行了抽样调查,结果表明,重庆三峡库区农村移民教育在教育的普及性、环境的适应性以及发展的可持续性方面均存在隐患问题,这些隐患问题严重制约着库区农村移民教育的发展。

当前对移民教育的研究主要集中在职业教育方面,作为移民后期扶持的一项重要措施。马江②指出重庆市万州区从提高移民的自身素质和职业能力出发,加强"三教"统筹,发挥城市教育资源的优势,完善农村移民职业教育培训体系,加大对农村移民劳动力转移培训的扶持力度,通过各种形式的培训,促进农村移民的城市化转变。黄奇帆③指出,重庆三峡库区淹没区现有总人口1435万人,其中移民人口89.23万人。现有中等职业学校99所,在校学生9.8万人。近三年来(2002—2005),库区职业教育培养了20多万名技能型紧缺人才,库区移民培训20余万人,农村劳动力转移培训17.8万人,企业下岗职工再就业培训20万人,农村实用技术培训500多万人次,推动了三峡移民安稳致富和库区经济社会发展。

2. 移民教育现状调研

对于大型水利工程建设,国家注重和谐移民,在移民点建设时尽量满足移民的要求,体现在教育方面就是基本上每个移民村都设立小学。但是笔者通过调查发现,几年后很多移民村的小学、初中都撤销了,孩子到附近的原住民村子或者移民点上学。当年投入大量资金建设校舍、采购设备被废弃或者移作他用,造成了不必要的浪费。

以河南实际调研为例,当年小浪底移民时,在某移民点有六个移民村,当年每个村都建立了小学,后来这几个村的小学都集中到了一个

---

① 陈亮、朱德全:《重庆三峡库区农村移民教育隐患问题研究》,《西南师范大学学报(人文社会科学版)》2005年第5期。

② 马江、马万:《农村移民职业教育培训与万州区实施城市化战略的思考》,《重庆三峡学院学报》2005年第2期。

③ 黄奇帆:《大力发展职业教育服务百万库区移民》,《中国职业技术教育》2005年第35期。

村,其他村的小学被废弃。被集中的村小学还吸引了邻近原住民村的小学生,但是该村小学由于当时校舍建设规模过小,现在教室非常拥挤,而且邻村来的孩子很少缴纳费用,由于筹集资金困难,该村每年都面临巨大的教育补贴压力。

3. 关于布局选址问题

移民学校布局关键是学校的选址。选址问题就是为需要设置的"设施"选址最优位置的问题,是一个具有广泛现实意义的最优化问题。选址问题的研究始于 Alfred Weber 在 1909 年发表的关于选址研究得论文,之后自 20 世纪 60 年代开始,选址模型的研究得到了巨大的发展。选址问题在社会生活的各个方面有很广泛的应用,比如:消防站、物流配送中心、医院、物资储备库等,选址的好坏直接关系到服务的效率、质量和成本。P-median 模型、P-center 模型、覆盖模型作为基本的选址问题模型研究得较早,也较为成熟,其成果为选址研究奠定了坚实的理论和方法基础。

P-median 模型最早由 Hakimi① 提出,主要是考虑到提供服务设施对公众的"易接近性"。P-median 问题是选定 p 个设施的位置,是全部或平均性能最优的问题。通常是使成本最小,如使总平均运输距离最小,使总平均需求权距离最小,使总运输时间最少等,故又称最小和问题。这里的距离指需求点与最近设施之间的距离,需求权距离指需求点的需求量和该需求点与最近设施的距离的乘积。这种目标通常在企业问题中应用,如工厂选址等。

P-center 模型也是 Hakimi② 首先提出的,它是指选定 p 个设施的位置,使最坏的情况最优,如使最大响应时间最小、使需求点与最近设施的最大距离最小或使最大损失最小等,因此也称为最小最大问题。这是一种保守的方法,通常在医院、紧急情况和有服务标准承认的服务

① Hakimi S L. Optimum Locations of Switching Centers and the Absolute Centers and Medians of a Graph.*Operations Research*,1964,12:450-459.

② Hakimi S L.Optimum Distribution of Switching Centers in a Communication Network and Some Related Graphtheoretic Problems.*Operations Research*,1965,13:462-475.

行业中应用。

设施位置集合覆盖问题的数学模型是由 Toregas 等人[1]最早提出的,其目标是在确定的覆盖半径下,满足覆盖所有服务需求点的要求,使确定建立的服务设施个数或建设费用最小。主要用于解决消防站和救护车等的应急服务设施的选址问题上。由于集合覆盖模型可能会有多个解,Plane[2] 和 Daskin[3] 又分别提出了第二个目标:使新设施数最少和使重复覆盖最大。

上述选址主要模型中 P-median 模型是选定 p 个设施的位置,使总平均需求权距离最小,这种目标通常在企业问题中应用,如工厂、仓库的选址等,显然不太适合教育资源布局选址问题;集合覆盖问题的数学模型,其目标是在确定的覆盖半径下,满足覆盖所有服务需求点的要求,使确定建立的服务设施个数或建设费用最小,其满足覆盖性约束符合中小学教育资源布局选址问题的要求,但教育资源选址并不是一个简单的覆盖问题,教育资源布局合理性具有很强的综合性;P-center 模型是选定 p 个设施的位置,使需求点与最近设施的最大距离最小,是具有鲁棒性的模型。对中小学教育资源布局选址问题具有一定的适用性,但限于 p 个设施的假定又不符合实际问题的需要。

通过文献调研和实际调研可以发现,有关资源布局选址问题主要集中在医院、仓库、配送中心、工厂等的选址方面,目前很少有量化地研究教育资源布局的文献,缺少对教育资源布局选址系统的研究和量化的方法,在研究教育资源布局选址问题上需要对上述模型修正改进以适应实际问题的需要。

一般而言,教育资源配置要考虑四方面的要素:基础教育配置、课

① Toregas C,Swain R,ReVelle C.The Location of Emergency Service Facilities.*Operations Research*,1971,19:1363-1373.

② Plane D R,Hendriek T E.Mathematical Programming and the Location of Fire Companies for the Denver Fire Department.*Operations Research*,1977,25:563-578.

③ Daskin M S,Stem E H.A Hierarchical Objective Set Covering Model for Emergency Medical Service Vehicledeployment.*Transportation Science*,1981,15(2):137-152.

程设置、学校选址布局、学生教育需求①②。

　　教育资源布局决策主要考虑两个问题是便于学生入学,二是有利于提高教育投资的效益,这二者存在着矛盾:从学生入学的方便考虑,学校越分散越好;从提高投资效益看,学校应具有一定的规模。这就涉及二者兼顾的问题,即在不导致学生失学的前提下尽可能提高教育投资的效益③。

　　(1)大型水利工程移民中,农村的基础教育资源规划有很多类型,主要的类型如下:

　　①移民点独立、完整建校。这种情况下原住民和移民的基础教育系统互不干涉,一般适合于一个较大的移民村或者几个移民村组成的移民网点。当地教育资源可以调整,也可以不调整,两个系统不需要交互。

　　②移民点独立、部分建校。在移民点建立部分的基础教育系统(比如小学、小学前三年级等),其余部分依赖于当地的基础教育系统。这时要考虑当地教育资源的调整、扩张,用以接纳新来的移民子弟。

　　③原住民点整合到移民点。在移民点建立基础教育系统,并将附近村庄的原住民子女安排到这里学习。该模式适合于原住民点要整合其基础教育资源,而且整合到新的移民点比较合适——该移民点具有地理优势,离各个被整合的村庄都不太远,是最佳选址位置;或者具有后发优势,其他村庄的基础教育系统改造成本过高。

　　④移民点整合到原住民点。移民村不建教育系统,移民村的学龄儿童到附近的村庄或城镇集中上学。该模式适合于当地附近已有优质的中、小学,并且有能力吸纳这些移民的小孩入学;新来的移民村学龄

　　①　Ross K N,Levacic R.*Needs-based Resource Allocationin Education via Formula Funding of Schools.*Paris:United Nations Educational,Scientific,and Cultural Organization,1999.

　　②　Selod H,Zenou Y.Location and Education in South African Cities under and after Apartheid.*Journal of Urban Economics*,2001,49:168-198.

　　③　赵媛、诸嘉:《基于教育公平的教育资源优化配置研究》,《教育与职业》2008年第6期。

儿童较少,如果单独建校会造成规模小、教师少、教学质量不高、人均运营成本过高等情况。

(2)大型水利工程移民中农村的基础教育资源规划应遵循如下原则:

①均衡性原则:使得各个村庄的适龄儿童上学距离相差尽量小,以使得上学最远距离能够尽量小,从而减小由于路远导致的上学负担。

②稳定性原则:新建、改扩建的学校在未来尽量稳定,避免资源浪费。如果当地有很好的中小学,将移民村的学龄儿童整合到这些学校中可以发挥它们的资源优势,同时也有利于移民村儿童接受更好的教育。

③优先性原则:同样条件下,移民比原住民优先,体现在优先在移民点建新学校。

④效益性原则:使得移民学校建设投入—产出比尽量大。尽量减少新增学校的数量。按照前面的论述,我国正经历着农村中小学布局的调整,很多学校被关停、学校数量锐减。如果每个移民村都新建基础教育系统,可以预见这些学校很快会被荒废、造成不必要的浪费。

⑤整体性原则:以移民为契机,促进当地基础教育资源的优化。如果移民点附近农村中小学校面临布局调整、缩小、关停等情况,新建移民点相对较大时,移民点附近的村庄可以借新建移民村的机会,整合老的村庄和新的移民村教育资源。可以将这些村的学龄儿童整合到新建的移民村中,在移民村建一个新的、满足整合需求的学校,进行教育资源优化、集约办学。

⑥民族、文化差异性原则:对于少数民族,由于民族教育的特殊需要,很难融入到当地的教育系统中,这就有必要对他们集中安置、集中设立基础教育资源。

⑦激励性原则:如果不在移民点建学校,要将节约的资金、土地以适当的形式补偿给移民点的村民——比如成立基金或者建设幼儿园、养老院、文化活动中心等。

根据调查的情况得知,现在很多移民工作者也意识到这个问题,但是移民往往坚持要在移民村建立小学,主要原因是:觉得孩子到了新的地方后比较陌生,很难接受让他们的孩子到邻村上学的事实;担心不建小学可能就失去了这个小学所占的土地;担心不建小学,相应的钱款他们也得不到;担心本村的教师下岗失业。所以对于不建立小学的移民村必须有很好的补偿和激励机制,解除这些担心。

4.问题描述与数学模型

好的决策不仅仅要把握方针、政策等进行分析和决策的定性方法,还要掌握定量的决策方法,得出符合各种要求的相对更精确的方案,建模和计算是符合此要求的最佳途径。

由于城镇移民的教育主要牵涉到将适龄学生转入当地学校,所以相对简单。如前所述,农村移民小学学校面临很多选择:独立建校、独立部分建校、合并到当地学校、将当地学生合并到移民学校等,而这些方式的选择要根据决策的目标,服从决策的原则,如前所述该问题决策目标与约束条件复杂、结果多样,因此适合用定量决策研究。

本节主要研究在哪些移民区新建学校以及在哪些原住民村改扩建学校的决策问题,以使得调整后的教育资源布局能够满足大型水利工程移民中农村的基础教育资源规划应遵循的均衡性原则(融入目标函数中)、稳定性原则(通过求解时考虑学校质量因素来体现)、优先性原则、效益性原则和整体性原则要求。笔者将针对农村移民小学学校布局问题展开定量研究,给出模型。

假设原住民区域正在调整学校布局,计划减少若干学校,这时正好可以和新移民村统一进行教育布局调整。合并原则为:

(1)学生到学校的距离不能太远。

(2)优先存留教育质量较好的学校。

(3)新建校优先考虑在移民村建校。

(4)控制学校规模,不能使得某个学校招生特别多,导致其他学校生源不足。

考虑到学校布局选址的政策性体现较全,在该地总共要存留多少学校一般都事先综合考虑多种因素均衡后确定,最后需要的是科学地考虑将这些学校布局在合适的位置,体现各种要求的均衡。

学校数量的确定是非常关键的一步,应该综合考虑当地教师的数量、可以在教育上投入的财力、学生上学允许的最远距离等做出决定。

假设现在有 m 个移民村,附近有 n 个原住民村,村子 i 的坐标用 (x_i, y_i) 表示,移民村与原住民村分别以 $i = 1, 2, \cdots, m$ 以及 $i = m+1,$ $m+2, \cdots, m+n$ 表示。

以 b_{1i} 表示第 $m+i$ 个村庄原来是否有学校以及学生的数量: $b_{1i} = 0$ 表示没有学校; $b_{1i} > 0$ 表示该村建有学校,并且学生的数量为 b_{1i},设现有学校数量 p 个; b_{2i} 表示该学校的教育状况,如果该学校教育质量好,则值为 1,否则为 0。

设 q_1 为调整后每个学校最多可招生的数量。

c_0 表示在移民村建新校的固定成本。

c_1 表示在原住民村庄学校基础上进行改扩建的固定成本。

c_2 表示学校每增加 1 个学生的固定成本。

e_i 表示各村计划期间平均每年上学的学生数量。

M 为充分大的数,可以取该乡镇每年能够容纳的学生总数。

D 为学生到学校的最远距离限制。

决策变量:

u_i 表示是否在村庄 i 保留或新建学校, $u_i = 1$ 表示保留或新建学校, $u_i = 0$ 表示在村庄 i 不保留或不新建学校。

w_i 表示保留学校 i 是否需要扩建, $w_i = 1$ 表示扩建, $w_i = 0$ 表示不扩建。

$V = \{v_{ij} \mid i = 1, 2, \cdots, m+n; j = 1, 2, \cdots, m+n\}$ 表示第 i 个村庄的学校是否收纳第 j 个村庄的学生, $v_{ij} = 1$ 表示第 i 个村庄的学校收纳第 j 个村庄的学生, $v_{ij} = 0$ 表示第 i 个村庄的学校不收纳第 j 个村庄的学生。

根据上面的问题描述,于是可以建立如下的数学模型:

$$
\min z = \lambda_1 \sum_{j=1}^{m} \left(u_j c_0 + c_2 \sum_{i=1}^{m+n} v_{ji} e_i \right) + \lambda_2 \sum_{j=m+1}^{m+n} \omega_j \Big[u_j c_1 +
$$

$$
c_2 \Big(\sum_{i=1}^{m+n} v_{ji} e_i - u_j b_{1j} \Big) \Big] \tag{1}
$$

$$\min_{i} \max_{j} v_{ij}(|x_i - x_j| + |y_i - y_j|) \qquad (2)$$

$$s.t. \sum_{i=1}^{m+n} v_{ij} = 1 \ j = 1,2,\cdots,m+n \qquad (3)$$

$$b_{2i} \geqslant u_i, i = m+1, m+2, \cdots, m+n \qquad (4)$$

$$v_{ij} \leqslant u_i, i, j = 1,2,\cdots,m+n \qquad (5)$$

$$\sum_{j=1}^{m+n} v_{ij} e_j \leqslant q_1 u_i, i = 1,2,\cdots,m+n \qquad (6)$$

$$\omega_j M \geqslant \sum_{i=1}^{m+n} v_{ij} e_i - u_j b_{1j}, j = 1,2,\cdots,m+n \qquad (7)$$

$$v_{ij} = \{0,1\}, i.j = 1,2,\cdots,m+n \qquad (8)$$

$$w_j = \{0,1\}, j = 1,2,\cdots,m+n \qquad (9)$$

$$u_i = \{0,1\}, i = 1,2,\cdots,m+n \qquad (10)$$

$$|x_i - x_j| + |y_i - y_j| \leqslant v_{ij} D, i,j = 1,2,\cdots,m+n \qquad (11)$$

目标函数(1)表示使移民村新建学校的成本与原住民村改扩建的成本之和最小(体现教育资源规划时的效益性原则),其中 $\lambda_1 + \lambda_2 = 1$,而当 $\lambda_1 = \lambda_2$ 时,意味着在原住民村改扩建学校或是在移民村新建学校的权重是相等的;我们可以适当选取 $\lambda_1 < \lambda_2$,这表示政府的政策倾向于在移民村新建学校,这样通过 λ_1 和 λ_2 的选取体现了教育资源规划时的优先性原则。目标函数(2)表示使得各个村庄的适龄儿童上学距离相差尽量小,体现了教育资源规划时的均衡性原则,这也表明我们的选址模型是一个鲁棒优化模型;约束(3)表示每个村的学生只能选择去一所学校上学;约束(4)表示教学质量优秀的原住民村庄优先保有学校,体现了教育资源规划时的稳定性原则;约束(5)表示该村庄存在学校时才能接收其他村庄的学生;约束(6)表示调整后各学校每年招收的学生数量不能超过最多可招生的数量,体现了对所有学校控制一定规模的原则,其中 q_1 为每个学校招生数量的最大允许数,这也反映了允许招生数量的鲁棒性;由于保留学校均为教学质量较好的学校,因此在规划中学生数超过原有学生数的学校,其教学资源必然受限而需扩建,约束(7)表示规划学生数超过原有学生数的学校才对其进行扩建;(11)表示各个村庄的适龄儿童上学距离都必须限制在学生到学校

的最远距离范围内。上述模型既考虑了新建选址又考虑了扩建问题,体现了在移民教育选址决策上是对整个教育资源的优化决策,体现了移民教育资源规划的整体性原则。

从前面选址文献综述可知我们建立的移民教育资源选址模型是基于 P-center 模型、集合覆盖模型修正改进后具有鲁棒性的模型,它更好地体现了移民教育资源选址问题的相关基本原则。

在本模型中没考虑激励性原则与民族、文化差异性原则,是因为具体怎样制定激励政策,引导移民同意在移民村不建校不会影响资源布局的选择;而民族学校选址是可以单独考虑决策后,将其列入已建校进入上述模型中的。

5. 算法描述与算例分析

(1)算法描述

由于本节所要解决的移民教育资源选址问题是 NP 问题,所以针对性地设计了算法,具体如下:

①模型预处理

对于目标函数(1),综合整体性原则、稳定性原则和效益性原则,可知 $\lambda_1 = \lambda_2$。$\lambda_1 = \lambda_2$ 时,目标函数(1)可以简化为:

$$minz = \sum_{i=1}^{m} u_i c_0 + \sum_{i=m+1}^{m+n} u_i (c_1 - b_{1i} c_2) + W \quad (11)$$

其中,$W = c_2 \sum_{m+n} \sum_{j=1}^{m+n} v_{ij} e_j$ 是一个常数

对于目标函数(2),考虑到其鲁棒性所带来计算复杂性,结合当地经济、交通网络等因素的实际情况,通过调研确定不同的学生到学校的最远距离限制 D,利用约束(10)来实现。

②数据准备

首先根据民族、文化差异性原则,筛选出非特殊需求的移民村和原住民村(布局点),以作为如下算法执行步骤中的数据输入;对于有特殊需求的少数民族,可以对他们进行集中安置、集中设立基础教育资源。然后,综合整体性原则、稳定性原则,以及政府的相关政策要求,确

定调整后能够保留的合适学校数量 q_0，以及不同的学生到学校的最远距离限制 D（将 D 进行从大到小排序）。

③算法步骤

步骤1：在数据准备的基础上，确定候选点 u_i 及其对应的费用 c_0 或 c_1。

步骤2：按照候选点对应费用的大小从小到大进行排序。

步骤3：对于所有的候选点，根据保留的合适学校数量 q_0 从总成本最小的解（即候选点按从小到大排序后的 q_0 个候选点）开始，可以将其记为 u_i，求解如下的给定学生到学校最远距离限制 $D^k(k=0,1,\cdots\cdots)$ 的无目标规划 P：

$$（P）\ |x_i - x_j| + |y_i - y_j| \leqslant v_{ij} D^k i,j = 1,2,\cdots,m+n$$

$$\sum_{i=1}^{m+n} v_{ij} = 1 j = 1,2,\cdots,m+n$$

$$v_{ij} \geqslant u_i i = 1,2,\cdots,m+n$$

$$\sum_{j=1}^{m+n} v_{ij} \leqslant q_1 i = 1,2,\cdots,m+n$$

$$v_{ij} = \{0,1\} i,j = 1,2,\cdots,m+n$$

若可行，则此时的解 u_1^k 和所得的 v_1^k 1 即为最优解。否则，逐渐增大总成本，先将第 q_0+1 个候选点加入解向量中，然后从前 q_0 个候选点中选出其他解向量元素，若仍没有可行解，则再将第 q_0+2 个候选点加入解向量中，直至 P 有可行解 v_n^k 1 时停止，并记下此时的最大成本 z^k（k = 0,1,……）此时的解 u_n^k 和 v_n^k 即为特定学生到学校最远距离限制 D^k（k=0,1,……）的问题一个可行解解。

步骤4：根据当地实际情况的调研，选取学生到学校最远距离限制中比 D^k（k=0,1,……）小的 D^{k+1}，重复步骤3的求解过程，得到在 D^{k+1} 下的问题最优解，以及最大成本 z^{k+1}。

步骤5：根据当地的实际情况，确定一个任意小的数 ε，当 $|z^k - z^{k+1}| \leqslant \varepsilon$ 时，停止，并根据当地实际的经济、政策等情况，选取 D^k 或 D^{k+1} 所对应的最优解作为最终决策方案；否则，令 $D^k = D^{k+1}$，$z^k = z^{k+1}$，

$k = k + 1$,重复步骤 4。

算法简单分析:该算法中使用贪心算法,虽然最坏时间复杂度仍 O n_o^p,但平均时间复杂度有所提高,特别是 D 限制条件不太严格时,该算法更具有一定的优越性。但算法中在选定学校建设方案后,在进行学校点分配时,采取了近似算法,所以所得最终解不能保证是最优解,但仍是性能较好的解。

(2)算例分析

本小节的算例分析,在只确定一个学生到学校最远距离限制 D 的情况下进行,至于多个 D 的情况,可以以此为基础结合当地的实际情况,给出相对比较合适的移民教育布局决策。以河南省郑州市荥阳市崔庙镇为例,崔庙镇隶属荥阳市,镇政府设在崔庙自然村,辖崔庙、盆窑、项沟、索坡、竹园、翟沟、石井、车厂、石坡、老庄、王宗店、白赵、王泉、栗树沟、芦庄、界沟、郑岗、郑庄、寺沟、邵寨、马寨、丁沟共 22 个行政村,282 个村民组,265 个自然村。全镇共有 12941 户,49998 人,其中非农人口 3767 人。少数民族主要为回族,另外还有壮、白、土家等民族,约占总人的 0.6%。假设该镇需要安置 3 个移民村,适龄儿童人数分别为 300、400、300。

参数设定:

$m = 3; n = 22; p = 8; q_0 = 3; q_1 = 800; c_0 = 200000;$

$c_1 = 100000; c_2 = 2000; D = 15; \lambda_1 = 0.5; \lambda_2 = 0.5;$

$\vec{a} = [\,5\,7\,3\,4\,6\,11\,0\,12\,13\,15\,9\,2\,11\,6\,8\,18\,3\,17\,5\,8\,16\,4\,2\,116\,]$

$\vec{b} = [\,13\,2\,15\,3\,8\,18\,2\,11\,7\,16\,9\,2\,16\,2\,4\,13\,6\,14\,6\,3\,12\,14\,8\,11\,]$;

$\vec{b_{1i}} = [\,0\,0\,0\,0\,1\,1\,0\,0\,0\,13\,0\,0\,13\,0\,0\,0\,0\,0\,2\,5\,0\,0\,0\,2\,5\,0\,0\,2\,2\,0\,0\,2\,2\,0\,0\,0\,1\,4\,0\,]$

$\vec{b_{2i}} = [\,0\,0\,0\,0\,1\,0\,0\,0\,0\,1\,0\,0\,0\,0\,1\,0\,0\,0\,0\,1\,0\,0\,0\,0\,1\,]$;

$\vec{e} = [\,50\,80\,20\,70\,10\,10\,0\,90\,50\,60\,20\,70\,40\,80\,120\,100\,20\,50\,70\,30\,10\,60\,90\,70\,20\,70\,]$

求解问题如下:

在案例中,经数据分析,候选点为 15、20、25、10、5、1、2、3,对应的费用也是非递增的。

当 D = 15、14、13、12、11 时,从总成本较小的可行解都是(15,20,25)。

此时,第 15 村学校分配的点为(5、6、10、12、15、16、18、21、24),第 20 村学校分配的点为(1、2、8、9、11、14、20、23),第 11 村学校分配点为(3、4、7、13、17、19、22、25)。三个学校接收的学生数目分别为 440、510、500,学生的平均距离为 6. 48,最远为 10. 78,最近为 2. 23,需要 198 万元。

当 D = 10 时,较优解为(15,25,10)。

此时,第 15 村学校分配的点为(1、6、12、15、18、24),第 25 村学校分配的点为(3、4、7、11、14、17、19、22、23、15),第 10 村学校分配的点为(2、5、8、9、10、13、16、20、21)。三个学校接收的学生数目分别是 380、680、390,学生的平均距离为 5. 26,最远为 9. 85,最近为 2. 24,需要 216 万元。

当 D = 9 时,较优解为(20,25,10)。

此时,第 20 村学校分配的点为(1、3、5、6、12、15、17、19、20、22),第 25 村学校分配的点为(4、7、11、14、23、25),第 10 村学校分配的点为(2、8、9、10、13、16、18、21、24)。三个学校接收的学生数目分别是 500,490,460,学生的平均距离为 5. 48,最远为 8. 94,最近为 2. 24,需要 222 万元。

由此可见,当最远距离缩小到一定值时,成本和平均距离都有可能增加,是照顾个别个体,还是维护整体利益是值得考虑的一个问题。

本节在分析当前移民教育研究现状和集中移民基础教育资源规划类型的基础上,给出了大型水利工程移民中农村的基础教育资源规划应遵循的均衡性原则、稳定性原则、优先性原则、激励性原则、效益性原则、民族与文化差异性原则和整体性原则,即尽量整合各个移民点当地附近的教育资源;考虑我国农村基础教育发展的历程与趋势,尽量减少新建小学;移民点选择时尽量使各个移民点适度分散、规模小,这样便于将这些移民村的学龄儿童整合到当地现有优质中小学中;对于不建立小学的移民村要给予适当的补偿和奖励;以移民工程为契机,规划好教育资源整合;促进当地基础教育资源的优化。

本节还给出了移民教育资源布局决策问题的定量决策模型,设计了相应的算法进行求解,并给出了算例分析。通过该模型,决策者可以根据不同的偏好或政策倾向等,调整模型中参数后得到更合适的决策结果。

本研究弥补了原来我国大型工程移民工作中关于教育资源布局的不足,减少了随意性。使得大型工程移民工作中的教育资源布局问题有原则可以依赖,有定量模型可以分析,使得政府相关部门以此为基础作决策时更科学、更系统。

四、高等教育:企业投资的新亮点①

高等学校办学活动是一项耗资巨大的事业,没有一定的资金支持,高等学校就难以得到应有的发展,高校办学资金的多寡在很大程度上决定了高校的发展。加入世界贸易组织使我国高等教育的发展环境产生了深刻变化,高校资金来源渠道的多元化成为世界性的趋势。高校要谋取更大的发展,必须主动地向社会多渠道筹集教育经费,这样就为企业提供了一个难得的投资空间和历史机遇。

事实上,随着教育产业化概念的逐渐深入人心,企业参与高等教育事业的建设和发展并从中获得合理收益成为现实,企业在教育产业化的进程中大有可为。

党的十六大报告指出:"全面推进素质教育,造就数以亿计的高素质劳动者、数以千万计的专门人才和一大批拔尖创新人才。"高等教育的发展将为我国全面建设小康社会提供强大的智力支持和人才保障,今后一段时期,我国需要大力发展高等教育。以河南省为例,截至2002年年底,河南全省普通高等学校65所,其中本科院校24所,专科学校41所。普通本专科在校生达到46.8万人,其中本科在校生20.8

---

① 本节内容曾发表于《企业活力》2004年第1期。

万人,专科在校生 26 万人。根据河南省全面建设小康社会发展规划和人口发展趋势预测,2005—2020 年要不断提高高等教育毛入学率,2005 年,高等教育适龄(18—22 周岁)人口达到 855 万人,高等教育毛入学率按 15% 规划,普通高等教育在校生将达到 64 万人;2010 年高等教育适龄(18—22 周岁)人口达到 982 万人,高等教育毛入学率按 21%(全国平均水平 23%)规划,普通高等教育在校生规模达到 103 万人;2020 年高等教育适龄(18—22 周岁)人口 631 万人,高等教育毛入学率按 32% 规划,达到全国平均水平,普通高等教育在校生达到 121 万人。到 2020 年,全省需要规划布局 50 所左右本科院校、60 所左右专科学校,普通本专科学校达到 110 所左右,需要在 2002 年年底的基础上新设置 50 所左右高等学校。可见,高等教育发展面临着艰巨任务。

当前,尽管有各级政府和社会金融机构的支持,但高等教育经费增长速度远远跟不上高等学校规模扩张的速度,教育投入不足仍是制约高等学校发展的瓶颈。在国家财力有限的情况下,高等学校要发展,要继续加大对教育的投入以改善教学保障条件,必须要顺应高等教育投资战略综合性、整体性的要求,以与时俱进的精神状态,解放思想,开拓进取,奋发有为,多渠道筹措办学资金,促进学校持续健康快速发展,完成历史赋予的任务。从发展趋势看,多渠道筹措教育经费对高等学校越来越重要,是当今高等学校发展的必然选择,吸引企业资金无疑是一个重要渠道。其实,不少已经办出规模效益和经济效益的企业的发展战略要求企业要多渠道投资,随着教育产业化的发展,企业投资高等教育也将产生不可估量的社会效益和办学效益。

在国家已经陆续出台相关政策允许企业投资高等教育,教育逐步产业化的情况下,高等教育无疑已成为企业投资的一个亮点。在此过程中,高等学校和企业都需要进一步解放思想、转变观念,积极创造条件,加强合作,建立多渠道合作的新机制,实现共赢。

（一）高校、企业要不断转变观念

高校不断提高教育教学质量,为社会培养更多的高素质人才,扩大自身影响,是获得企业投资的基础。只有苦练内功,不断提高办学水平和效益,增强办学实力,才可能获得政府和社会的支持,赢得企业的信赖,获得持续、大量、稳定的资金支持。高校要进一步转变观念,筹资可以是企业的资金支持,可以是教学设施、仪器设备、图书资料等,也可以是双方的科研交流、技术合作,这些都是对高等学校办学条件的扩充和改善。要有把学校作为一个产业来经营的观念,走产业化道路,建立良好的学校信誉,可以和国内企业合作,也可以走中外合作的道路,大胆使用外资,允许企业的投资获得合理回报和收益。企业同样要转变观念,要紧紧抓住高等教育发展的重大历史机遇,以企业家的战略眼光大胆投资教育事业,在教育产业化的进程中有所作为。同时,还要认识到对高等教育的投资不一定要获得资金回报,在和高校的合作过程中营造的企业形象同样是对企业的宣传和一笔无形资产,可以获得良好的社会口碑和充足的高校毕业生人才资源,为企业的持续发展注入活力。

（二）探索建立股份制高校试点

争取政府支持,积极探索建立股份制高校试点。积极探索引入市场机制,有条件的高校可以争取整个学校实施股份制经营模式。有条件的成为上市公司,或者组建教育发展公司,由公司负责教育建设项目的资金筹措、资金运作和组织实施,以及开展面向师生的生活后勤服务,对新校区的校产和生活、教学设施进行社会化管理,从而回收股本、取得收益,在一定年限后,全部校舍的产权以无偿赠予的形式移交学校。在合理的成本分担机制下,适当提高学费占培养成本的比例,实行优教优价,在股份制运行的模式下实现高校、企业共赢。如果不能使整个学校实施股份制经营,高等学校也可以试办民营机制运行的独立学院或二级学院,稳步推行,逐步扩大。2002年被教育部定为公办学校实行新的管理模式和运行机制试点单位(非民办系列)的浙江万里学院,是全国首家改制的普通高等学校。浙江万里学院前身浙江农村技术师范专科学校,改制前因为吸引不到生源,学校的经营权由浙江万里教育集团接管,通过近一年多时间的改造与重组,不仅盘活了原有的教育资源,而且获得了办学资源的增量。改制后,学院在一年时间内获得万里集团 2.78 亿元经费,仅 1999 年就投入实验设备经费 524 万元,相当于学校原来历年投入的总和,学校取得较好的社会效益和办学效益,企业也从中受益。事实证明,只要有政府的大力扶植和相对良好的外部投资环境,高等学校和企业以股份制模式运行和经营是可行的,也是十分有益的。

(三)产学研合作办学

随着我国产业结构的进一步调整,势必会促进产学研的深入合作,高校利用企业资金具有现实可能性。高校、企业产学研合作之路,对双方的发展都具有重要意义。企业和高校可以通过产学研合作共建实验室、研究所,联办研发机构、工程技术中心等,在同一领域进行大联合,形成产、学、研中心,优势互补,提升某一领域的综合水平;对重大科研项目进行联合攻关,在合作过程中研究出一批具有知识产权的创新成果,并迅速转化为生产力,高校、企业以股份、约定等形式获得各自收益。企业可以依托高校成立产品研发中心而专注市场开发和企业管理,高校可以依托企业开辟学生的实习实践基地,提升学生的实践动手能力和人才培养质量。企业也可以利用高校在长期的办学过程中积累的无形资产如校名、校徽、知名人士等,以有偿的方式取得冠名权进行商标注册,利用高校的品牌优势在市场上树立良好信誉,迅速占领、扩大市场,取得收益。企业也可以成立基金会,向高校无偿捐资、捐物,在高校设立奖学金、助学金,支援高等教育事业的发展,树立良好的企业品牌和企业形象,高校可以在企业捐建的建筑等冠以企业名称。

(四)高校后勤社会化改革中的校企合作

从一定意义上说,高校后勤社会化改革也是高校减轻办学负担和资金筹措的前提。近年来,高校后勤社会化改革取得了突破性进展,受到了社会各界的普遍肯定和拥护,但改革的成果还是阶段性的。要本着"谁投资,谁受益"和"双赢"的原则,积极寻找探索与企业合作的新路子,积极鼓励社会力量和学校后勤服务实体多渠道筹措资金,以多种形式兴办或参与兴办后勤服务实体,兴建学生生活后勤服务设施。学生食堂、学生公寓等项目可以由企业投资建设,若干年内的经营权及经营收入归投资方,期满后归学校。对学校原用于后勤的国有资产,根据不同用途、以优惠价逐渐增加租价的办法交给企业经营,也可以折股招商、引进资金,以市场经济运作方式,建立新的后勤服务实体。积极鼓励采取引进、联合、租赁、资产代管、股份合作制、股份制等多种形式对后勤资产实施优化重组。

五、高职高专在我国终身教育
体系构建中大有作为①

(一)全面建设小康社会需要高职高专在终身教育体系中有所作为

终身教育理念被很多教育专家称作 20 世纪最伟大的教育理论,1919 年英国复兴部成人教育委员会首次提出成人教育是普遍的,是终身的。20 世纪 60 年代以后终身教育、终身学习的思想逐渐形成一种国际教育理念,美国、日本、法国等国家都曾明确提出要构建学习型社会。随着科学技术的发展,人们必须不断学习、终身学习才能适应社会的变革。"终身教育"主张教育应该贯穿于人的一生的各个年龄阶段,为每个社会成员在他需要的时候给其提供学习机会,体现终身教育思想的教育体系就是终身教育体系。

党的十六大提出了全面建设小康社会的发展战略,明确提出把一个比较完善的现代国民教育体系和全面学习、终身学习的学习型社会,把促进人的全面发展作为全面建设小康社会的目标之一,构建终身教

---

① 本节内容曾发表于《成人教育》2006 年第 1 期。

育体系历史性地被纳入到我国社会主义经济建设的日程。目前我国已经成为世界出口大国,制造业出口占全部出口的80%以上。一方面我国对中、高级技工人才有着巨大的需求量,另一方面现有的技术人员又急需接受再教育。同时,社会成员要想不断发展、可持续发展,就要不断提高自身的素质,很多人已经提出了"一张文凭的'保鲜期'还有几年?"的疑问,可以说我国劳动人口技能和创新能力的提高,在很大程度上取决于一个完善的终身教育体系的构建。终身教育体系是学校教育的补充和适应新技术新变化的智力支持及能力的源泉。建立完善的终身教育体系,满足全体国民受教育的需求,是为全面建设小康社会提供足够和高质量人才的重要保障。因此,就必须充分发挥各级各类教育机构的潜力,时代要求高职高专在终身教育体系的构建中有所作为。

(二)自身优势为高职高专在终身教育体系中提供了良好平台

整个教育体系中每一种类型、每一个层次的学校都有自己的主要任务,同层次同类型的学校因办学历史、办学条件、师资、生源等的差异也应各自形成自身的优势。"精英教育机构承担着大众化的教育任务,从长远来看,无论对精英教育,还是对大众化教育,都是弊大于利。"无论是现在还是将来,经济建设和社会发展都是既需要一大批从事科学研究、工程设计的人才,也需要培养一大批在生产第一线从事制造、施工、管理等方面的应用型或复合型人才。高职院校的产生和发展是与我国科技进步、经济发展直接相关的。多年来,高职院校(包括单科型专业技术学院、应用型专科学校等)面向技能型、高技能人才的培养目标,着眼于技术和技能的应用,培养在第一线从事生产、服务和管理的各类技能型人才,以就业为导向,大力开展"订单培养",与社会用人单位有着十分密切、有效的合作关系,对社会需求有较深刻的理解。这些优势为高职院校突破传统的学历教育束缚,树立终身教育的理念,努力构建我国职业教育的立交桥,建立开放的、多层次的终身教育体系奠定了良好基础。

如河南纺织高等专科学校,近年来以教学为中心,以提高教学质量为目的,以课程改革为核心,强调能力本位教育,使教学计划、课程设置、教材内容和教学方法等都突出了实际应用、适应业务和生产第一线工作需要的特色,全面推进了"完全学分制"教育教学改革。通过一系列的教育教学改革,注重在改革中创新,在创新中发展,走出了自己的特色办学之路。学校构建了全省第一家"产学研合作委员会",在全国范围拥有产学研合作基地 130 余家。同时,学校还积极开展职业技能培训和职业技能鉴定工作,办学规模达到了 8000 多人,不仅招生就业形势逐年好转,就业率在近几年始终保持在 80% 以上,而且也和省内外企事业单位建立了良好合作关系,在职工继续教育、社区培训等方面取得了较好成绩。实践证明:高职高专院校完全可以在终身教育体系构建中大有作为。

(三)高职高专在终身教育体系构建中可以大有作为

1. 努力适应经济发展,切实转变教育教学理念

高职高专教育是为发展区域经济服务的教育。面对终身教育体系的构建对高职高专院校提出的时代要求,高职院校要转变教育观念,克服浮躁心态,明确发展战略和人才培养框架,集中精力抓教学质量,在办学特色上做好文章。现代科技的发展,呈明显的综合性、整体化趋势,科学技术与人文社会科学愈来愈相互渗透和结合,涌现出大量新兴的交叉和边缘学科,新的职业岗位层出不穷,劳动性质和职业内涵发生了转变,工作技术不断更新,生产劳动增加了创造性成分,逐步变成了科学性劳动。这一切不仅要求接受教育者继续不断学习新知识、新技术,同样也要求高职高专院校要不断转变观念、勇于创新,才能适应终身教育体系构建的要求。创新是事业兴旺发达的不竭动力,继续教育不仅是对知识、技术的继承,更注重创造性思维的培养、智能的开发和创新能力的开发,向着生产规范化、经营管理科学化、技术高新化、市场国际化方向发展。高职教育要在强调职业技能的同时,注重从技能教育向综合素质转变,培养具有创新精神和创造能力的高层次实用技术人才,培养其科学精神、人文精神和可持续发展能力。

2.大力深化教学改革,打造终身教育体系平台

高职高专用自己的个性和特色去参与竞争,用自己的办学水平和声誉赢得市场,用自己的优势和能力获得发展的机遇,在终身教育体系构建中有所作为,最根本的要求就是面向经济发展和社会进步,不断深化教育教学改革。教育的目的是为社会发展培养有用的人才,教学质量的提升是高职高专院校必须关注的永恒主题,这也是教育"以人为本"的人文主义精神的体现。为适应终身教育体系的构建,要以终身教育思想来设计课程和学习,重新审视和规划自身的专业设置和每个专业的培养目标与课程设置,要加快教学模式和教学管理制度等的改革进程,建立富有弹性的学习制度、弹性的课程系统、弹性的学习及管理系统、弹性的教学评价系统、弹性的学籍管理系统、支撑弹性教与学的技术系统、环境系统等等,这些制度安排是完善的终身教育体系的重要标志。在构建人才培养模式时必须适应市场需求,以市场需求为导向,根据教育对象的不同,开展普及型、提高型、开创型教育或培训。在专业知识和能力内容上突出针对性、实用性、前瞻性,增加高新技术,吸收与国际通则接轨的生产技术与检测标准和手段,构建教育对象应用知识和技术解决生产、服务、管理等方面的实际能力,培养其具有扎实的职业技能、专深的岗位业务知识、较强的技术再现能力。

3.积极拓宽办学领域,推进继续教育和职业教育

要面向经济社会发展的需要,积极拓宽办学领域,引导教育对象在生产实践中学习,在学习中进行生产实践,保持与生产的紧密联系,与从业岗位需要的技能对接。一是开办专业技术培训班,对不同类型从业者有针对性地开展专业技术培训,组建培训体系,有计划、有组织地开展培训工作,开展职业资格鉴定工作;二是开展学历提高教育,从业人员通过参加函授教育、远程教育或者脱产学习提高学历;三是产学结合,不断拓展行业、企业服务市场,把学校的人才培养和为社会服务结合起来,充分发挥社会各方面资源的作用,实现学校和企业的优势互补。

六、加拿大高等教育的发展对
我国高等教育的启示①

当今时代是知识经济的时代,综合国力的竞争更多地体现为科技的竞争、人才的竞争。教育尤其是高等教育对于科学技术发展、提升综合国力具有先导性和全局性的作用。在国外高等教育飞速发展的新形势下,总结、借鉴国外高等教育的先进经验,对促进我国高校快速健康发展有着重要的意义。2005 年 4 月,根据河南省委组织部的安排,笔者随省 26 所高校一行 30 人在加拿大多伦多约克大学进行了为期两个月的培训学习,对加拿大高等教育的发展状况有了进一步的了解,现结合加拿大高等教育的具体情况谈几点体会。

(一)加拿大高等教育的概况

加拿大高等教育比较发达,全国共有 92 所大学(University)、122所大学学院(University College)、400 多所社区学院(College),另外还有一些实用技术学校和私立职业学校。每所大学都是相对独立的,学校自行制订课程、颁发学历等。每年有近 130 万全日制学生在大学或学院学习。高等教育的毛入学率达 50%。

1. 加拿大高等教育的办学定位

加拿大高等教育定位明确。大学与学院各自承担了不同的任务:大学侧重于学术研究,主要负责培养高级研究和管理人才,进行研究生和本科生教育;大学学院侧重于应用技术研究,主要负责培养应用型技术人才,进行本专科层次的教育;社区学院主要进行两年制以下学历和文凭教育及职业技术教育等。如约克大学的 Senica 学院,该院在职业教育中特色鲜明,主要是培养学生的动手能力,使其掌握一技之长。加拿大 80% 以上的民航飞行员都接受过该校的培训。

---

① 本节内容曾发表于《河南纺织高等专科学校学报》2005 年第 4 期。

2. 加拿大高等教育的办学理念

"以人为本"是加拿大高等教育基本的教育理念。这种教育理念在学校的教学活动中得到了充分的体现。

在培养计划的制订上，多数院校为学生量身定制培养计划，提供丰富多样的课程和方案供学生选择。学生取得学位、学历没有年限限制，两年制的专科也可以读到8年；没有学历教育、成人教育、远程教育的差别；没有本科转专科、专科升本科的限制。学生可以根据自己的学习能力和志愿，随时更改自己的学习计划，可以自由选择学习课程、学习方式、注册时间等。

在学校管理上，除了要求学生必须考试合格外，学校不对学生做出其他任何硬性规定。例如约克大学的工作人员，除了上课教师（faculty）外，最多的就是学生顾问（Support Staff），学生顾问为每个学生提供学习和生活两方面的顾问服务：学习顾问（Academic Advisor）为学生提供学习计划和帮助，生活顾问（Personal Counselor）为学生提供校园生活的指导和帮助。为了帮助留学生尽快适应加拿大的学习和生活，学校还提供了"本地家庭寄宿计划"（Community Linkages），让留学生有更多的机会了解加拿大的家庭生活、风俗文化，同时还能享受良好的英语语言环境。

在校园建设上，许多学校的图书馆、教室、食堂等公共场所，随处可见人性化的设施，如座椅、书包桌（钩）、学习讨论场地等，学校还为残疾学生专门设置了自动开门按钮，提供了专门的卫生间和就餐桌等。

3. 加拿大高等教育的体系

加拿大全国有16个省区，联邦政府不设教育部，高等教育由各省区设立的教育部负责。各省区教育部的主要任务一是制定方针政策，二是提供拨款，三是对学校进行监督评估。各省区虽然分别管理自己的大学，各有自己的教育体系，但每个省区的教育质量基本上是相同的。联邦政府通过资助高校科研经费和采取其他措施来支持地方高等教育。如联邦政府每年给安大略省的科研经费为16亿加元。

由于加拿大联邦政府未设置教育部，全国的教育需要经过由各省区教育部长参加的"教育部长联合会"进行交流与协调,联邦政府有关部门定期协调全国教育计划和有关经费。为了加强学校间的联系、协调、交流与合作,全国成立了由各院校校长参加的"加拿大大学学院联合会"。该联合会还与省政府有关部门联系,向其反映情况。该联合会的主旨是:实现信息分享,促进校际交流和教师交流,加强科研合作和技术转让,提高经费投入和学生资助,影响政府的教育政策等。

4. 加拿大高等教育的主要特色

(1)大学有较大的办学自主权。加拿大政府对大学的控制很有限,大学具有高度的自治性和独立性:一是自主招生。高等院校的招生没有统一的规定,不同省份的学校甚至一个学校的不同院系都可以根据自己的需要和条件制定不同的招生章程。二是自主设置专业和专业方向。学校根据经济社会发展的需要对专业及时予以调整。三是自主设置课程及学分。加拿大的高等学校普遍实行了学分制和弹性学制,学生修满学分可以提前毕业,完不成学分可以延长学习时间。四是自主制定人事分配制度,自主聘任教职员工。五是自主进行联合办学。六是自主开展国际教育与合作交流。

(2)高等职业教育较为发达。加拿大高等职业教育主要由社区学院和技术学校承担。该类学校实用型职业教育特色比较突出,毕业生供不应求,就业率一般在80%以上。学校办学方式灵活。学校专业主要根据当地经济发展的需要而调整设置,学生直接面对企业进行培训。学校开设基础课程,修业期1—2年,学生修完课程后,可转入大学二三年级学习。学生学习一年后可颁发技术证书,学习三年后可颁发职业学院毕业证,学习四年后可颁发学士学位证。该类学校办学领域不断扩大,许多学院实行合并、联合等形式,并且两种机制共存。如 Senica 学院就建在约克大学校园里,Humber 学院里建有 Guelph 大学的教学楼。

(3)注重国际合作教育。加拿大是世界上合作教育的发起者,1957 年滑铁卢大学首创了合作教育的形式。经过多年的发展,加拿大共有五十多所大学,五十多所社区学院参加了合作教育。多伦多大学、约克大学国际合作教育近年来不断发展,约克大学与我国的地质大学、复旦大学、北京大学都有合作项目。2005 年约克大学派出 42 名学生到 24 个国家进行合作交流,其中派到中国有两名学生。

(4)开展高校联合办学。为实现资源共享,加拿大大学纷纷采取联合办学的措施,加强校际合作,实行院校合并和校内相关院系合并等。如多伦多大学与圣乔治学院、史卡勃卢与艾德尔大学进行合并;约克大学与 Senica 学院、Guelph 大学与 Humber 学院长期合作。

(5)实行远距离教育。加拿大幅员辽阔、人口较为分散,从 19 世纪中叶起,加拿大各级政府开始举办远距离教育。学生可以在外地学习大学或社区学院的课程,通过考试获得学位或文凭。一些学校还相互承认学分,使接受此种教育的学生有继续深造的机会。20 世纪中期,加拿大一些大学开始开设因特网课程,安大略省有 22 所大学和学院开办网络教育,设有 550 个专业。

(6)大力拓展国际教育市场。由于加拿大本身就是一个移民国家,因此在教育国际化方面有着比较好的基础和心理环境。不同肤色的学生在一起学习、谈笑,关系十分融洽,这对学生开阔国际化视野和培养健全的人格大有裨益。加拿大政府十分重视招收国际留学生,目前仅约克大学在校的国际留学生就有 3200 多名,其中中国留学生有 1000 多名。他们还对留学生采取了优惠政策,提供 150 个勤工俭学职位,从 2005 年开始,增加国际留学生奖金 100 万加元。

(7)采取双语教学。加拿大大部分大学使用英语教学,少部分使用法语教学,还有一部分使用双语教学。要求本国学生学习第二外语,约克大学近几年先后增加了九种欧洲语言,同时还增加了汉语、日语、朝鲜语等供学生进行选择。

(二)加拿大高等教育管理模式

1. 行政管理

加拿大大学由各省教育部负责管理,但这种管理仅限于制订全省的高等教育方针和计划,以及向各校拨款等事宜。大学实行自治管理,各校具体的行政管理和教育事宜均由学校自行决定和实施,省政府无权干涉。大学行政系统的最高权力机构是董事会,董事会成员大都由当地政府、企业界、校友、全职教师和学生组成,负责选聘校长、对学校重大问题做出决策、审批预决算和监督财务状况等,董事会由 12—60 人组成,任期五年;大学的行政负责人是校长,其主要职责是筹款、选聘教师和建立规章制度;大学一般有若干副校长,分管不同方面的事务,院系领导和科研部门负责人由校方聘任。

2. 教学管理

大学设立学术委员会或评议会,其为学校的最高学术机构,负责学校内部的所有教育事宜和学术活动,如审定学科课程、制订教学计划和科研规划、颁布毕业标准、授予学位、聘任教师等。该委员会由 30—100 人组成,包括副校长、各学院院长、注册部主任以及各院系的教师代表,校长为委员会主席。董事会可以通过是否批准预算来对其施加影响。因此,校长的一项重要职责就是在这两个决策机构之间充当协调人。

加拿大高校实行春秋两学期制。每年的 9 月到 12 月下旬为秋季学期;1 月中旬到 5 月中旬为春季学期;5 月中旬到 8 月底为夏季学期,一般为选修课时间。加拿大多数大学实行完全学分制,能够满足不同学习程度的学生的需求。学生在学校学习有较大的自由度。学校没有固定的班级,学生可根据自己实际情况自选课程、自选授课教师,还可以根据自己修完的学分情况,决定自己进修的年限。学生在职业学院前两年所修的学分大部分可提供给大学,作为学位课程前两年的学分。硕士、博士课程均考虑学士课程学分。加拿大大学无升学考试,大学录取的主要依据是学生在中学的全部成绩。各大学每年制定一个录取分数线,以水涨船高的原则而定。硕士、博士研究生招生主要根据 GRE 或 GMAT 的成绩以及本科成绩和本科授课教师的推荐信,另外要求学生要有经验或新的理念。报考医学院、法学院的学生,必须先完成一个本科学年的学习,还要经过统一的相关能力考试,同时还需具备加拿大永久居民的身份。

3. 科研管理

加拿大高校充分发挥自身的优势,主动与企业和科研部门合作,加快科研创新和技术转让的步伐。如约克大学成立了 21 个研究中心,许多教授和学者纷纷走出校门主动与企业建立伙伴关系。这样教师不仅转让了技术,开发了产品,丰富了教学内容,促进了科研工作的针对性和实用性,而且提高了高校科研工作的经济效益,解决了科研经费短缺的问题。"自然科学与工程研究基金会"和"创新基金会"联合在高校设立了专门机构,专门从事国家急需的课题研究,工作实验室和办公场所由学校提供,研究人员的工资和一切设施、设备和科研费用由基金会承担。

4. 经费管理

加拿大的教育经费来源渠道主要有五条:一是省政府拨款;二是联邦政府资助;三是校办产业、科研收入;四是学生学费;五是社会机构和私人捐款。加拿大各省政府通过财政预算向高校拨发事业费和基本建设费,教育经费依据前两年在校学生数拨给,大学 50%—70% 以上的经费来源于政府财政拨款。联邦政府主要通过各种研究基金会(如自然科学与工程研究基金会、社会与人文科学研究基金会和医学研究基金会)为高校提供科研经费,大约占高校科研经费 80%。学校主要通过校办产业、科研、社会服务、学费以及个人捐款、公司赞助、社会机构赠款等途径筹措经费,各大学除校长抓筹款外,还明确一名副校长负责筹款的日常工作,并成立专门的筹款机构。多伦多大学建校以来,筹款经费 10 亿加元,约克大学筹款 4 亿加元。政府对高等学校的学费不进行限制,特别是对留学生收费不限制。加拿大高校学费的标准因学校和专业的不同而有所差异,通常名校学费涨幅比一般学校要大,就业前景好的专业涨幅比一般专业要大。一般来讲,大学学费为 4814 加元,学院为 1820 加元,有的专业为 2000 加元到 3000 加元左右。但有的专业如工商管理、工商管理经理人、医学、法律等专业收费在 5 万到 8.5 万加元之间。

5. 师资管理

加拿大高校教师的职称分为教授、副教授、助理教授、讲师四个层次。实行公开招聘教师制度,尤其是教授向全世界公开进行招聘。对于考核合格、成绩卓著的教授实行终身教授制;对于没有晋升或没有聘用的教师则遵循解职离校、非聘即走的原则。在聘任期间,各级教师都要承担教学、科研和技术转让或社会服务等任务。大学教师的工作量一般为教学30%、服务30%、科研40%。如多伦多大学规定,各级教师承担的教学和科研工作要各占40%,技术转让或社会服务工作由教师自主安排,一般不作定量要求。

6. 贷款管理

加拿大对高校学生的贷款有两种:一种是联邦政府和省政府的贷款,另一种是商业银行的贷款。贷款数额联邦政府占60%,省政府占40%。大学学生每年可贷款7500加元,学院学生每年可贷款7200加元,私立职业学院学生可贷款10700加元。政府的学生贷款申请需在学校初审合格的基础上,由省政府学生贷款办公室进行审批,三分之二的学生可以拿到贷款。政府规定:学生毕业6个月后开始偿还贷款本金和利息,对于个别有困难的学生可延至毕业3年后开始偿还。政府的贷款由银行负责发放和回收,政府提供担保,贷款偿还期限为9年。学生在校期间和毕业后宽限期的贷款利息由联邦政府和省政府负责支付。

7. 后勤管理

加拿大高校后期服务工作实行社会化管理,社会各行业在校内自主经营。学校虽不负责任何经费投入,但是仍要对后勤服务进行规划、协调和宏观管理,并负责学校校舍建设和维修工作。为了促进高校后勤社会化不断完善和发展,全国成立了由各高校分管后勤和财务的副校长参加的"加拿大高校行政管理学会"。该学会关心的中心问题是计算机管理系统的更新换代和校舍的建设问题。

(三)加拿大高等教育面临的问题

1. 入学人数激增,政府高等教育投入增幅较小

目前,加拿大高校迎来了战后第二个适龄人口入学高峰,大学入学

人数年增长率达到 1991 年以来的最高水平。预计在今后十年内,加拿大高校入学人数将增加 30%,尤其在高等教育发达的不列颠哥伦比亚省和安大略省,将至少增加 40%。

加拿大高等学校大多是公立学校,省政府的教育拨款是其主要财政来源。自 20 世纪 90 年代以来,各省为平衡预算相继削减教育经费,许多省份削减幅度在 20% 左右,全加拿大平均高等教育费用实际上下降了 13%,迫使各高校一再提高学费,以弥补政府教育拨款的不足。

2. 教师待遇较低,流失严重

加拿大省教育部长理事会与加拿大统计局联合公布的统计数字显示,自 2000 年到 2010 年,在加拿大 33000 名大学教师中将有 20000 名教师退休或以其他方式流失。现任加拿大大学教师中年龄在 55 岁以上的占三分之一,预计今后 20 年加拿大大学必须增加 40000 名大学教师才能满足需要。目前,加拿大大学师生比为 1∶19,安大略省的师生比为 1∶28。再加上大学科研和教学设施陈旧,加拿大教师工资水平比其近邻的美国较低,导致加拿大大学部分教学、科研人才流往美国和其他国家,对加拿大大学的学术和招生能力造成严重影响。

3. 学费逐年上涨,家庭负担沉重

随着知识经济的发展,2000 年以后加拿大 2/3 的工作职位需要具有大专以上学历的人来承担,但加拿大高等教育费用的增长率近年来已远远超过家庭收入的增长率。为弥补办学经费的不足,各高校连年提高学费,学费占高校预算的比重逐步上升。根据加拿大统计局统计,加拿大大学学费在过去 10 年中增加了 152%。据估计,到 2010 年,一个大专住宿学生每年所需费用将超过 3 万加元。这对一般家庭来讲肯定是一个沉重的负担。例如,1991 年纽芬兰纪念大学学费占校预算比重为 12%,现在已达 27%。总的趋势是名校学费涨幅比普通学校大,就业前景好、收入高的专业如医学、法律、计算机等涨幅比一般专业大。提高学费遭到学生们的强烈反对,甚至引起大规模的罢课和示威。

（四）加拿大高等教育的发展对我国高等教育的启示

我国的高等教育具有悠久的历史,但在高等教育日益国际化的形势下,也有许多不适应的方面,需要借鉴别人的长处,弥补自己的不足,用科学的发展观找出对策,积极解决改革发展中出现的各种矛盾和问题,为科教兴国战略的深入实施奠定坚实基础。

1. 拓展资金筹措渠道

由于我国是一个发展中的大国,是"穷国办大教育",政府能用于高等教育的拨款非常有限。我国绝大部分高校为公办高校,过去主要靠国家拨款。近年来国家对高等教育的投资远远满足不了高等教育发展的需要,对高校只进行宏观规划、评估,在资金运作上没有积极政策;再加上我国金融政策不断收紧,对高校贷款沿用企业标准,严格进行控制,忽视了高等院校属于公益事业单位,其投资效益周期长的特点,使得高校有限的贷款发挥不了应有的作用。我们应借鉴加拿大高校筹措资金的经验,改变现有的资金来源格局,多渠道筹措资金,为繁荣高等教育奠定坚实的经济基础。

2. 扩大高校办学自主权

近十几年来,扩大高校的办学自主权一直是所有高校的一致呼声。中央政府在一系列有关高等教育事业改革和发展的文件中,也一再强调要扩大高校的办学自主权。《中华人民共和国高等教育法》第30条明确规定:"高等学校自批准设立之日起取得法人资格",自主核定办学规模、制订招生方案、调节系科招生比例、设置和调整学科专业,自主制订教学计划、选编教材、组织实施教学活动,自主开展科学研究、技术开发和社会服务等。应该说中央政府的态度是明确的,使高校自主办学的积极性和能力有了很大的提高。但是,传统的计划经济条件下政府包办的观念,至今仍然有着较大的影响,高校的主管部门不该管的却管得过多过死的现象依然存在。《高等教育法》赋予高校的办学自主权并没有落到实处。在新形势下,传统的中央集权式教育管理模式越来越显得力不从心,甚至已经成为阻碍我国高等教育发展的瓶颈之一。因此,提高高校的办学自主权是高等教育改革重要内容,而完善大学法人制度是落实办学自主权的有效途径。

3. 注重本专科教育衔接

本科和专科教育是两类不同性质的教育,本科注重学术性、理论性,专科重视职业性、实践性,两者在人才培养方面各有所长。近年来,我国高等教育发展很快,但本科与专科教育的衔接沟通还不够。今后要构建高等教育立交桥,加强本科与专科之间的互动,使专科生能更灵活地进入本科学习,进一步满足学生和社会的需求。中国的高校只有提高资源利用率,加强同兄弟院校的联系,挖掘办学潜力,提高办学效益和学校管理现代化、信息化水平,打造精品专业,才能真正办出自己的特色和水平,才能跻身于世界先进高校的行列。

4. 加强产学研合作

高校坚持走产学研合作教育的道路,不仅符合我国经济发展的客观规律,也顺应了世界高等教育发展的趋势。产学研合作不仅有利于提高高校的教学质量,促进科技成果尽快转化为生产力;同时也可满足企业依靠科技进步、走出困境、促进发展、增强市场竞争力的需求。各高校应根据自身的专业特点,积极探索产学研合作教育模式:建立高科技经济实体工程技术研究中心、企业技术中心、博士后试点工作站等机构;依靠高校和科研院所,为企业培养和培训科技和管理人员;组建产学研联合促进会,加强地区与校所之间的全面合作关系;组织高层科技人员对企业进行诊评活动等。实行产学研合作教育是高校培养德、智、体、美、劳全面发展的社会主义建设人才的重要措施。我国和西方国家的国情不同、文化背景不同、体制不同,经济基础不同,既不能照搬,也不能全盘否定,要取其精华去其糟粕、用其所长,这样我们的高等教育才能赶上时代发展的步伐,逐步走向繁荣。

七、由科技革命看成人教育发展趋势[①]

在科学技术突飞猛进的知识经济时代,成人教育越来越受到人们

---

① 本节内容曾发表于《成人教育》2005 年第 11 期。

的高度重视,它在社会发展过程中所起到的推动作用也越来越突出地显现出来,并将向着终身化、社会化、多样化、国际化、高移化、法制化趋势发展。

(一)成人教育在科技革命中的作用

18世纪中叶,英国以蒸汽机的使用为标志,首先在棉纺工业拉开了产业革命的序幕。这次产业革命是从手工业向大机器生产过渡的技术革命,对劳动者提出了提高文化水平,掌握新技术的客观要求,于是就有了对劳动者的职业技能性的教育和训练,同时也推动着成人教育从文化教育方向派生出了职业教育的方向。

产业革命提出了对成人教育发展的客观需求,成人教育的发展又推动了产业革命的发展和成果的巩固。包括成人教育在内的社会教育的发展无疑都会作为社会发展进步的推动力之一,推动着社会前进的历史步伐。从20世纪四五十年代开始,出现了以原子能、电子信息、航天技术为代表的一系列高新技术,形成第三次科技革命。这次科技革命就其规模、深度和影响来说,远远超过前两次工业革命。它对社会生产力和世界经济产生了极大的推动作用,极大地改变了世界的面貌,同时也对人类的衣、食、住、行、用等生活习惯和思维方式产生了重大影响。在新科技革命的条件下,主要通过生产技术的不断进步、劳动者素质和技能的不断提高、劳动手段的不断改进,来提高劳动生产率。随着电子计算机等新技术的应用,生产工具和机器设备等劳动资料的性质、结构、功能也发生了变化。人们研制新型材料,按照人的需要设计、制造具有特殊性能和结构的材料,使劳动对象也发生了变化。与这种变化相适应,对劳动者的文化素质和技术水平的要求也大大提高了。即使受过高等教育的社会成员也面临着知识老化的威胁。学习新知识,了解新信息,掌握新技术,克服知识结构上的欠缺,主动适应社会发展给每个社会成员带来的新挑战,无不需要通过成人继续教育来完成。成人教育的对象是各类在职、从业人员,其教育结果能够直接有效地提高劳动者的素质,直接作用于生产力水平的提高,从而也促进劳动生产率和经济效益的提高。因此,成人教育在现实生产力水平的提高方面会发挥重要作用。

伴随着社会的进步和发展,中国的成人教育已步入现代化、规范化、法制化的发展轨道,特别是改革开放以来,成人教育初步形成了与普通教育、传统的学校教育并驾齐驱、协调发展的新局面,进一步承担起了对在岗、转岗和各类求职人员进行岗前、岗位培训,对离开正规学校的人员进行基础教育和高等教育培训,对受过高等教育的人进行继续教育培训的任务,同时也为老人、妇女乃至全体公民提供了旨在建设文明、健康、科学、民主生活方式的教育服务。毋庸置疑,成人教育和其他的教育形式一样是中国现代化建设和社会现代化发展的重要推动力量,在社会进步、经济建设、文化建设和民族素质、人民生活质量的提高方面都起到了重要的促进作用。

(二)现代科技革命下的成人教育发展趋势

一是终身化。当前人类科学知识是每3—5年增加一倍,全世界的学科门类已达2000多种,随着信息技术的飞速发展,人类知识更新的速度也在空前加快。在发达国家,由于新产品、新技术不断涌现,人们的工作变动也越来越频繁,因而需要经常更新自己的知识和技能。教育和学习的终身化正是对上述时代特征的直接回应。对个人而言,从学校毕业将仅仅意味着全日制学习阶段的终结,就业之后仍将需要终身不断地接受教育和培训。

终身教育的思想,在欧洲乃至全世界形成一种重要的教育思潮,是从20世纪60年代开始的。终身教育,它包括教育的一切方面,指的是人们在一生中所受到的各种培养的总和,在时间上包括从婴幼儿、青少年、中年到老年的正规和非正规教育和训练的连续过程,在空间上包括家庭、学校和社会等一切可利用的教育场所和方式。教育活动被认为是一个整体,所有的教育部门都结合在一个统一和互相衔接的制度中。这个体系并不排斥学校教育,而是把它包括在其中,成人教育也是它的组成部分。

终身教育从时间上来说,突破了学龄时期和工作时期的界限,一个人随时都需要和可能受教育,目前国外许多高等学校均已取消了年龄的限制,向所有不同年龄的人敞开求学大门;从空间上来看,突破了正规学校的框框,函授大学、广播电视大学、网络教育、开放大学,以至车厢大学、旅行大学,都成为适宜的学习形式。

二是社会化。成人教育受到各国政府与社会各界的普遍重视,社会的各个层面对成人教育全面参与和合作。在扩充对成人的教育机会过程中,强调各级政府、学校及社会各界广开财源,加强各种教育功能和学习机会的有效合作,不仅政府与企业直接举办各种成人教育,高等院校、职业学校及社会各界都积极参与举办成人教育,从而共同形成覆盖全社会的学习及援助系统,为全体公民提供各种学习资源和便于学习的场所。

美国的大企业家认识到传统的高等院校开展的职工教育并不能满足企业需要,因为一方面课程更新迟缓,不能适应科学技术及时在企业中推广应用;另一方面教学组织缺乏灵活性,不能适应年龄较大学生的半脱产学习。因此,美国越来越多的大企业兴办高等教育,如建立常设的训练中心,开展短期职工教育;举办授予副学士或学士学位的高等院校;举办研究生院,有权授予硕士或博士学位。

成人教育进入社区,作为21世纪成人教育的战略重点之一,就是要把成人教育置入一个具体社区的背景之中,并和其他各类教育融为一体,渗透入社区发展的各个方面。成人教育深入社区需要终身教育政策的制定和宣传推广,需要体现社区政府部门的意志,发挥政府部门的主体作用,需要社区民众个人的积极性和主动性,需要各类教育的相互衔接与协调配合,需要现代化教育手段与技术的介入与应用。为推行社区成人教育,应制定相应的法规或条例来从制度上保证依法开展社区教育。

三是多样化。世界各国成人教育形式是多种多样的,可包括现场培训、学校培训、函授教育、电教培训或网络教育等。

业余培训,可以更多地照顾到职工的个人特点,学习内容针对性强,时间灵活,自主选择性好;脱产培训,可以集中时间进行系统教学,有完整、周密的教学计划,有专门教师、教授,有班集体利于互助互利;在职自我研修,经主管领导批准,可以在适当时候进修,原则上三年内有 20 到 30 天脱产进修时间,进修地国内外都有;工厂培训,有生产技术培训班、专门任务班及先进工作法学习班等;再培训,即在职期间再次组织培训。

世界发达国家成人教育已普遍采用现代化教学手段,它主要包括现代化视听设备与现代信息处理技术两大类。

现代化教学手段的采用,为成人教育的个性化,即课程、进度、学习方式的自主选择,以及成人自修成才提供了条件。采用学分制,能使成人学员边工作、边学习,可根据自己的需要、兴趣选修课程,学满学分即可取得相应的证书。

随着现代信息技术的突飞猛进,网络技术正从许多方面改变人们的生活和工作。欧盟国家在 1997 年便已有 1200 万人次通过网络获得职业培训,这在很大程度上改变了传统的集中职业培训模式。而今,我国也正在逐步地开展这一新型的教育方式,为我国的成人教育开辟出一个新的天地。

四是高移化。成人教育培训学历层次呈现高移的趋势,这是现代科技在生产中普遍被采用,必然需要受过高层次教育人才的反映,而中等教育的普及与高校毕业生生源的增加也是这种趋向的一个推动力量。

目前,不少国家已设立了自学学位制度,这对于促进成人高等教育发展和缓解普通大学入学压力以及实施终身教育体制将起到重要作用。北欧一些国家都颁布法令,设立了自学学士学位,规定了申请学位的资格、考试过程和学位管理等内容。

现代企业教育是 21 世纪我国成人教育发展的又一战略重点。21 世纪初,是我国国有企业改革进入攻坚阶段的关键期,成人教育深入企业,发展学习型企业,不断提高企业组织的创新和发展能力,在促进学习化社会的构建中具有重要的战略地位。

为使企业内的大学教育趋向正规化，许多国家对完成企业高等教育的员工授以相应的学位及证书。在美国，除了一些企业大学或学院能授予学士学位外，著名的兰德公司和 BIM 公司甚至能授予哲学博士和工商管理硕士、博士学位。企业学院或大学的学位标准同传统学院或大学的学位标准一样，也通过政府教育机构的鉴定。

五是国际化。第三次科技革命也推动了国际经济格局的调整。随着科学技术的发展和世界各国经济相互依存、联系的日益紧密，全球一体化进程的加快，成人教育也出现国际化趋势。国际合作办成人教育在一些国家已取得了成功的经验。国际合作办成人教育的资金投入一般只是自办的二分之一或三分之一，培养的人才的适应能力较强，合作方可发挥各自的优势，后进国可引进先进国的教育资源，在合作中能不断地补充与更新教育资源。对发展中国家来说，双方的合作，与接受外国一次性的捐助相比，有更长期的效益。

六是法制化。成人教育的基本原则、基本制度与行政制度，许多国家都是用法律条款来控制、监督与调节。

世界成人教育立法的特点是：成人教育立法是国家或地方政府、有关部委的共同职责；在保证成人教育基本方针的前提下，普遍将成人教育的决策权和管理权下放到地方，趋向成人教育管理地方化；成人教育的工作与各国的经济发展同步，并日趋完善；成人教育立法条款中，日益增加并明确对经费的来源与专项拨款的规定；普遍关注失业者、贫困者等处境不利群体的特殊需求。

第四章　群众路线与组织保障

一、构建践行群众路线长效机制①

群众路线是党的生命线和根本工作路线,体现党的领导作风和工作方法。新形势下,党面临的执政考验、改革开放考验、市场经济考验、外部环境考验是长期的、复杂的、严峻的,精神懈怠危险、能力不足危险、脱离群众危险、消极腐败危险更加尖锐地摆在全党面前。只有植根人民、造福人民,党才能始终立于不败之地;只有居安思危、勇于进取,党才能始终走在时代前列。开展党的群众路线教育实践活动,是保持党的先进性和纯洁性、巩固党的执政基础和执政地位的必然要求。面对世情、国情、党情的深刻变化,我们要清醒地看到,一些党员干部身上仍然存在形式主义、官僚主义、享乐主义和奢靡之风的"四风"问题,影响了党同人民群众的血肉联系,损害了党的形象,削弱了党的战斗力凝聚力。为了更好地践行党的群众路线,有必要加大工作力度、建立长效机制。

突出宗旨意识,完善思想保障机制。应着力解决群众意识淡薄问题,教育引导党员干部坚持党的群众观点和群众路线不动摇,牢固树立全心全意为人民服务的根本宗旨。紧紧围绕"为了谁、依靠谁"这一根本问题,深入进行唯物史观和党的性质、宗旨教育,使广大党员干部真

---

① 本节内容曾发表于《人民日报》2014年9月24日。

正确立马克思主义群众路线的基本观点,深刻认识人民群众在历史发展中的作用,切实把人民的主体地位落到实处,贯穿到经济、政治、文化、社会、生态文明建设的各个方面,尊重人民首创精神,保障人民各项权益,实现发展成果由人民共享,促进人的全面发展和社会和谐。使广大党员干部提高在新的时代条件下坚持群众路线的自觉性,切实认识到"人民至上"是一种价值原则和政治信念,只有相信和依靠人民群众,全心全意为人民服务,做人民群众利益的忠实代表,并通过正确的路线、方针、政策来实施科学决策和正确领导,才能赢得人民群众的真心拥护和支持,为实现中国梦提供坚强保证。

加强制度建设,健全行为引导机制。只有加强贯彻群众路线的制度建设,健全行为引导机制,党员干部素质能力的提高、工作作风的转变才能长久、稳定。有效的制度建设可以克服随意性,解决好贯彻群众路线中存在的不想、不能、不愿问题。制度带有根本性、全局性、稳定性和长期性,是治本之策。应着力推进制度建设,健全行为引导机制,把群众路线贯彻落实到工作的方方面面。如落实党员干部定期走访基层群众制度,建立党员干部与人民群众的利益关联机制;完善领导干部选拔任用制度,建立群众测评机制;完善群众工作制度体系,建立党员干部与群众良性互动机制;等等。

完善惩治体系,强化党内监督机制。中国梦归根到底是人民的梦,必须紧紧依靠人民来实现。我们党自身面临着"四大危险""四大考验",一些党员干部存在"四风"问题,必须经常照镜子、正衣冠、洗洗澡、治治病。践行群众路线,要以党章为核心,建立和完善惩治脱离群众的各项法纪规定。建立党委统一领导、组织部门牵头抓总、各部门积极配合的践行党的群众路线常态化工作格局,健全践行群众路线责任制。严把党员"入口"关,建立健全入党机制;疏通党员"出口"关,建立健全不合格党员清退机制;规范党员"程序"关,建立健全党的组织生活机制。坚持严谨求实、分类实施、公开公正、群众满意的考评原则,不断完善考评体系。建立健全党员监督制约机制,切实健全党内民主监督制度和程序,进一步拓宽和完善党内民主监督渠道,逐步建立和完善党务公开制度、党内情况通报制度、重大决策征求意见制度等。

二、始终不渝坚守好党执政的生命线①

群众路线是引领党的伟大事业不断胜利的根本工作路线，是党执好政、掌好权的生命线。我们必须注重宣传教育、示范引领、实践养成相统一，注重政策保障、制度规范、法纪约束相衔接，始终不渝坚守好维护好党执政的生命线。

（一）群众路线是党执政的生命线

群众路线是党对中华传统民本思想精华的继承。文化是民族的血脉，是人民的精神家园。"国之命，在人心。"执政者与群众的关系问题历来是执政的根本问题。在我国传统文化中，重民、贵民、安民、恤民、爱民的民本思想源远流长，积淀丰厚。大禹的孙子太康等人追思大禹的遗训所作的《尚书·五子之歌》的第一句话就是："皇祖有训，民可近，不可下；民惟邦本，本固邦宁。"孟子认为，"得天下有道，得其民斯得天下矣；得其民有道，得其心斯得其民矣；民为贵，社稷次之，君为轻。"西周姜子牙说："治国之要，首先在于收揽天下民心。"唐代名相魏征常以"水可载舟，亦可覆舟"的道理劝谏太宗李世民。明末黄宗羲的民本思想主旨更加鲜明，他明确提出"天下为主，君为客"，认为"盖天下之治，不在一姓之兴亡，而在万民之忧乐"。这种"以天下苍生为念"的民本思想，虽然本质上是统治者自我救赎的应对措施，但从历史发展轨迹看，执政者只有以民为本、真正为民谋利，才能政通人和、万众归心。

群众路线是马克思主义唯物史观的生动体现。群众路线是中国共产党对中华传统民本思想精华的发展，是马克思主义基本原理与中国传统优秀文化相结合的结晶。马克思主义认为，人民群众是创造历史

---

① 本节内容曾发表于《河南日报》2014年5月20日。

的主体,不仅是物质财富和精神财富的创造者,而且是实现社会变革的决定性力量。中国共产党把马克思主义关于人民群众是历史真正创造者的原理,系统地运用在党的全部活动中,形成了党的"一切为了群众,一切依靠群众,从群众中来,到群众中去"的群众路线。建党90多年来,我们党始终坚持全心全意为人民服务的根本宗旨,始终高度重视与人民群众建立最为紧密的血肉联系。从毛泽东的"人民就是我们共产党人的'上帝','上帝'不能惹,谁惹怒了'上帝',谁就必定要垮台",邓小平的"我是中国人民的儿子",要"把人民拥护不拥护、赞成不赞成、高兴不高兴、答应不答应作为制定各项方针政策的出发点和落脚点",江泽民的"代表中国最广大人民根本利益",要"立党为公,执政为民",到胡锦涛的"群众利益无小事",要"权为民所用、情为民所系、利为民所谋",再到习近平总书记的"人民对美好生活的向往就是我们的奋斗目标",无不生动体现出党与人民群众的深情厚谊和对人民群众的赤子情怀。

群众路线是党的伟大事业不断胜利的根本工作路线。人民群众是党的力量源泉、胜利之本。毛泽东指出:"真正的铜墙铁壁是什么?是群众,是千百万真心实意地拥护革命的群众。这是真正的铜墙铁壁,什么力量也打不破的,完全打不破的。"在战争年代,流行于太行山区和冀中平原被老百姓广泛传唱的一首支前民谣说:"最后一碗米送去做军粮,最后一尺布送去做军衣,最后老棉被盖在担架上,最后亲骨肉送他上战场。"陈毅曾动情地说:"淮海战役的胜利,是人民群众用小车推出来的。"建党90多年来,党完成和推进了三件大事,这三件大事的一个共同特点,就是始终"紧紧依靠人民"。在全面深化改革、实现中国梦的新征程中,党只有继续与人民心连心、同呼吸、共命运,才能继续谱写事业新篇章、夺取中国特色社会主义新胜利。群众路线是党执好政、掌好权的生命线。世界近现代历史证明,一个政党能不能取得和保持执政地位,取决于它是否得到广大群众的支持,人心向背决定政党的生死存亡。当年,斯诺在延安时曾将中国共产党人艰苦奋斗、清正廉洁、服务群众的精神称为"东方魔力",并断言这是中共的"兴国之光"。20

世纪90年代初,具有93年历史、执政长达74年之久的苏联共产党,之所以一夜间丧失执政地位并走向瓦解,最根本原因,就是执政后没能始终把人民的利益和诉求放在心上,最终民心溃散,失去了人民的拥护和支持。马克思主义政党的最大优势是密切联系群众,党执政后的最大危险是脱离群众。正如习近平总书记所说:"密切党群、干群关系,保持同人民群众的血肉联系,始终是我们党立于不败之地的根基。"我们党作为一个长期执政的马克思主义政党,必须始终把人民利益放在第一位,自觉避免陷入脱离群众的凶险境地,确保党的执政地位始终坚如磐石、稳如泰山。如果党背离了群众路线,生命线就必定会变成"致命线"。

(二)始终不渝坚守好党执政的生命线

当今世界正在发生深刻复杂变化,世界仍然很不安宁,我国发展面临外部环境的严峻挑战。我国正处在发展的关键期、改革的攻坚期、矛盾的凸显期,发展中不平衡、不协调、不可持续问题比较突出。我们党的总体状况是好的,但在一些党组织和党员干部身上,仍然存在着"四风"这些令群众强烈不满的突出问题,这些问题严重侵蚀党的肌体,极大削弱党同群众的血肉联系,严重妨碍全面建成小康社会奋斗目标的实现。深入开展群众路线教育实践活动,必须采取综合措施,始终不渝坚守好党执政的生命线,为实现中国梦汇聚起磅礴力量。

加强教育,不断提高党员干部密切联系群众的自觉性——坚守好党执政生命线的前提。"群众在我们心中有多重,我们在群众心中就有多重";"只有我们把群众当亲人,群众才会把我们当亲人"。党员干部只有在思想深处真正理解和牢固树立群众观点,只有从思想根源上解决好世界观、人生观、价值观这个总开关问题,才会有对人民群众的深厚感情,才会有做好群众工作、密切党群关系的高度自觉。要持续开展马克思主义群众观点教育,使党员干部牢固树立人民群众是历史创造者、虚心向人民群众学习、竭诚为最广大人民谋利益、干部的权力是人民所赋予、对党负责和对人民负责相一致的观点,永葆共产党人崇高精神境界,不断提高全心全意为人民服务的坚定性。

真抓实干,把密切联系群众体现到保障和改善民生的各项工作之中——坚守好党执政生命线的基础。民生连着民心,民生凝聚人心;空谈误国,实干兴邦;真抓实干兴大业,求真务实得民心。党员干部要深入基层、走进一线,真诚倾听群众呼声、真实反映群众愿望、真情关心群众疾苦,真正做到群众有呼声、干部有回应;要把时间精力以及工作的着力点真正放到解决改革发展稳定中的重大问题上,放到解决群众生产生活中的紧迫问题上,努力解决好人民群众最关心最直接最现实的利益问题,始终把保障和改善民生作为一切工作的出发点和落脚点,更好地满足广大人民群众的基本民生需求,让广大人民群众的生活更加幸福美满。

率先垂范,把焦裕禄精神作为标杆和榜样——坚守好党执政生命线的关键。"打铁还需自身硬。"官行之,民必效之。领导干部是党领导的伟大事业和党的建设新的伟大工程的筹划者、组织者、推动者、参与者,一定要站在推进中国特色社会主义伟大事业、实现中华民族伟大复兴中国梦的战略高度,站在巩固党的执政基础和执政地位、保证党和国家长治久安的政治高度,大力践行社会主义核心价值观,自觉践行"三严三实"要求,把焦裕禄作为立身立行立言立德的标杆和榜样,带头大兴密切联系群众之风,更加自觉地坚持以经济建设为中心,促进经济建设、政治建设、文化建设、社会建设、生态文明建设和党的建设的科学发展、协调发展,使发展的成果更多更公平地惠及全体群众;要树立正确的利益观,始终把党和人民的利益放在第一位,在淡泊名利中打造一身正气;要树立正确的政绩观,真正做到"利在一己勿谋、利在天下则谋,利在一时勿谋、利在万世则谋";要遵照"照镜子、正衣冠、洗洗澡、治治病"的总要求,坚持高标准严要求开展好教育实践活动,对作风方面存在问题的党员、干部进行教育提醒,对问题严重的进行严厉查处,对不正之风和突出问题进行专项治理,深查细照、笃行实改,以"为民、务实、清廉"模范行为推动党群干群关系的密切,带头做焦裕禄式的好党员好干部。

健全机制,增强干部密切联系群众的制度化规范化水平——坚守好党执政生命线的根本。一些干部之所以"四风"盛行、脱离群众、腐化堕落,对党群关系构成致命伤害,既与干部的认识问题、感情问题、能力问题有关,又与体制机制和法纪制度有关。邓小平 1980 年就提出"制度治本"思想,他认为,制度问题"更带有根本性、全局性、稳定性和长期性",制度好可以使坏人无法任意横行,制度不好可以使好人无法充分做好事,甚至会走向反面。密切联系群众,坚守好党执政的生命线,既要注重宣传教育、示范引领、实践养成相统一,更要注重政策保障、制度规范、法纪约束相衔接。要坚持和完善学习制度、调查研究制度、联系群众制度、民主集中制度、公开办事制度,不断提高决策的科学性和可行性,不断提高为人民服务的水平和质量;要建立健全科学合理的干部任免制度,把党员干部联系群众效果的评判权交给群众,使勤政为民、求真务实的干部得到褒奖和重用,使好大喜功、弄虚作假的干部受到批评和惩戒,使党员干部由"道义型"的联系群众转变为体制机制内的联系群众;要着力健全及早发现问题的机制、纠正错误的机制、追究责任的机制,保证干部全面准确地贯彻党和国家的方针政策和工作部署,促使领导干部对自己的职务行为负责;要及时制定新的制度,完善已有的制度,废止不适用的制度,严格执行党的政治纪律、组织纪律、工作纪律、财经纪律、生活纪律和各项制度规定,严格执行国家法律法规,以制度创新推动密切联系群众步入制度化、规范化轨道,以纲纪严明的法纪制度保证权力在阳光下运行。

三、领导班子建设的做法和体会[①]

当前,我国高等教育正处在一个快速发展的历史性时期,大力加强高校领导班子建设,努力建立健全适应加强领导班子建设需要的系统化、科学化、制度化的长效机制,形成一个坚强有力的战斗集体和领导

---

① 本节内容曾发表于《河南教育(高校版)》2006 年第 12 期。

核心,对于高校发展具有十分重要的意义。近年来,尤其是开展保持共产党员先进性教育活动以来,我们始终按照社会主义政治家、教育家的要求,大力加强领导班子建设,取得了明显实效,促进了学校的快速发展。

（一）加强高校领导班子建设必须不断坚持和完善党委领导下的校长负责制

党委领导下的校长负责制的领导体制在我国高校已经实行10多年了,对于保证高校的社会主义办学方向、正确处理党政之间的关系、促进学校的改革和发展起到了极其重要的保证作用。抓好党委领导下的校长负责制,对于加强高校领导班子建设具有十分显著的促进作用。

一要提高认识,统一思想。《中国共产党普通高等学校基层组织工作条例》《高等教育法》从党的建设和法律上,对党委和校长的职责都作了明确规定,党委是高校的政治核心和领导核心,党委要对学校工作实施统一领导,要积极支持校长独立负责地行使职权,共同努力坚持社会主义办学方向,促进学校建设和发展。校领导班子成员要带领全校教职工加强学习,统一思想。要始终把学习党的民主集中制和党委领导下的校长负责制的有关知识,列入党委中心组学习、党委成员民主生活会、干部队伍建设和党员教育的一项重要内容来抓,结合学校工作和个人思想实际认真进行学习、总结和研讨,力求收到较好效果。党委集中精力抓方向、抓大事、抓关键,学校的重大问题和重要工作都是党委集体研究决定,然后按照分工实施,党委不过多地参与一些具体事务性工作。校长也要摆正自己的位置,自觉地尊重和接受党委的领导,重大问题及时提交党委研究,认真贯彻落实党委的决议。学校其他领导也要按照党委领导下的校长负责制的要求抓好各自分管的工作,形成团结勤奋、干事创业的领导集体。

二要建章立制,科学运作。坚持党委领导下的校长负责制,认识是前提,制度是保证,不能靠书记、校长的个人关系,必须靠科学有效的管理制度来规范班子成员的行为,靠科学运作来保证领导体制的实施。

在实际工作中要着重把握好两个原则:一是民主集中制原则,二是集体领导与个人分工负责相结合的原则。在这两个原则的前提下进一步加强制度建设,建立健全《党委会议事规则》《校长办公会议事规则》以及教职工代表大会、校学术委员会的相关规则。与此同时,要建立健全院系一级党政联席会议制度,对党政联席会议讨论和决定的事项、内容、时间、程序、参加人员、主持人等作出具体明确的规定,贴进校园网,制作成标牌挂在办公室,做到有章可循,规范管理。校党委要按照"集体领导、民主集中、个别酝酿、会议决定"的要求认识和解决问题,通过科学运作,做到使党委尊重校长的行政指挥权,校长尊重党委对重大问题的决策权,党委和校长尊重学术委员会在学术问题上的发言权和审议权,党委和校长也尊重教代会的监督权。

三要集思广益,民主决策。党委主要抓办学方向,包括政治方向和学校发展方向。这些问题并不是笼统的,而是一个个很实在很具体的事情。只要党委确实是在抓大事,那么就必然涉及学校的建设、发展、教学和教职工的切身利益,必然受到广大师生员工的关注。对于学校带有全局性、长远性的问题,党委一定要坚持每逢大事必先议,实践证明,只有坚持集思广益、民主决策,才能保证党委领导下的校长负责制的顺利运行,才能不断加快推进学校的建设和发展。

四要加强沟通,共谋发展。党政系统,特别是两个一把手之间的沟通是最关键也是最基础的问题。书记和校长在重大问题上没有形成共识,是导致高校领导班子出现问题、产生矛盾、影响工作的一个最主要的原因。每逢决策大事,书记既要和校长沟通好,书记、校长也要和领导班子其他成员沟通好。这种沟通包括信息、认识、态度乃至感情上的交流,因为许多事情只有推心置腹地沟通,才可能充分交换信息、交流感情。充分沟通不仅有利于增进理解、促成共识,更有利于班子团结一致,共谋发展。大的事情书记和校长要先议,两人的意见达成一致后,将这种意见逐步与党委成员、领导班子成员沟通,再把相关议题放到党委会或校长办公会上讨论。在这些会议上,对于一些重大问题也是在讨论得非常充分、基本达成共识的情况下才作决策。通过加强沟通,统一思想,增强信任和团结,把大家的智慧和力量凝聚到做好本职工作、促进学校建设和发展上来,形成"聚精会神搞建设、一心一意谋发展"的良好氛围。

(二)加强高校领导班子建设必须要始终不渝地加强党风廉政建设

加强高校领导班子建设,必须要把党风廉政建设和反腐败斗争作为一项重大政治任务抓紧抓实,建立结构合理、配置科学、程序严密、制约有效的权力运行机制,为学校的建设和发展提供坚强的政治保证。

一要高度重视,常抓不懈。高校党委要把党风廉政建设作为加强党的建设和学校建设的重要内容来抓,利用政治学习和党日活动时间,坚持对广大党员、干部进行先进性教育和反腐倡廉教育,采取多种形式大力加强党风廉政建设,保证各项工作的顺利开展,为学校的建设和发展创造良好的环境。在工作中,要做到四个加强:一是加强党员干部的廉洁自律意识。要把党风廉政教育作为政治学习、党日活动的一项重要内容,通过各种生动活泼的廉政宣传教育方式,引导广大教职工尤其是党员干部树立廉政理念,营造以廉为荣、遵纪守法、自我约束的校园廉政文化氛围。二是加强党风廉政建设各项目标的落实。针对年度党风廉政建设各项目标,狠抓落实,抓住学校管理的关键部位和关键环节,进一步建立和完善各种规章制度,严肃责任追究制度。三是加强各项规章制度的监督和落实。制度建立了,落实是关键。要加强对制度执行情况的监督检查,切实增强自觉遵守制度和按程序办事的意识,严格执行各项制度,加大责任追究和处罚力度,维护制度的严肃性。四是加强党风廉政建设为各项工作保驾护航的积极作用。党风廉政建设对于促进学校各项工作的健康发展有着重要意义,是创造和谐校园的基础,要进一步提高认识、统一思想、大力加强党风廉政建设,确保各项任务的顺利完成。

二要建章立制,注重成效。大力加强党风廉政建设,制度建设尤为关键。近几年来,河南纺织高等专科学校(简称河南纺专)根据学校实际尤其是新区建设的实际,制定了一系列的廉政建设和监督审计的规章制度,如《河南纺专关于进一步加强反腐倡廉工作的意见》《关于加强新校区党风廉政建设工作的意见》《关于加强新校区建设监督审计的实施办法》《新校区建设合同及协议审计办法》和《新校区建设工作人员保密制度》等。同时,制定了学校收费管理办法,规范了收费行为。注意加强对教育经费的管理,大额资金的使用,由校长提出方案后提请党委讨论决定,预算外资金严格收费标准,认真执行收支两条线规定,禁止设立小金库。对科研项目的立项、鉴定,科研成果的奖励,教师职称评定、推荐等工作程序进行规范。在干部任用调整中,实行竞争上岗,干部的调进调出、各重要岗位人事安排,坚持党委集体讨论决定。通过对这些工作的规范,加强了监督,防止和避免了一些腐败现象的发生。2005 年审计金额为 3705 万元,审减金额 592 万元,为学校节约了大量资金。此外,在年度考核述职、创建"五好"党支部、评选先进等方面也都建立健全了一系列党风廉政规章制度,努力做到与教学、行政和后勤工作有机结合,收到了较好的效果。

(三)加强高校领导班子建设必须要以奋力推进发展的信念和行动为基础

促进团结是加强高校领导班子建设的一项重要内容。用共同的发展目标和理想信念维系团结至关重要,只有在共同推进学校发展的过程中才能凝聚人心、鼓舞斗志,促使大家心往一处想、劲往一处使,保证各项任务的完成,加强相互之间的团结和协作。

一要统揽全局,精心谋划发展。要结合学校实际,确定必须着力抓好的重要工作和奋斗目标,通过谋划发展统一思想,达成共识,凝聚力量。河南纺专是一所具有 50 多年历史的老学校,通过几十年的建设,有着良好的发展基础。在高等教育快速发展的形势下,学校的发展方向究竟怎样定位,事关学校的长期发展问题。校党委根据各方面的意见,解放思想,审时度势,几经教代会讨论、审议,反复研究确定了"努力办好专科、积极争取创建本科"的发展方向和奋斗目标,认真研究制定学校发展战略规划、校园建设规划和师资队伍建设规划。既极大地调动了广大师生的积极性,使全校师生受到很大鼓舞,又增进了领导班子的团结,增强了广大教职工加快推进学校建设和发展的信心。

二要抓住重点,奋力推进发展。党的十六大报告中明确指出:"发展是硬道理。必须抓住一切机遇加快发展。"只有紧紧抓住发展这一核心问题,高校领导班子才会富有活力和激情,在干事创业中增进团结、提升素质。河南纺专在 2004 年完成了 1155 亩土地的征购工作,随后坚持"高水平规划、低成本建设"的方针,以只争朝夕的精神和超常规的速度于 2005 年 1 月全面启动新区建设,10 万余平方米的工程于 8 月底全面竣工。9 月上旬,工商管理系、经济贸易系、计算机网络学院 3 个院系 3500 余名师生顺利入住新校区,成为学校发展史上的一个重要里程碑。在推进新区建设的过程中,学校领导班子在群众中提高了威信,凝聚力和战斗力也大大增强了。

三要抢抓机遇,促进协调发展。新形势下加强学校领导班子建设,首要的任务就是牢固树立和落实科学发展观。只有牢固树立和认真落实科学发展观,才能进一步丰富发展内涵、创新发展观念、开拓发展思路、破解发展难题。河南纺专近几年在大力推进外延建设的同时,也在大力推进内涵建设。实施了"人才兴校"工程,认真研究制定了培养、引进、留住高层次人才的具体规定,连续出台了一系列引导、鼓励和支持科学研究的规定和政策。注重提高核心竞争力,形成了一批优势专业和品牌专业,现有 35 个专科专业、3 个本科专业,学校的国家级和省级示范、试点专业总数达到了 7 个,其中国家级的有 3 个。2005 年,学校被评为省级文明单位,标志着学校整体工作上了一个新台阶。当前,河南省高等教育正处于快速发展的关键时期,省委、省政府制定的《河南省国民经济和社会发展第十一个五年规划纲要》绘就了高等教育的发展蓝图。我们要进一步振奋精神,团结奋进,求实创新,不断加强高校领导班子建设,建立健全领导班子永葆先进性的长效机制,为实现中原崛起和全面建设小康社会作出更大的贡献。

四、论领导干部法治思维及
法治领导方式的培育①

党的十八届四中全会通过的《中共中央关于全面推进依法治国若干重大问题的决定》（以下简称《决定》）明确提出："党员干部是全面推进依法治国的重要组织者、推动者、实践者，要自觉提高运用法治思维和法治方式深化改革、推动发展、化解矛盾、维护稳定能力，高级干部尤其要以身作则、以上率下。"这是在新的历史条件下对党员干部素质能力提出的新要求，是保持党的先进性和提高党的执政能力不可或缺的要素，也是全面推进依法治国、建设社会主义法治国家的关键所在。

（一）法治思维是依法治国对领导干部的要求

法治思维是一种规则思维、程序思维，强调法律的底线不能逾越、法律的红线不能触碰，凡事必须在既定的程序及法定权限内运行。提高党员干部法治思维和依法办事能力，就是要求在坚持党的领导、人民当家作主、依法治国有机统一的指引下，增强法治观念、弘扬法治精神，带头尊崇宪法法律，自觉在法治轨道上想问题、作决策、办事情，不断提高运用法治思维和法治方式深化改革、推动发展、化解矛盾、维护稳定的能力。

第一，领导干部树立法治思维是贯彻依法治国的客观要求。首先，领导干部是依法治国的组织者，必须带头学法、守法、用法，用法律来约束自己的行为，用法律来规范每项决策，由注重依靠行政手段管理向注重运用法律手段管理转变，养成决策前找法律，依靠法律解决问题的习惯，做到"言必合法，行必守法"。其次，领导干部是依法治国的推动者，负有保障法律实施、法律执行的基本职责，推动和确保秉公执法、公正司法，直接关系法治权威的树立，关系法治秩序的形成和法治建设的

---

①　本节内容曾发表于《领导科学》2015 年第 2 期。

成效。领导干部要领导他人依法办事,必须自身依法办事,在法律的框架内规范自己的行为,约束自己的言行,掌好权、用好权,做到"坚持以公开为常态、不公开为例外原则",办事公开透明,推行权力清单,在依法治国中做表率,起引领作用。再次,领导干部是依法治国的实践者,是法治实践的引领者、示范者,自身带头了、做好了,就能以上率下,带动全体人民弘扬法治精神。依法办事的过程也是让法律检验的过程,做得对不对,只能是以法律为尺度进行校正。符合法律的做法就坚持,不受外人的干扰,更不能看他人的脸色行事;而做得不对的,即使会触及不少人的利益也得中断或改进,以维护法律的严肃性和权威性。

第二,领导干部树立法治思维是依法决策的内在要求。党的十八大报告强调加强法治政府建设,并将依法作为决策的首要条件以及提高运用法治思维解决问题的能力,是因为中国的法治政府建设没有到位,权大于法、利大于法、情大于法现象还比较突出。正如《决定》中所指出的,法治建设中的诸多问题,"违背社会主义法治原则,损害人民群众利益,妨碍党和国家事业发展,必须下大气力加以解决"。领导干部只有适应新形势对法治建设提出的新要求,善于运用法治思维和法治方式调节经济社会关系、统筹协调各种利益、实现改革于法有据,才能更好地规范发展行为、凝聚改革共识、促进矛盾化解、保障社会和谐,不断提高科学执政、民主执政、依法执政水平。

第三,领导干部树立法治思维是妥善化解矛盾、推进治理能力现代化的现实要求。随着经济体制、社会结构和利益格局的深刻变革和调整,利益主体和价值取向呈现多样化和复杂化,导致社会生活中许多新情况、新问题、新矛盾日益凸显,群众不同的利益诉求也相继涌现并呈高发多元态势,尤其是由人民内部矛盾引发的群体性事件、大量上访事件已经成为严重影响社会稳定的最为突出的问题。领导干部要善于运用法治思维谋划各项工作,善于运用法治方式破解维护稳定、化解矛盾、社会治理中遇到的难题,把各项工作更好地纳入法治轨道,在全社会形成办事依法、遇事找法、解决问题用法、化解矛盾靠法的法治氛围。要真正做到人民利益至上,维护群众合法权益,将利益诉求、纠纷解决纳入法治轨道,为改革发展营造和谐稳定的社会环境,法治具有无可替代的重要作用。运用法治思维和法治方式化解矛盾、维护稳定,是领导干部在加强和创新社会管理中必须具备的能力。

(二)创新领导干部法治领导方式是实施依法治国的基础和关键

依法执政是党治国理政的基本方式,是依法治国的关键所在。良法离开了其运用和实施主体的正确思维导向以及不断创新的法治领导方式,其实际效应也会大打折扣。党员领导干部要牢固树立法治意识,自觉运用法治思维和法治方式想问题、作决策、办事情,带动全社会遵法、守法、用法,把党的政治优势、社会主义的制度优势转化为管理国家的效能。

第一,用严格的法律制度约束领导干部,提升其运用法治领导方式的自觉性。中组部干部监督局在分析违法犯罪的多名原领导干部反省材料后发现,81.4%的人认为自己犯罪与不懂法有关。要破解领导干部这个特殊群体的法治思维以及法治领导方式难题,根本之策是用严格的法律制度约束领导干部,提升其运用法治领导方式的自觉性。治国必先治党,治党务必从严。一方面,领导干部要按照党领导立法、保证执法、支持司法、带头守法的要求,不断提高依法执政能力和水平,不断推进治国理政活动的制度化、法律化,提高运用法治思维和法治方式深化改革、推动法治、化解矛盾、维护稳定的能力。另一方面,党的各级纪律检查机关要严格按照党要管党、从严治党的要求,加强对党员领导干部的日常管理和监督,严格执行党的政治纪律、组织纪律、财经纪律、工作纪律和生活纪律,坚持查处违反法律制度的行为,确保法律制度的刚性约束。

第二,用科学的考评体系考核领导干部,激发其运用法治领导方式的创造性。《决定》提出,要把法治建设成效作为衡量各级领导班子和领导干部工作实绩的重要内容,纳入政绩考核指标体系,把能不能遵守法律、依法办事作为考察干部的重要准则。这对于我们创新领导干部法治领导方式考评体系提出了基本的遵循准则。一个科学的考核指标体系是真正衡量领导班子和领导干部法治建设成效的关键所在。我们不仅要把法治建设的成效纳入领导干部考评的指标体系,更应该把其法治领导以及法治思维建设的任务细化甚至是制度化。进一步量化、细化法治考核内容,建立法治考核指标体系,要重点突出三个方面的考核:一是重大任务、中心工作的行为考核,主要是看各级领导班子和领导干部能否坚决依法办事,尤其是面对拆迁控违、土地流转等涉及巨额资金时,能否把持住自己,不谋取不正当利益。二是日常工作的考核,主要是看各级领导班子和领导干部能否带头遵纪守法,在学习宣传法律知识、执行各项规定制度上发挥表率作用。三是依法决策的考核,主要是看各级领导班子和领导干部能否严格履行民主决策程序,能否把公众参与、专家论证、风险评估、合法性审查、集体讨论决定等各项程序落实到位。通过科学的考评体系,把那些具有良好法治思维、积极创新法治领导方式的领导干部提拔到高一级的领导岗位上来,把那些特权思想严重、法治观念淡薄的干部调离领导岗位,形成能者上、庸者下的政绩考评体系。唯有如此,才能够调动领导干部依法行政以及善于用法治手段解决问题、推动发展的能力,才能够激发领导干部依法履行职责的积极性。

第三,用周密的监督体系规范领导干部,激发其运用法治领导方式的积极性。《决定》指出:"建立重大决策终身责任追究制度及责任倒查机制,对决策严重失误或者依法应该及时作出决策但久拖不决造成重大损失、恶劣影响的,严格追究行政首长、负有责任的其他领导人员和相关责任人员的法律责任。"鉴于此,要想使领导干部树立法治思维,在工作中不断创新法治领导方式,促使其依法行使公权力:一要强化制度建设,特别是要强化政府内部监督的制度化建设,不断完善行政立法的程序,保障行政立法为民服务的根本宗旨。二要综合运用党内监督、人大监督、民主监督、行政监督、司法监督、审计监督、社会监督、舆论监督等形式,形成监督合力,以监督促使领导干部法治领导方式的转变。三要严格行政问责。要加强行政问责立法,依法规范和保障行政问责。严格执行《行政监察法》《公务员法》《行政机关公务员处分条例》

《关于实行党政领导干部问责的暂行规定》，坚持有错必纠、有责必问。

第四，用科学的学习制度教育领导干部，激发其运用法治领导方式的主动性。领导干部运用法治领导方式的关键在于将法治从法律条文内化为一种约束、一种责任感。绝不逾越法律的底线，这是一种将感性与理性相结合的信仰。法治思维的实质，不是把法律当作现代神灵来膜拜甚至盲从，而是要真正树立宪法和法律权威，建立一种以正确理性、具体规则和正当程序为基本特质的治理秩序和参与秩序，使法律成为国家、社会最高层次的治理规则，成为解决纠纷的最终途径。其一，领导干部对法治要有执着坚守之心。坚信法治是前提，坚守法治是关键。要把法治信仰作为毕生的追求，坚持内心崇尚法治、行动践行法治、终身坚守法治，为实现法治中国目标勇于担当、不懈努力。要弘扬法治精神，时时自省、严格自律、知行合一、表里如一，做到在任何时候、干任何事情都以法律法规为判断标尺和行为准绳。其二，领导干部对法治要有敬畏戒惧之心。习近平强调，要以严的纪律约束干部，使其心有所畏、言有所戒、行有所止。严的纪律就是党纪国法，就是党员干部的行为规范。我们对法纪要心存戒惧，视法纪为雷池，始终牢记法律底线不可触碰、法律红线不可逾越。其三，领导干部对法治要有贯彻运用之心。领导干部强化法律意识，强化法治思维，严格遵循法定权限和法定程序想问题、作决策、办事情，运用法治方式深化改革、推动发展、化解矛盾、维护稳定。在遇到权力与权利冲突、公共利益与个人利益冲突时，要牢固树立民本意识，主动运用权利本位、正当程序等法治理念和法律原则处理问题，坚持依法办事，减少官民对抗，树立领导干部在群众中的良好形象。

五、以人才培养质量提升
推进党的青年工作[①]

一个有远见的民族，总是把关注的目光投向青年；一个有远见的政

---

① 本节内容曾发表于《河南教育》(中旬)2011年第10期。

党,总是把青年看作推动社会前进的最活跃力量。"全党都要关注青年、关心青年、关爱青年,倾听青年心声,鼓励青年成长,支持青年创业。"胡锦涛同志在庆祝中国共产党成立90周年大会上的要求,彰显了党对青年群体的高度重视、热情关怀和殷切期望。高校是青年汇聚、青春飞扬的殿堂,是青年成长、成才的摇篮,理应率先学习、行动,深入贯彻落实"七一"重要讲话精神,进一步关心、关爱青年大学生,以人才培养质量的不断提升,自觉坚定地推进青年工作。

(一)关爱青年成长成才,就要坚定青年理想信念,始终高扬社会主义核心价值体系这面精神旗帜

高校是青年知识分子集中、学术思想活跃、文化活动频繁的地方,也是国家意识形态工作的前沿阵地,在各种思想文化交流、交融、交锋频繁,社会思想多元、多样、多变的今天,要想牢牢掌握高校意识形态领域的主导权,用与时俱进的马克思主义成果教育青年、引导青年、鼓舞青年,就必须高扬社会主义核心价值体系这面当代中国的精神旗帜。高校要主动把自身打造成为社会主义核心价值体系的传播重镇,把社会主义核心价值体系融入高等教育的全过程,有效转化为广大师生的自觉追求。

为此,高校要坚持以思想育人为先导,用社会主义核心价值体系武装青年,高校党委班子要定期研究部署社会主义核心价值体系建设的各项工作,及时解决相关问题和困难,认真做好组织、领导和协调工作,强化经常性的检查、督促和讲评,确保社会主义核心价值体系建设的各项要求都落到实处。与此同时,还要从制度上明确宣传、教学、共青团、就业等各部门的工作职责,形成在校党委统一领导下,全员育人、全程育人、全方位育人的良好工作局面,把社会主义核心价值体系教育融入人才培养的全过程,持之以恒地引导青年自觉践行。

河南财经政法大学以社会主义核心价值体系"三进"教育工作为抓手,通过德育课程和学科渗透,有效地把握、疏通、占领、拓宽了课堂主渠道的传播功能。学校还注重将普及、传播社会主义核心价值体系的工作辐射到校园文化建设中去,引领大学生自我学习、主动学习。由河南财经政法大学学生自发组织成立的社会主义研究会、毛泽东思想研究会、邓小平理论研究会、"三个代表"重要思想研究会、科学发展观研究会、青年马克思主义发展研究会等六大理论社团,齐头并进,持续联合开展以"学理论、读红书、跟党走"为主题的学术论坛和学习交流活动,已经成为传播社会主义核心价值体系的生力军,成为青年学子进行自我思想教育的先锋军、示范者和引领者。

(二)关爱青年成长成才,就要鼓励青年增长知识本领,把学风建设作为促进大学生成长成才的基础工程

重视学风建设是马克思主义政党的鲜明特征,也是社会主义大学实现可持续发展的永恒主题。每所高校都应把学风建设作为一项基础工程来抓,一如既往地做好思想政治教育工作,保持青年学习的自觉性;不断深化教学改革,转换教学机制,增强青年学习的主动性;不断强化管理、严明奖惩,以制度上的规范增强青年学习的约束性;不断提升教师队伍素质,加强教风建设,充分发挥教师对青年学子的示范性;不断提升校园文化育人品位,增强环境育人的渗透性,从而有效引导青年学生把勤奋学习作为人生进步的重要阶梯,抓紧学习人类社会创造的一切新思想、新知识,真正做到学以立德、学以增智、学以创业。

在学风建设中,河南财经政法大学重点把握四个环节——学习、思考、应用、创新。通过建设学习型党组织、学习型团组织、学习型班级、学习型宿舍等活动,引导学生在学习结构上实现跨学科、跨专业、跨方向知识的有机融合,在学习内容上更加科学化、现代化、信息化,在学习方式上更加多渠道、多方向、全方位。通过设立本科生导师制、扩大课堂信息容量、加大师生互动交流、强化思维方法培养等,给学生充分自由的思考空间,引导学生成为会思考的人。目前,以河南财经政法大学本科生为主撰写的《退休行为及退休年龄研究》《生育行为与生育政策》《种粮行为与种粮政策》3部专著先后由社会科学文献出版社出版,其中一些观点还成为全国两会提案的依据,在社会上引起强烈反响。

通过强化就业指导课,邀请各行业精英到校授课;鼓励学生兼职、实习、创业;定期举办职业规划和才艺技能设计比赛等,激励青年学生注重个人影响力、人际交往能力、团队意识、领导能力等的培养,不断提高大学生的知识应用能力,提升知识价值。通过重视大学生个性培养、不断优化实践课课程体系、鼓励学生参加科技竞赛等,不断探索提高青年学生创新能力的新途径。近年,我校学生在"挑战杯"全国大学生课外学术科技作品竞赛、全国大学生数学建模竞赛、全国大学生英语竞赛等专业竞赛中,先后获得国家级奖励170多项(次)。

(三)关爱青年成长成才,就要锤炼青年的优良品德,把诚信教育作为财经政法类人才培养的第一标准

诚信是中华民族的传统美德,是做人的基本准则。现代市场经济的本质是信用经济、法制经济,其前提就是诚信。然而,随着市场经济的不断发展,诚实守信受到前所未有的冲击。财经政法类高校肩负着培养财经、政法类人才的重任,所培养毕业生的思想道德水平将直接影响市场经济条件下的道德走向,这就对大学生的品德修养提出了更高的要求,即诚信的知行统一。因此,财经政法类大学要把诚信教育作为青年人才培养的第一标准,引导学生在学习、交往和工作中把诚信认识、诚信情感与诚信信念结合起来,养成诚信习惯、坚守诚信品质,以诚实守信的精神风貌走向社会、赢得发展。

河南财经政法大学高度重视大学生诚信教育,将"诚信建设工程"先后列入学校"十一五"和"十二五"发展规划,统筹部署和规划学生诚信教育工作。学校牢牢抓住新生教育、日常教育、朋辈教育、纠偏教育、毕业教育五个环节,深入开展学术诚信、考试诚信、生活诚信、网络诚信、就业诚信、还贷诚信等主题教育活动,除课堂教育外,还通过演讲比赛、征文活动、诚信签名、主题班会、团日活动等校园文化活动将大学生诚信教育常态化、系统化;通过建立大学生诚信档案,定期考查学生在校期间的信用状况,及时掌握反馈、纠偏指导。这种做法不仅激励了大学生的自觉诚信和自为诚信,也受到了用人单位的广泛好评。

目前,学校与5000多家用人单位保持联系,每年都有2500多家用人单位到校招聘,毕业生就业率始终保持在94%以上。2010年,学校公共管理学院学生胡利朋在河南省教育厅主办的大学生"诚信校园行"评选活动中被评为"河南省大学生诚信自强之星",省内兄弟院校通过组织报告会、座谈会、微博互动等多种形式宣传其优秀事迹,这成为鞭策我们进一步做好诚信教育工作的强大动力。

(四)关爱青年成长成才,就要激励青年矢志奋斗拼搏,把深入实践作为成长成才的必由之路

坚持教育与生产劳动和社会实践相结合是党的教育方针的重要内容,也是青年学生成长成才的必由之路。近年,高校逐渐形成了以实践教学活动、大学生暑期"三下乡"活动、志愿服务活动、勤工助学活动和创业实践活动等为主要形式的大学生社会实践体系,使一批批大学生丰富了阅历、磨炼了意志、增长了才干。然而,与如火如荼的社会实践活动相伴而来的则是如何提高实践的实效性这一重要课题。

河南财经政法大学始终坚持以实践育人为基石,在引导广大青年作贡献、促和谐的同时,也在不断探索总结提高社会实践实效性的新路子。一是突出实践目标层次化。学校成立了大学生社会实践活动领导小组,由分管学生工作的党委副书记担任组长。针对不同年级学生的成长需求,将大一新生、大二学生和大三以上学生的社会实践目标分别确定为"接触实践,走近社会""理解实践,提升专业""依靠实践,学用结合"等。二是探索实践活动项目化。每年定期开展社会实践项目创意征集活动,在确定活动主题的基础上,面向全校公开征集立项,并组建专家评审委员会,通过公开评审答辩确定实践项目及团队,并对立项团队进行实践前的集中培训、实践中的跟踪指导和后期成果的评价反馈。三是力求实践活动多样化。通过参观访问、政策宣讲、专题调研、志愿服务、科技服务、科研创新、勤工助学、挂职锻炼、就业见习等多种形式,将实践活动与青年马克思主义者培养工程、学生科技创新能力培养计划等相结合,使青年学生"受教育、长才干、作贡献"的形式更加灵活,效果更富针对性和实效性。

不断的实践摸索换来了可喜的成绩,河南财经政法大学连续 5 年被评为全国社会实践活动先进单位。由于活动内容丰富,具有较强的创新性和实效性,学校 2011 年暑期社会实践活动先后被团中央网站报道 50 余次。

"时代开启崭新篇章,使命需要挺身担当。"站在历史与未来的交会点,高等教育所肩负的人才强国使命任重而道远。在人才培养职责的履行中,高校必须积极整合各种资源,构建全方位、长效性的青年成长成才服务体系,只有这样才能从根本上解决"培养什么人"和"如何培养人"的问题,才能真正做好党的青年工作。

作为一所刚刚完成更名合并的大学,河南财经政法大学将坚定不移地坚持党的教育方针,深入贯彻落实科学发展观,牢牢把握"以人为本,服务至上"和"育人为本,德育优先"等理念,在学习中探索,在探索中创新,在创新中发展,不断提升人才培养质量,为中原经济区建设作出积极贡献!

六、全面建设小康社会必须坚持党管人才①

党的十六大确立了我们国家全面建设小康社会的奋斗目标,全面建设小康社会需要大批优秀人才,中央提出的党管人才原则,对于我们努力推进全面建设小康社会的进程具有重大意义。

(一)全面建设小康社会需要人才

当今时代,科技进步突飞猛进,知识经济正在兴起,人才资源成为经济发展和社会进步的强大推动力,人才已经成为国家第一位的战略资源。随着经济全球化的发展,人才全球化趋势进一步增强,我国加入世界贸易组织后,发达国家利用各种手段吸引我国人才,人才竞争日益

---

① 本节内容曾发表于《河南科学》2003 年第 11 期。

激烈,综合国力的竞争更加倚重于科技进步和人才开发。当前,劳动力素质不高,高素质人才相对不足,科技创新能力不强,已经成为制约我国经济发展和国际竞争力增强的一个主要因素。

从党的十六大确定的全面建设小康社会的目标来看,不论是综合国力和国际竞争力的增强,还是社会主义民主法制的完善;不论是全民族科学文化素质的提高,还是可持续发展能力的增强,都离不开人才的作用。全面建设小康社会,加快推进社会主义现代化,开创有中国特色社会主义事业新局面,必须高度重视人才。人是生产力中最活跃的因素,人力资源是我国的第一资源,只有下大力气做好人才的培养、吸引和使用工作,努力造就一支数量充足、结构合理、素质较高的人才大军,才能为全面建设小康社会提供可靠的智力支持和人才保证。近年来,根据国际、国内形势的发展变化,中央站在推进改革开放和社会主义现代化的战略高度,提出了人才强国战略和党管人才原则,制定并实施了加强和改进人才工作的一系列重大方针政策,是增强我国综合国力和国际竞争力,实现中华民族伟大复兴的战略选择。

(二)全面建设小康社会必须坚持党管人才

党和国家历来高度重视人才问题,把尊重知识、尊重人才作为一项重大方针,大力实施人才强国战略。十六大报告提出"尊重劳动、尊重知识、尊重人才、尊重创造"的重大方针,赋予人才概念以新的时代内涵,大批脱颖而出、健康成长的优秀人才,在改革开放和现代化建设中发挥了重要作用。

在全面建设小康社会进程中坚持党管人才,就是要加强党对人才工作的领导。十六大报告明确指出,要造就数以亿计的高素质劳动者、数以千万计的专门人才和一大批拔尖创新人才,建立广纳群贤、人尽其才、能上能下、充满活力的用人机制,把优秀人才集聚到党和国家的事业中来。在新的形势下,专业技术人才和企业经营管理人才的干部身份逐渐淡化,党也不再以管理党政干部的方式对他们进行直接管理,在干部队伍以外,也有社会各方面的人才需要党和政府的关心、培养和管理。我们党长期坚持的以党管干部掌握人才的方式需要采取新的途径和方式组织发挥好各类人才的作用。党管人才是党的组织工作的与时俱进、改革创新,是党管干部原则在新世纪新阶段的深化和扩展,充分体现了新的历史条件下我们党对党的任务、使命和党的执政规律的科学把握。坚持党管人才,对于加强人才队伍自身建设,巩固和扩大党的执政基础,提高党的执政能力,对于推动人才强国战略的顺利实施,实现全面建设小康社会的目标,具有重大的现实意义和深远的历史意义,坚持党管人才是时代发展提出的重大课题。新形势、新任务要求我们党必须坚持党管人才,努力开创人才工作的新局面。

(三)全面建设小康社会必须不断完善党管人才的支撑体系

支撑体系是人才工作的运行载体,加强支撑体系建设是党管人才工作的重要保证。

1.要建立健全政策体系

人才政策包括人才引进培养使用政策、科技政策、资金政策、信贷政策、分配政策、医疗保障政策等。要本着实事求是的原则,改革和创新人才管理体制,适应社会主义市场经济需要,努力形成广纳群贤、人尽其才、能上能下、充满活力的用人机制,既要以上级政策法规为依据,又要注意具有地方特色,建立完善党管人才的政策体系。加快发展人才市场,完善人才供求信息网络和人才服务体系,加强人才市场服务功能,保证各类人才适岗适位,各尽其才,实现人才的合理配置,促进人才合理流动,完善开放、灵活的人才市场配置机制,不断完善人才市场中介组织在人才交流、人才培训、人才素质测评等方面的社会化服务功能。在发挥市场配置人才资源基础作用的同时,加强党和政府的宏观调控。不断完善有利于吸引人才的政策措施,健全科学、开放的人才吸引机制,把各类优秀人才吸引到党和国家的各项事业中来。切实完善人才工作的政策体系和法制环境,严格依法办事,为营造良好的人才环境提供政策和法律保障。

2. 建立和完善竞争、激励体系

竞争和激励能够激发人才的创新欲望,激活人才的创新潜能,竞争可以实现人才的优胜劣汰,保持人才队伍的良性循环。制定以工作实绩为主的奖励办法,对取得突出成果和显著成绩的人才,要给予物质和精神奖励。要以市场业绩为尺度评价人才,以多种形式(按技术、按劳动、按资本、按股份等)的分配机制来激励人才成长,在人才待遇上要进一步将按劳分配与按要素分配结合。要用好的机制和好的作风选人,选拔人才要有博大的胸怀和广阔的视野,打破选人用人中论资排辈的观念和做法,不拘一格,用人所长,形成优秀青年人才脱颖而出的机制,不断培养出成批的优秀年轻人才。在全社会形成以党和政府奖励为龙头,以社会各界奖励为补充,以用人单位奖励为主体,多层次、广覆盖、实效强的人才激励机制。要制定相应对策,开发利用好国际国内两个人才市场和资源,广泛吸纳人才,更好地为改革开放和现代化建设服务。

3. 建立和完善学习培训体系

在知识经济时代,科技发展日新月异,知识更新的速度越来越快,教育应扩展到人的整个一生。要引导科技人员锲而不舍、孜孜以求,通过日积月累、经久不辍的努力,不断提高个人的整体素质。要增加硬件投入,提供良好的科研环境和条件,为科技人员学习、培训、进修提供方便和资助。要搞好人才培养规划,以岗位促培养,为技术骨干提供施才舞台,帮助人才在实践中脱颖而出,促进人才多出成果。要建立考核机制,使人才工作逐步走上科学化、规范化的轨道。

4. 建立良好的服务体系

坚持和实现党管人才,必须进一步完善党委统一领导,组织部门牵头抓总、有关部门各司其职、密切配合的工作格局,制定科学的人才培养规划,努力健全和完善人才工作咨询决策机制、协调落实机制和监督约束机制,不断创新党管人才的方式和方法、牢牢抓住人才培养、吸引、使用三个环节,在具体工作中,要全面体现爱才之心、识才之智、容才之量、用才之艺,把人才工作提高到一个新水平。要树立服务至上的观念,切实为广大科技人员排忧解难,尽可能地为人才创造良好的工作和生活条件,努力营造民主活泼的学术氛围、和谐融洽的人际关系。在人才环境上要更重视从硬环境、宏观环境的改善转向软环境、微观环境的优化,要关心、爱护、理解、信赖人才,激励他们充分发挥聪明才智,使他们充满实现自身价值的满足感、贡献社会的成就感和得到社会尊重的荣誉感,报效祖国和人民。努力形成尊重劳动、尊重知识、尊重人才、尊重创造的浓厚社会氛围,为人才发挥作用提供强大的精神支柱。

我们要从贯彻"三个代表"重要思想的高度,充分认识党管人才工作的极端重要性,努力创造人才辈出、人尽其才的良好局面,把各类优秀人才聚集到党和国家的各项事业中来,有力地推进全面建设小康社会的进程,使建设中国特色社会主义的伟大事业兴旺发达,实现中华民族的伟大复兴。

七、行政裁决性质探析①

(一)目前理论界对行政裁决性质的几种不同认识

行政裁决是行政机关或其附设的机构根据公民、法人或者其他组织的申请,运用国家权力,居间对民事矛盾进行的裁断行为。行政裁决机制属于多元化社会矛盾解决机制的一个组成部分,是在法院裁判、人民调解、社会仲裁等社会矛盾解决途径之外处理人民内部矛盾的又一种方式。行政裁决的性质是行政裁决机制建设的一个基本问题。我国目前行政法学界对行政裁决的性质存在着不同的认识,主要有以下几种观点:

1. 行政行为

我国行政法理论的主流观点是将行政裁决的性质认定为行政行为。在行政法理论的早期,学者们一般认为,依实施行政行为时所形成的法律关系的不同,可以将行政行为分为行政立法行为、行政执法行为

① 本节内容曾发表于《公民与法(法学版)》2010年第4期。

和行政司法行为。在这种观点中,行政裁决属于行政司法行为的一种。行政诉讼法实施后,行政法学界则倾向于按照具体行政行为和抽象行政行为来划分行政行为,行政裁决在行政法理论中被划入具体行政行为,成为具体行政行为的一种表现形式。

2. 民事行为

在行政诉讼法实施之前,行政裁决一般被视为民事行为,当事人对行政裁决不服的,向人民法院提起以对方当事人为被告的民事诉讼。在行政诉讼司法解释将行政裁决纳入受案范围后,行政法学界的主流观点已经认为行政裁决属于行政行为的一种,但一些行政机关为了避免因行政裁决而成为行政诉讼的被告,提出了行政机关的行政裁决是行政机关的民事行为的观点。以环境行政裁决为例,有学者认为:"环境保护行政主管部门处理环境污染民事纠纷不是其行政职责,对行政处理决定不服不能提起行政诉讼。""处理环境民事争议并不是环境行政机关的法定行政权力,而只是当事人对它的委托授权,因此,处理环境民事争议并不是在行使具体的行政权,处理结果并不是一种具体的行政行为,且不含任何形成权的成份。因此,环境民事权利争执人在请求环境行政机关处理后随时可撤销这种请求而中止处理,环境行政机关不得强行处理(当事人未请求)或不许当事人撤销请求(授权随时可撤回)。……那种认为对环境行政机关的处理不服便可诉环境行政机关的说法是混淆了委托授权与行政权的界限。"[1]

3. 司法行为

有学者指出,行政裁决实际上是行政机关进行的司法活动,属于司法性质。指出对"司法"狭义的解释是指法院依法进行的审判活动,广义的解释则是指国家专设的司法机关和法律授权的行政机关、社会组织依法处理诉讼案件和非讼案件的活动。[2] 指出现代社会的司法既可

---

[1] 中国环境法制电视教育讲座指导委员会办公室:《中国环境法制》,国防工业出版社1994年版,第230—232页。转引自蔡守秋:《从我国环保部门处理环境民事纠纷的性质谈高效环境纠纷处理机制的建立》,《政法论坛》2003年第5期。

[2] 罗豪才主编:《中国行政法讲义》,人民法院出版社1992年版,第184页。

以由法院实施,也可以由行政机关实施,行政机关实施司法的原因在于所解决的争议有特殊性,更适用于行政机关处理而不适于法院处理。① 还有学者指出,无论是行政立法还是行政司法,虽然都是由行政机关来行使权力,但并未改变立法权和司法权的性质,所不同的只是这些权力在不同的机关进行了转移,行政机关解决纠纷的行为不是行政行为而是司法行为。②

(二)目前对行政裁决性质的制度定位

从行政裁决法律制度上看,我国目前行政裁决法律制度对行政裁决性质的定位因行政裁决的类型而不同:

1. 权属争议类行政裁决的性质

权属争议裁决在 1991 年《最高人民法院关于贯彻执行〈中华人民共和国行政诉讼法〉若干问题的意见(试行)》发布之前,曾被人民法院作为民事行为对待。1986 年 11 月 7 日最高人民法院《关于双方不服政府对山林纠纷的处理决定,向人民法院起诉,应将谁列为被告的批复》中指出,"关于惠阳地区博罗县道姑田乡与广州市增城县光辉乡、五星乡山林纠纷一案,双方不服广东省人民政府调处山林纠纷办公室的处理决定,向人民法院提起诉讼,应将谁列为本案的被告人问题。经研究,同意你院审判委员会关于以原双方当事人为原、被告的意见,即以向人民法院起诉的一方为原告,另一方则为被告。把作出裁决的省调处山林纠纷办公室列为本案的被告不当"。明确了山林权属纠纷的行政裁决属于民事行为而不是行政行为。1987 年 7 月 31 日最高人民法院《关于人民法院审理案件如何适用〈土地管理法〉第十三条〈森林法〉第十四条规定的批复》③同样明确了土地、林木、林地权属争议裁决属于民事行为性质:"《土地管理法》第十三条、《森林法》第十四条规定

---

① 罗豪才主编:《行政法学》,中国政法大学出版社 1989 年版,第 178 页。
② 沈开举:《委任司法初探》,载张庆福主编:《宪政论丛》(第 5 卷),法律出版社 2006 年版。
③ 〔1987〕法经复字第 28 号。

当事人之间发生的土地、林木、林地所有权和使用权争议由县级以上人民政府处理,当事人对人民政府处理不服的,可以向人民法院起诉。此类案件虽经人民政府作过处理,但其性质仍属民事权益纠纷,人民法院审理此类案件仍应以原争议双方为诉讼当事人。""此类案件依法起诉到人民法院的,由民事审判庭受理。"但到1991年以后,情况发生了变化,1991年《最高人民法院关于贯彻执行〈中华人民共和国行政诉讼法〉若干问题的意见(试行)》规定:"公民、法人或者其他组织对人民政府或者其主管部门有关土地、矿产、森林等资源的所有权或者使用权归属的处理决定不服,依法向人民法院起诉的,人民法院应作为行政案件受理。"明确把自然资源类权属争议裁决定性为行政行为。自此以后,权属争议类行政裁决的性质在司法实践中一直被作为行政行为对待。

2. 补偿争议类行政裁决的性质

补偿争议类行政裁决本来在1991年《最高人民法院关于贯彻执行〈中华人民共和国行政诉讼法〉若干问题的意见(试行)》中被明确认定为行政行为,该《意见》规定:"公民、法人或者其他组织对行政机关依照职权作出的强制性补偿决定不服的,可以依法提起行政诉讼。"但在后来又经历了一些反复。1993年11月24日最高人民法院《关于适用〈城市房屋拆迁管理条例〉第十四条有关问题的复函》[1]将补偿类争议行政裁决作为民事行为对待,该《复函》认为:"在城市房屋拆迁过程中,拆迁人与被拆迁人对房屋拆迁的补偿形式、补偿金额、安置用房面积、安置地点、搬迁过渡方式和过渡期限,经协商达不成协议发生的争执,属于平等民事主体之间的民事权益纠纷。据此,我们同意你院审判委员会倾向性的意见,即房屋拆迁主管部门或同级人民政府对此类纠纷裁决后,当事人不服向人民法院起诉的,人民法院应以民事案件受理。"但最高人民法院在1996年又改变了看法。1996年7月24日最高人民法院《关于受理房屋拆迁、补偿、安置等案件问题的批复》[2]规定:

---

[1] 〔1993〕法民字第9号。
[2] 〔1996〕法复12号。

"公民、法人或者其他组织对人民政府或者城市房屋主管行政机关依职权作出的有关房屋拆迁、补偿、安置等问题的裁决不服,依法向人民法院提起诉讼的,人民法院应当作为行政案件受理。"该《批复》同时废止了上述 1993 年 11 月 24 日最高人民法院《复函》的规定,使司法实践中对补偿类行政裁决的性质的认识重新回到了 1991 年《意见》的观点上来。从目前司法界的做法看,是把补偿类行政裁决定性为行政行为性质。

3. 赔偿争议类行政裁决的性质

赔偿争议类行政裁决在 1991 年最高法院《意见》出台前一直被作为民事行为对待。1991 年《最高人民法院关于贯彻执行〈中华人民共和国行政诉讼法〉若干问题的意见(试行)》规定:"公民、法人或者其他组织对行政机关就赔偿问题所作的裁决不服的,可以向人民法院提起行政诉讼。"将赔偿争议类行政裁决定性为行政行为。此后最高法院的一些解释延续了这种认识,如 1995 年 7 月 7 日最高人民法院《关于不服专利管理机关对专利申请权纠纷、专利侵权纠纷的处理决定提起诉讼,人民法院应作何种案件受理问题的答复》[1]中指出:"专利管理机关依据《中华人民共和国专利法》第六十条的规定,作出责令侵权人停止侵权行为,并赔偿损失的处理决定,若当事人一方或双方对专利管理机关作出的处理决定不服,以专利管理机关为被告提起诉讼的,人民法院应作为行政案件受理。"进一步明确了赔偿争议类行政裁决的行政行为性质。

但对赔偿争议类行政裁决也还有一些不同的规定。如 1992 年 1 月 31 日《全国人大常委会法制工作委员会关于正确理解和执行〈环境保护法〉第四十一条第二款的答复》[2]认为:"因环境污染损害引起的赔偿责任和赔偿金额的纠纷属于民事纠纷,环境保护行政主管部门依据《中华人民共和国环境保护法》第四十一条第二款规定,根据当事人的

---

① 法函〔1995〕第 93 号。
② 法工委复〔1992〕1 号。

请求,对因环境污染损害引起的赔偿责任和赔偿金额的纠纷所作的处理,当事人不服的,可以向人民法院提起民事诉讼,但这是民事纠纷双方当事人之间的民事诉讼,不能以作出处理决定的环境保护行政主管部门为被告提起行政诉讼",将环境污染赔偿类行政裁决定性为民事行为。

4.民间纠纷类行政裁决的性质

民间纠纷类行政裁决大部分属于赔偿类行政裁决,也有一些属于一般性的权属类争议行政裁决。行政法学者们之所以将民间纠纷类行政裁决单独列出,是因为这类行政裁决适用的是专门的法律文件,即司法部发布的《民间纠纷处理办法》。1993年9月3日最高人民法院《关于如何处理经乡(镇)人民政府调处的民间纠纷的通知》①规定:"民间纠纷经司法助理员调解,当事人未达成协议或者达成协议后又反悔,如果一方直接向人民法院起诉,或者先请求乡(镇)人民政府处理但不服调处决定而向人民法院起诉的,人民法院应当依法受理,以原纠纷的双方为案件当事人。"将这类行政裁决定性为民事行为。

总的来看,在我国的法律制度和司法实践中,行政裁决普遍被定性为行政行为,但也存在一些将某些类型的行政裁决定性为民事行为的例外,尚没有将行政裁决作为司法行为的情况。

(三)行政裁决具有准司法行政行为的性质

对行政裁决的性质存在不同认识的现象并不只存在于我国,也是困扰许多国家的行政裁决理论与实践的一个问题。如在美国,从法律制度上看,一些行政裁决机关的行政裁决行为具有法院审判行为的许多特性:能够进行包括证人作证、文书证据、法律辩论等程序在内的司法性审讯,作出裁决的行政官员也像法院的法官一样穿特别的制服等等。但在美国学者看来,作出裁决的机关的性质决定了行政裁决行为的性质,由于作出行政裁决行为的是行政机关而不是法院,因此这些行

---

① 法发〔1993〕21号。

政裁决行为仍然属于行政行为,只是这些行政裁决行为不同于一般的行政行为,带有司法性的特点,属于"准司法"性质的行政行为。美国最高法院的判例同样认为,行政机关的行政裁决权属于行政职权或者"准司法"职权,行政裁决行为属于行政行为中的"准司法"行为。① 英国早在 1932 年多诺莫尔委员会的《部长权力委员会报告》中,就将行政机关的决定分为"司法性""准司法性"和"行政性"三种类型,并指出行政机关的"准司法行为"和行政机关的"司法性"行为的区别在于:行政机关根据政策对争议进行自由裁量的处理行为属于行政机关的"准司法行为",而行政机关严格依照法律规定对争议进行解决的行为属于行政机关的"司法性"行为。② 在 1957 年弗兰克斯委员会报告之前,英国行政界认为行政裁决属于行政性质,法学界认为行政裁决属于司法性质,弗兰克斯委员会建议将行政裁决定位为一种司法性的行为,但英国议会并没有完全接受弗兰克斯委员会报告的建议,行政裁决在实践中仍然带有行政行为的明显特征。2001 年的里盖特委员会报告继续主张行政裁决的司法性质并终于获得了英国议会一定程度的认可。

笔者认为,在我国行政裁决既不是民事行为,也不是司法行为,而是行政行为的一种特殊类型,具有准司法行政行为的性质。

1. 行政裁决是行政机关行使国家权力的行为而不是民事行为

行政机关的行为有行使国家权力的行为和非行使国家权力的行为(民事行为)之分。行政执法行为、行政立法行为、行政司法行为等属于行政机关代表国家行使国家权力的行为,具有单方意志性和效力先定性,体现了国家意志。行政机关非行使国家权力的民事行为不带有国家权力属性,不具有效力先定性,只是体现了行政机关的意志而没有体现国家意志。

---

① 参见[美]伯纳德·施瓦茨:《行政法》,徐炳译,群众出版社 1986 年版,第 6—11、56 页。

② 参见[英]卡罗尔·哈洛、理查德·罗林斯:《法律与行政》,杨伟东等译,商务印书馆 2004 年版,第 84 页。

行政裁决是行政机关根据当事人的申请,对平等主体之间的司法上的争议进行裁断的活动,是行政机关的一种单方行为,行政裁决结论不是当事人与行政机关意思表示一致的结果,更不是当事人双方意志表示一致的结果。行政裁决体现的是国家意志并以国家强制力保障实施。

对行政裁决属于民事行为的观点,早在 20 世纪 90 年代初就有学者提出了不同看法,指出"一概否认行政机关有处理民事赔偿纠纷的职权,认为凡行政机关作出的赔偿裁决都没有法律效力,对它不服只能作为民事案件起诉的认识是错误的"。① 有学者指出,一些人在行政诉讼法实施后所提出的行政裁决"民事行为论",在很大程度上是为了给行政裁决主体不作行政诉讼的被告提供理论依据。② 的确,如果将行政裁决定性为民事行为,行政机关在行政裁决时就是以民事主体的身份出现的,其行政裁决没有国家权力作后盾,当然也就没有任何先定力和法律强制力,行政裁决机关也就不会被作为行政诉讼的被告。但民事行为论是与行政裁决行为本身的特点相违背的,实际上是把行政裁决混同于一般的民间调解。笔者认为,行政机关的行政裁决权来自国家法律的授权,行政机关作出的行政裁决是一种代表国家行使权力的行为,行政裁决效力受到国家法律的保护,因此行政裁决不是民事行为。

2. 行政裁决是行政行为而不是司法行为

首先,行政裁决的主体是行政性质的主体。判断一个行为是否司法行为,需要从组织特征和行为特征两个标准的结合来加以判断。行政裁决虽然在行为特征上带有司法裁断争议的特征,但行政裁决主体的设立、原则、组织规范、人员构成和管理都是遵守有关行政机关组织法和行政人员行为法的规范而不是司法组织法和司法人员法,行政裁

---

① 黄杰主编:《行政诉讼法贯彻意见析解》,中国人民公安大学出版社 1992 年版,第37 页。

② 参见蔡守秋:《从我国环保部门处理环境民事纠纷的性质谈高效环境纠纷处理机制的建立》,《政法论坛》2003 年第 5 期。

决的主体都是行政性质的。因此,从组织标准看,行政裁决不具备司法行为的特征。其次,行政裁决之所以能够发挥作用,依靠的是行政裁决机关的行政权威而不是司法权威。行政裁决机关长期行使行政权所带来的行政人员的专业性、行政程序的高效性、行政权的强制性等行政权威是行政裁决发挥作用的关键因素。人们认可并接受行政裁决是对行政裁决主体的行政权威而不是司法权威的认可和接受。最后,司法权的重要特征是司法解决争议的最终性,而行政裁决显然不具备司法最终的特性,行政裁决应当接受司法审查,当事人对行政裁决不服应当有权向司法机关寻求司法救济。因此,行政裁决是行政行为而不是司法行为。

行政裁决制度是随着 20 世纪以来行政权的扩大而产生和发展的。20 世纪以来,行政权不断扩大,侵占了一部分立法机关和司法机关的活动领域,行政机关通过立法授权获得了一部分传统的立法职能和司法职能,但现代意义上的行政机关并没有变成立法机关和司法机关,其行使的立法职能和司法职能是不完整和受限制的。立法机关出于行政效率和法院负担等方面的考虑,可以把初步裁决的功能赋予行政机关,但行政机关裁决不能作为最终定案,不能排除司法审查,因此仍然属于行政行为。①

3. 行政裁决是"准司法性质"的行政行为

"准司法"是我国行政法理论在描述行政裁决争议时常用的一个词,意指带有司法的某些特征但又非完全的司法性质。行政裁决是行政机关或者行政机关附设的机构居间裁决有争议的行为,在行政裁决法律关系中存在三方主体,行政裁决主体处于居间裁断的地位。行政裁决的这个特征使其区别于一般的行政行为,而带有司法行为的某些特征。行政裁决的"准司法性质"并不因行政裁决类型的不同而有所差别。

行政裁决的"准司法性质"是我们理解和把握行政裁决制度的关

① 参见罗传贤:《现代行政程序法基础理论》,五南图书出版有限公司 1993 年版,第38 页。

键。行政裁决制度应当贯彻司法制度的某些原则(如公正、公开、平等等),行政裁决的程序要具有司法程序的某些形式(如传唤、讯问、控告、答辩、陈述、对质、辩论、裁决、上诉等)等等①,以体现出行政裁决的"准司法"性质。如果我们将行政裁决作为一般的行政行为对待,在制度设计上不注意突出和体现其"准司法"性质,极易导致行政裁决丧失所应有的公正性。

八、完善防范化解社会矛盾的
行政裁决机制②

(一)行政裁决机制在防范化解社会矛盾中的优势

行政裁决是行政机关或其附设的机构根据公民、法人或者其他组织的申请,运用国家权力,居间对民事矛盾进行裁断的行为。行政裁决机制属于多元化社会矛盾解决机制的一个组成部分,是在法院裁判、人民调解、社会仲裁等社会矛盾解决途径之外处理人民内部矛盾的又一种方式,在防范化解社会矛盾方面具有专业性强、综合性强、简便、高效、成本低廉等优势。

行政裁决在我国有良好的制度基础和观念基础,从新中国成立初期开始,我国政府就十分注意利用行政裁决机制来防范和化解社会矛盾。如 1950 年的《新区农村债务纠纷处理办法》第十条规定:"农村中的债务纠纷,均由当地区乡(村)人民政府会同农民协会按照本办法的规定处理之。区乡(村)不能解决者,由县司法机关裁判之。"《保障发明权与专利权暂行条例》第二十一条规定:"两个以上共同作成之发明,其发明权或专利权为共有;共有权之分配比例,由共有人协议定之。如不得协议时,得提供各个人对该项发明所贡献之材料,报请中央主管机关裁定之。"20 世纪 70 年代开始,我国社会主义法制建设逐步健全,

---

① 参见罗豪才主编:《行政法学》,中国政法大学出版社 1989 年版,第 178 页。
② 本节内容曾发表于《河南省政法管理干部学院学报》2010 年第 3 期。

行政裁决法律制度得到了蓬勃发展,在防范化解社会矛盾中发挥了很大作用。1982 年通过的《中华人民共和国商标法》《中华人民共和国海洋环境保护法》《中华人民共和国食品卫生法(试行)》,1984 年通过的《中华人民共和国专利法》《中华人民共和国药品管理法》《中华人民共和国水污染防治法》,1985 年通过的《中华人民共和国草原法》、1986 年通过的《中华人民共和国土地管理法》《中华人民共和国邮政法》,1987 年通过的《中华人民共和国大气污染防治法》,1989 年通过的《中华人民共和国环境保护法》等法律中都规定了防范和化解矛盾的行政裁决机制。

从世界范围看,行政裁决机制大都是为弥补传统司法的不足而建立和发展起来的。市场经济的发展必然带来大量的社会分工和高度专业化,社会矛盾越来越具有专业性,使得一些特定类型社会矛盾的防范和化解必须依赖政府主管部门的行政权力。

行政机关作为国家行政管理部门,长期从事相关领域的行政管理工作,具有丰富的行政管理专业知识和专业领域管理经验,容易把握引起社会矛盾的关键所在。与司法机关解决矛盾的力量相比,行政机关拥有更多的管理资源,能够运用多种行政管理手段,通过各部门的协调,综合各部门所掌握的行政权力,全方位地对社会矛盾进行防范和化解。社会矛盾的各方当事人通过行政裁决机制解决矛盾,比通过诉讼方式在司法机关解决矛盾更经济、程序更简便,解决问题更彻底。行政机关还可以通过对特定类型社会矛盾的行政裁决逐渐积累管理经验、形成政府以后的相关政策,有些政策还可以上升为规范性文件,从而把社会矛盾的事后化解与以后的事先防范结合起来,防止今后再发生同样的社会矛盾。"以个别的纠纷处理为起点,通过自己的管理权限进一步发掘问题并谋求更具一般性的根本解决,正是行政性纠纷处理机关的最大优势。"[①]正是由于行政裁决机制在解决社会矛盾中具有诸多

---

① [日]棚濑孝雄:《纠纷的解决与审判制度》,王亚新译,中国政法大学出版社 1994 年版,第 87 页。

优势,可以弥补诉讼机制的许多不足,因此在许多国家得以建立和发展。

(二)现有行政裁决机制在防范化解社会矛盾中存在的问题

我国行政裁决机制在 20 世纪 70 年代以后虽然得到很大发展,但行政裁决机制建设始终不完善,行政裁决在实践中呈现出既"乱"又"滥"的特点,影响了行政裁决机制防范化解社会矛盾方面优越性的充分发挥。

我国行政裁决机制存在的主要问题有:

行政裁决制度缺乏总体框架。国家缺少对行政裁决的总体理论构想和总体立法设计,学术界对行政裁决的理论研究严重滞后,对行政裁决的性质定位不清,造成现实中行政裁决的法律规定零碎不全,随意性很大,行政裁决所能产生的实际作用十分有限。

行政裁决权的授予权混乱。法律、法规、规章甚至一些一般性的行政文件都有关于行政裁决的授权规定,没有统一的授权层级要求。对裁决的名称也规定得很不一致,有的为"调处",有的为"处理",有的为"决定",有的为"裁决"等等,容易造成误解,影响了行政裁决的效力。由于将行政裁决制度混同于一般行政管理制度,行政裁决几乎没有相对独立的专门机构和人员。社会矛盾属于哪个领域,哪个领域的主管行政机关一般就是行政裁决主体。绝大多数拥有行政裁决权的行政机关没有具体承担裁决职能的专门机构和专门人员,基本上都是由行政执法人员在行政执法过程中附带地解决民事上的社会矛盾。由于执法人员往往忽视行政裁决的"中间性",习惯于用行政执法的方式对待社会矛盾的解决,导致行政裁决的主观性过强,裁决的公正性受到影响。由于对行政裁决制度与一般行政管理制度的区别认识不足,相关法律法规尚没有对行政裁决人员的任职资格作出法律规定,行政裁决人员的素质普遍不高,缺乏解决民事上社会矛盾的专业知识,也缺乏知识培训和知识更新的机会,导致行政裁决的质量没有保证。

行政裁决没有一套相对统一的法定程序。行政裁决程序规定散见于单行法律、法规以及规章的规定之中,不同的行政裁决机关适用不同的程序,行政裁决程序规定随意性比较大。行政裁决的司法救济路径不科学。1991 年最高人民法院《关于贯彻执行〈中华人民共和国行政诉讼法〉若干问题的意见(试行)》把行政机关裁决民事矛盾的行为纳入行政诉讼的救济渠道。此解释虽然废止,但最高人民法院的意见没有改变。但 1993 年最高人民法院《关于处理经乡(镇)人民政府调处的民间纠纷的通知》等却把不服行政机关裁决民事矛盾的行为纳入民事诉讼的救济渠道,导致行政裁决的司法救济途径不统一。

由于行政裁决机制本身存在的这些不完善之处以及一些其他因素的制约[1],从 20 世纪 90 年代后期开始,我国立法机关在有关法律的修订中逐步取消了许多已有的行政裁决制度,如 1998 年修订的《中华人民共和国土地管理法》、1999 年修订的《中华人民共和国海洋环境保护法》、2000 年修订的《中华人民共和国专利法》和《中华人民共和国大气污染防治法》、2001 年修订的《中华人民共和国药品管理法》和《中华人民共和国商标法》、2002 年修订的《中华人民共和国草原法》、2005 年颁布的《中华人民共和国治安管理处罚法》等,导致行政裁决机制在防范化解社会矛盾中发挥的作用越来越有限。

(三)完善防范化解社会矛盾的行政裁决机制

我们目前面临着社会转型所带来的各种问题,利益冲突增多,社会矛盾多发,司法能力有限,因此必须不断探索创新解决社会矛盾的方式方法。行政裁决机制在防范化解社会矛盾方面有许多优势,但现有行政裁决机制的不完善妨碍了其优势的充分发挥。如果我们通过完善制度,充分发挥行政裁决机制的优势来防范和化解社会矛盾,不但可以减轻司法机关的案件压力,还有利于防止因目前司法能力有限而带来的

---

① 王小红:《和谐社会建设需要行政裁决制度》,《北方法学》2008 年第 4 期;余凌云:《治安管理处罚法的具体适用问题》,中国人民公安大学出版社 2006 年版,第 9—10 页;扈纪华等:《〈中华人民共和国商标法〉释义及实用指南》,研究出版社 2001 年版,第 208—209 页;国家知识产权局条法司:《新专利法详解》,知识产权出版社 2001 年版,第 317—319 页。

社会矛盾"官了民不了"的问题,对及时妥善处理社会矛盾,协调社会矛盾各方的利益关系,防范同类社会矛盾的重复发生,维护社会的公正和谐都具有重要作用。

我国立法机关应当停止取消行政裁决制度的做法,适时制定《行政裁决法》,对目前行政裁决机制存在的不足予以完善,以充分发挥行政裁决机制在防范化解社会矛盾中的作用。《行政裁决法》应当对行政裁决机制作出下列一般规定:

明确行政裁决的目标是一切从社会矛盾当事人的需要出发,追求行政裁决的简易、高效、公正、灵活、专业、易于接近。扩大行政裁决的范围,各级政府及其职能部门有权裁决与其行政管理业务有关的民事上的社会矛盾,各级基层司法行政部门和基层政府有权裁决一般的民事上的社会矛盾。明确规定行政裁决的机构,行政裁决量大的行政机关应当在机关内部设立相对独立的行政裁决机构,行政裁决量小的行政机关的行政裁决机构可以与行政机关的法制机构合署办公。规定行政裁决机构的人员、职权和办公经费相对独立,行政裁决机构和行政裁决员依法独立行使行政裁决职权,不受所在行政机关的干涉,行政裁决员不因行政裁决行为而使其受到不利影响。行政裁决员应当具有裁决民事上的社会矛盾的法律知识和裁判能力,有良好的道德情操和敬业精神,对行政裁决人员的政治素质和业务能力实行年度考核制。行政裁决人员的任免、晋升、奖惩和待遇由同级政府法制部门负责。

行政裁决机构和行政机关的法制机构可以聘请当地法律界、行政管理界、专业技术界有声望的人士以及代表社会矛盾各方利益的公共组织或社会团体的人士做兼职裁决员。民事上社会矛盾的任何一方当事人都有权向行政机关提出行政裁决申请,行政执法人员对行政执法过程中发现的相关民事上的社会矛盾有调解权,调解不成或当事人不愿调解的,行政执法人员有义务告知社会矛盾当事人有请求行政裁决权,并询问其是否申请行政裁决。当事人申请行政裁决的,行政执法人员应当将当事人的申请和案件有关材料转交行政裁决机构。行政裁决程序中可以适用调解,发生法律效力的调解书视同合同,当事人应当自觉履行,不得擅自变更或者解除。

行政裁决程序的制定应当参照民事诉讼的简易程序规则,力求简易、高效、灵活、方便。各级政府法制部门应当制定行政裁决程序的示范规则,在示范规则中强调行政裁决程序的准司法特征,对回避、听证、公开、调解等程序作出规定,对行政裁决机构的行政裁决程序进行规范和指导。当事人对行政裁决程序有选择权,行政裁决程序的确定应当尊重当事人的意见,满足当事人的愿望和要求,当事人有权选择行政裁决员,有权对案件是否公开、是否允许代理、是否进行听证等程序进行商定。行政调解书和行政裁决书以行政裁决机构或行政机关法制机构的名义作出。一些案件量大、专业性强的社会矛盾实行行政裁决先置原则,当事人对行政裁决不服的,可以提起诉讼。行政裁决书中负有履行义务的当事人对行政裁决书既不起诉又不履行的,另一方当事人可以申请人民法院强制执行。

第五章　绿色理念与经济治理

一、绿色发展的动因与政策取向[①]

绿色发展是指资源节约型、环境友好型的以人为本的可持续发展，强调经济发展、社会进步和生态建设的统一与协调。胡锦涛同志在"7·23"讲话中强调："着力推进绿色发展、循环发展、低碳发展，为人民创造良好生产生活环境。"在推进绿色发展过程中，政府必须发挥主导作用，通过实施积极有效的管理创新、制定绿色发展的政策措施，引导和规范企业及社会公众的行为，推进绿色发展、循环发展和低碳发展。

（一）绿色发展的动因分析

中国制造业转型迫在眉睫是推进绿色发展的直接动因之一。当今国际制造业的竞争已不是企业或者产品的竞争，而是一个全新的产业链的竞争。中国的制造业大多处于附加值较低、浪费资源、破坏环境、依赖廉价劳动力的制造环节，其他附加值较高的环节大多掌控在欧美发达国家的手中。据国家相关统计数据，中国制造业技术对外依存度高达50%，工业产品新开发的技术约有70%属于外援性技术，对高端嵌入式智能产品和装备研发投入不足，这种处于产业链前端和价值链

---

① 本节内容曾发表于《光明日报》2012 年 11 月 28 日。

低端、自主创新能力弱、缺乏核心技术和自主品牌,产品附加值低、竞争力不强,生产方式粗放、资源环境压力大的特点,已成为制约中国制造业发展的重要障碍,中国的制造业转型迫在眉睫。

中国城镇化加快对推进绿色发展提出挑战。目前中国城镇人口比重约为51.27%,首次超过农村人口,城镇化其最直接的效应是随着城市人口的大量增加,对生活服务业等第三产业将产生巨大需求。巨大的社会需求,必将需要大量资源和较好的发展环境作为支撑,而目前中国发展面临的主要问题恰恰是资源和环境两大约束。所以,要确保中国城市化进程持续健康发展,必须推进绿色发展、循环发展和低碳发展。

国家粮食安全依靠推进绿色发展作为保证。中国如何在促进经济增长和保持粮食安全之间维系平衡始终是一个不容回避的战略问题,保证耕地面积不减少是个基本底线,粮食单产的不断提高成为农业持续发展和粮食安全的唯一出路。目前我国粮食高产主要依靠化肥和农药,而化肥和农药的高能耗、高污染,不仅影响土壤的有机构成、农作物的农药残留和食品安全,而且其生产过程本身消耗大量的化石能源、产生大量的二氧化碳。因此,中国农业必须降低对化石能源的依赖,推进绿色发展,走有机、生态、高效农业的新路子。

(二)推进绿色发展的政策取向

我国目前正处在工业化、城市化和市场化快速发展阶段,资源环境与经济发展的矛盾十分突出:一方面经济的快速发展,希望承接发达国家的产业转移,重化工业快速发展需要大量的化石能源的支撑;另一方面化石能源又不可避免地带来高能耗、高污染、高排放。选取正确政策导向、推进绿色发展是解决两难的正确选择。

从我国目前发展阶段的特点看,要以节能减排为核心,抓紧产业结构调整,培育和发展新兴产业。

要改变我国庞大的高碳工业的体系,必须加快高碳工业向低碳工业的转型,坚持开发与节约并举,突出抓好重点行业和企业,坚决淘汰落后生产技术,完善并严格执行能耗和环保标准。在注重开发新能源的同时,应该把能源结构的调整与提高能源效率的方法相结合,采用低碳技术、节能技术和减排技术,逐步减少传统工业对化石能源的过度依赖,努力提高现有能源体系的整体效率,发展低碳产业和产品。

绿色发展要加快培育发展战略性新兴产业。战略性新兴产业是知识技术密集、物质资源消耗少、综合效益好的产业,对经济社会全局和长远发展具有重大引领带动作用,是平衡"稳增长"和"调结构"两难目标的重要途径,也是世界主要国家抢占新一轮经济科技发展制高点的重大战略选择。中国的战略取向要着眼于抢占这个制高点,努力培育节能环保、生物技术、高端装备制造产业成为国民经济的支柱产业,新能源、新材料为先导产业,走低能耗、高产出的绿色发展之路。

从长远看,必须大力发展循环经济。

绿色有机资源本身就是循环的,构成自然界的有机循环生态系统。比如发展低碳农业:一是大幅度地减少化肥和农药用量,降低农业生产过程对化石能源的依赖,走有机生态农业之路。如用粪肥和堆肥作为化肥的替代品,提高土壤有机质含量;通过秸秆还田,增加土壤养分,提高土壤生产力。二是充分利用农业的剩余能量。亟须探索综合利用农作物秸秆资源的新途径,把农作物秸秆中占70%以上的纤维素、木质素等综合利用,作饲料、肥料、培养料,发酵生产乙醇燃料,防止农民无序燃烧,释放出的有害气体严重污染大气。三是推广太阳能和沼气技术,可利用畜牧粪便开发沼气,获得生物质能。

从制度建设上讲,必须完善相关政策法规体系。

一是建立完善的绿色经济指标参考体系,特别是要通过构建绿色经济税制体系和加快建立绿色金融体系,创新绿色财税金融政策体制,支持环境友好型企业的发展。

二是完善节能减排监管机制。完善节能减排的评估和审查制度,建立新建项目绿色准入制;建立健全战略环评、规划环评及项目环评机制;健全环境监测预警、环境执法监督、应急综合指挥系统,实行目标责任制和资源环境问责制。

三是规范产业引导机制。优先发展节能、节地、节水、节材的循环经济和环保产业,促进产业向资源节约型、环境友好型方向发展;建设绿色经济发展联动机制。整合发展要素,建立优势企业牵头、各区域分工协作的有利于绿色经济发展的机制,探索绿色产业园区、产业基地开发建设的模式,促进绿色产业的集群化、配套性和循环式发展;改革科技创新体制。

四是建立健全发展绿色产业的制度体系。发挥市场机制作用,完善资源税制度,调整重要资源性产品价格,健全矿产资源有偿使用制度;制定环境标准,对违反标准的单位和个人依据其情节的轻重予以适当的处罚,包括追究法律责任;对企业防止和治理环境污染的行为,以投资税收抵免的间接方式给予税收鼓励,或以货币的直接方式给予财政援助。

从思想文化层面上看,必须在全社会积极倡行以节能环保为准则的生活理念。

利用各种新闻媒体和宣传平台,着力普及生态文明知识,增强人们的环保意识,树立节约能源、保护生态的绿色理念,使低碳化、绿色化、生态化生活方式成为每个社会成员的自觉行动,实现经济发展与环境保护的协调统一。

二、提升企业创新软环境质量[①]

创新是引领发展的第一动力,实施创新驱动发展战略是推动我国经济转型升级的根本举措。技术创新的主体是企业。企业创新不仅需要硬件设施,而且需要良好的软环境。当前,提升企业创新软环境质量,需要在以下三个方面深化认识、扎实工作。

以简政放权和转变政府职能为保障,激发创新活力。完善的市场经济体系有助于发现和培育新的经济增长点,良好的创新环境能够吸

---

① 本节内容曾发表于《人民日报》2015 年 9 月 23 日。

引和集聚创新要素、激发创新活力。当前,一些地方市场经济体系不完善、市场运行不规范等问题限制了产业集聚发展,也制约了创新潜力释放。破除束缚经济发展和创新的体制机制障碍,必须全面深化改革,以简政放权为抓手,减少不必要的审批,简化审批环节,实行市场准入负面清单制度,为市场主体创新提供支持,为培育新的经济增长点和发展动力营造有利的软环境。应加快体制机制建设,以完善的政策法规规范政府行为,提高地方政府对企业创新活动的服务意识和服务效能,降低企业创新的制度成本,扩大企业创新的盈利空间。

以完善有利于市场主体创新的政策为抓手,增强创新动力。充满活力的企业是市场高效配置资源的依托,市场主体多元竞争格局的形成是支撑增长、促进创新、扩大就业、增加税收的前提。加快实施创新驱动发展战略,必须降低市场准入门槛,鼓励万众创新。应加大对万众创新的财税和金融支持力度,强化企业创新主体地位,努力发挥其在吸纳资本、吸收技术、吸引人才、创造就业和创新发展等方面的主体作用。清理束缚企业公平竞争的不合理规定,消除各种隐性壁垒,杜绝对企业创新活动的不当干预。可以通过有针对性的招商引资,引入高成长性项目,以项目促创新,以创新促产业链延伸和产业结构高级化,努力形成产业化的创新集群,增强创新的内生动力。应抓住国内国际产业结构深度调整的机遇,积极鼓励和引导资本投向现代农业、高端制造业、高新技术产业、新能源与节能环保产业以及生产性服务业,提高企业发展活力和自主创新能力,增强市场竞争力。

以扩大开放为动力,提高创新效率。只有进一步扩大开放,才能对接国内国际创新前沿,高效推进技术创新。应加快构建开放型经济新体制,实行更加积极主动的开放战略,提高开放型经济水平。在扩大开放中促进创新,形成特色鲜明的创新高地,发挥其对区域经济发展的辐射和带动作用。在对内开放方面,注重开展区域创新合作,健全统一开放的现代市场体系和资金、人才、技术等要素集聚机制,实现创新资源优化配置。在对外开放方面,探索积极有效的国际创新合作模式,明确国际科技合作重点领域,加强国际创新合作交流,加强项目合作,共建联合研究机构;以"一带一路"建设等国际经贸合作为依托,努力发挥我国资源、资金、生产能力和市场等方面的比较优势,引进外部高端创新要素,优化创新发展格局,完善和发展现代产业体系,打造优势产业链。

三、实施开放带动战略建设内陆开放高地①

党的十八届三中全会提出,构建区域开放型经济新体制。作为典型的农业大省和重要粮食主产区,河南省近年来主动实施开放带动战略,努力建设内陆开放高地,推动经济社会发展不断迈上新台阶。

建设内陆开放高地,就是通过消除经济发展的体制机制弊端,扩大对内对外开放水平,促进国际国内要素有序自由流动,激发各种要素活力,增强地区经济发展内生动力,形成拉动经济并带动周边区域发展的增长引擎。作为一个内陆省份,河南省城镇化水平相对落后,人均收入相对较低,产业技术水平和企业创新能力相对不强,发展方式转变和"三化"协调发展任务艰巨,外贸和利用外资规模相对较小,对外经济发展水平相对较低,这反映了中西部地区开放型经济发展的一般特征。同时要看到,巨大的市场潜力、雄厚的工业基础、优越的区位条件以及丰富的资源和劳动力,构成了河南省开放型经济发展的独特优势。为全面提高开放型经济发展水平,河南省实行更加积极的开放战略,创新开放型经济发展模式,努力探索内陆开放高地建设的新路径,为构建互利共赢、多元平衡、安全高效的开放型经济体系奠定坚实基础。

以体制机制完善为保障,优化内外联动软环境。随着区域竞争日益激烈,软环境成为影响区域经济社会发展的重要因素,良好的软环境是区域经济内外良性互动的坚实基础。加快推进以政策法规为基础的体制建设和以市场体系完善为主要内容的机制建设,不断提升经济发展的软环境质量,是河南省强化竞争优势、发挥比较优势、增强开放型

---

① 本节内容曾发表于《人民日报》2013 年 12 月 30 日。

经济发展后劲和潜力的战略举措。中原经济区建设上升为国家战略，为河南省开放型经济发展提供了有力的政策支持，有助于提升河南省软环境的吸引力，为扩大利用省外资金、加快经济发展注入了活力。软环境建设的核心是以完善的政策法规规范政府行为，提高政府服务意识和效能，引导市场有序运行，努力构建规范的开放型经济秩序，降低区域内部投资和经营的制度成本；逐步摆脱对政策性激励的过度依赖，积极推进区域制度改革与创新，加快构建制度性激励机制，增强区域经济的稳定性与可预见性。

以区际开放与合作为依托，增强开放型经济内生动力。河南省承接东西、联系南北，在区域经济协同发展的整体格局中发挥着战略纽带作用，发展开放型经济具有得天独厚的优势。通过扩大对内对外开放，加强与周边和沿海地区的合作与交流，河南省积极进行各种层面区际合作的探索，支持建立了晋陕豫黄河金三角承接产业转移示范区，加快实施中原经济区建设，加强与长三角、珠三角等沿海区域以及关中—天水等中西部区域的合作，推动举办各种类型国家级及区域性经贸活动，区域开放合作平台建设不断取得突破。建设内陆开放高地，要求我们持续推进全方位、多层次、宽领域的对内对外开放，充分利用国际国内两个市场、两种资源，努力构建统一开放、竞争有序的市场体系，加快实现开放型经济跨越式发展。与沿海开放型经济发展较多依赖对外开放和国际市场不同，内陆地区开放型经济发展更多依靠国内市场和区际开放所形成的地区间经济融合。随着我国改革开放的深入推进，区域间制度与政策趋同性日益提高，区际经济壁垒不断降低，区域经济发展进入协同合作、创新发展的新阶段。建设内陆开放高地，应以区际开放与合作为依托，在充分发挥市场机制作用的前提下，充分发挥河南省资源、能源、劳动力和市场等方面的优势，科学利用资金、人才、技术等要素集聚机制，进一步优化区域分工，努力形成区域优势互补、特色发展、联动发展的良性竞争格局，大力发展内需型经济，增强开放型经济发展的内生动力。

以承接产业转移为抓手，实现产业深度对接。作为中原经济区建设主体和全国承东启西的经济枢纽,河南省承接产业转移具有独特的区位、要素禀赋优势和巨大的市场潜力。推进内陆开放高地建设,应以此为抓手,努力实现与东西部地区产业的深度对接和错位发展,并以此为契机逐步融入世界分工体系,不断提升开放型经济水平。全方位、多层次有序承接产业转移,努力引进外部高端要素,尤其应重视先进技术、管理经验和高级人才的引进,充分发挥外部投资的示范效应和溢出效应,利用和提升河南省既有优势,促进本地要素培育和市场整合,推动区域内分工深化发展,完善和发展现代产业分工体系,壮大优势产业,打造优势产业链。以承接产业转移为抓手,抓住国内外产业结构调整机遇,积极鼓励和引导区外资本投向现代农业、高端制造业、高新技术产业、新能源与节能环保产业以及生产性服务业,提高省内企业发展活力和自主创新能力,增强市场竞争力,巩固河南省作为全国粮食生产基地和"三化"协调发展示范区的地位,为加快经济发展方式转变打下坚实基础。在积极承接产业转移的同时,还应根据省内经济发展实际,坚持走特色发展之路,努力实现与东西部地区的错位发展,以促进并深化区域间合理分工体系的发展,打破地区经济与市场分割,推动构建全国统一大市场,实现产品、要素和服务在更大范围内的健康循环,以东中西地区间的良性互动更好促进经济持续快速发展。

以集聚区为开放主平台,提升企业自我发展能力。2008 年以来,河南省坚持实施以产业集聚区建设带动本省投资增长与经济发展战略,积极推动产业集聚区发展,180 个产业集聚区已成为拉动河南经济增长、推动经济发展方式转变的重要载体和扩大开放的重要平台,已成为河南省招商引资的主平台,在扩大利用省外资金和推动贸易发展中的作用日益凸显,对全省经济的拉动作用日益突出。作为河南省加快"三化"协调发展和"三大体系"(现代产业体系、现代城镇体系和自主创新体系)建设的重要依托,集聚区各项功能的发挥与强化有赖于区内集聚企业自我发展能力的不断提升。推动产业集聚区跨越式发展,发挥集聚区对河南省经济发展的辐射与引领作用,应通过有针对性的招商引资,努力引入高成长性项目,不断加快集聚区内主导骨干企业和龙头企业的形成和发展,促进产业链的延伸和市场多元竞争主体的形成,强化企业创新主体的作用,充分发挥企业间的竞争和分工协作效应,增强企业间的关联性和上下游企业间的联系。

以扩大规模、优化结构为导向,加快对外贸易发展。与我国整体经济发展较多依靠国际贸易驱动不同,河南省对外贸易发展相对滞后,贸易发展对经济增长的拉动作用尚未得到充分发挥,经济开放所实现的静态分工利益和动态增长利益相对较少,地区经济发展更大程度依赖区域经济内循环。河南省外贸依存度不仅低于全国平均水平,也低于中西部地区大多数省份。在内陆开放高地建设中,应进一步发挥贸易在促进经济社会发展中的作用,充分抓住国内外产业转移的机遇,积极承接出口加工项目,加快建设外贸转型升级示范基地和承接服务外包示范基地,巩固和提升河南省在承接东西、联系世界中的分工纽带作用,努力扩大对外贸易规模,优化贸易结构,高度重视传统优势产品的出口,大力培育国际竞争新优势,不断拓展高新技术产品外需市场,实施更加积极的进口战略,增加先进技术设备和关键零部件进口,强化贸易在促进地区技术进步、要素培育、产业转型升级以及制度变革中的作用。

四、公众诉求提升政府环境
治理绩效的制度改进①

长期以来,我国环境治理主要以政府为主导,广大公众基本是环境治理的观望者,这种情况严重影响了我国环境治理的效果。2006年2月,国家环保总局公布的《环境影响评价公众参与暂行办法》是我国环保领域第一部有关公众参与的规范性文件,彰显了我国政府着力推进公众参与环境保护的积极意图。2015年7月,国家环保部公布了《环境保护公众参与办法》,对公众参与环境保护的权利、参与途径和形式

---

①　本节内容曾发表于《中州学刊》2015年第10期。

进一步做出了明确规定。公众诉求是公众参与环境治理的首要前提;公众诉求只有被充分重视并纳入到政府环境治理决策,公众参与才能持续。本节通过分析公众诉求对政府环境治理绩效的影响因素,探索公众诉求提升我国政府环境治理绩效的若干制度路径,以期推进环境保护公众参与的有效实现。

(一)公众诉求对政府环境治理绩效的影响

公众参与环境保护的途径包括立法参与、决策参与、管理参与和救济参与。公众参与的形式有公众诉求、公众调查、座谈会、专家咨询、论证会、听证会、信访举报等,其中公众诉求是公众参与环境治理的首要前提,公众诉求的实现效果直接影响着政府环境治理绩效。

1.公众诉求影响政府环境治理绩效的若干理论观点

公众诉求对政府环境治理能否产生影响,经济学家从不同角度进行了论证。哈兹曼和奎格利、李斯特和斯特姆的研究结果表明,西方国家公众"用手投票"的机制可以影响政府环境治理政策的制定。蒂博特认为公民"用脚投票"的机制和自由迁徙的权利可以影响政府环境治理决策,因为居民迁徙会带走人力资本,会减少本地区的投资和消费,最终会影响到地方财政收入,居民的"退出"威胁、诱导地方政府改善环境。赫希曼认为公众的请愿、抗议行为可以影响政府的环境决策。赫希曼提出,公民"用脚投票"或迁徙是一种消极的态度,他主张公众应直接向管理者请愿、提出申诉或者发动舆论进行抗议,用积极的行为影响政府环境决策。贝斯利和伯吉斯认为媒体的信息传播使得地方政府加快了提供好的公共服务的步伐。

国内学者曹正汉认为公众的"群体性事件"在一定程度上能促进中央政府加强对地方政府的监督,促使地方政府调整环境政策。郑思齐的实证分析结论为:公众环境关注度的提高能有效推动地方政府对环境问题的关注,地方政府通过增加环境治理投资、改善产业结构等方式最终改变了城市的环境污染状况;公众环保诉求较高的城市,环境污染将更早地跨过"环境库兹涅茨曲线"的拐点,进入下降期。

2. 公众诉求影响我国政府环境治理绩效的典型实例

近年来,我国发生了一些环境公共事件,如 2005 年松花江水污染事件、2008 年广州番禺垃圾焚烧事件、2013 年山西苯胺泄漏事故等。在这些典型的公共环境事件中,公众大范围集结,有组织地表达了对环境污染项目的抗议及对环境治理的强烈诉求。这些环境公共事件因涉及人数众多,又经过大众媒体的渲染报道,政府最终对这些公众诉求做出了积极回应,如宣告项目停建、迁址、启动治污工程等。学者的实证分析结果和政府对公共环境事件的处理结果都说明,公众诉求可以影响地方政府对环境的关注度,地方政府对环境关注度的提高可以有效改善环境质量。

(二)公众诉求影响政府环境治理绩效的非稳定性因素

公众诉求可以影响政府的环境治理态度和治理绩效,但是只有公众的组织力量强大、借助的工具强大,公众诉求才能持续有效地影响政府环境治理绩效,否则公众诉求对政府环境治理绩效的影响将出现震荡性。非均衡的博弈制度安排、软弱的法律支撑、松散非专业的公众组织等因素都会导致公众诉求难以持续稳定地影响政府环境治理绩效。

1. 非均衡的博弈制度安排对政府环境治理绩效的影响

环境污染与经济发展阶段、国际贸易水平、科技发展水平、制度安排等因素密切相关。在工业革命的早期阶段,西方国家的环境污染状况也十分严重,但其在公众、资本、政府之间设计的均衡博弈制度有效地改变了这种状况。西方工业革命后的一段时期内,由于贵族没落,无产阶级尚未强大起来,资本在经济上和政治上都处于强势地位。资本的双重强势地位导致政府成为资产阶级政府,政府帮助资本谋取巨大经济利益和政治利益,公众、资本和政府三方的力量对比严重失衡。到了 19 世纪末,公众获得一人一票选举政府官员的权利,该选举制度成为平衡资本强势地位的重要制度安排。尽管经济绩效是决定西方国家政府官员能否在竞选中获胜和连任的关键因素,但是,政府官员(无论是联邦官员还是州官员)能否在选举中胜出仍然取决于占人口多数的公众的投票。公众选举不但要考虑经济发展水平,还会考虑公共安全、社会福利等影响民生的因素。这样就形成资本通过经济增长约束政府,公众通过选票约束政府的局面,最终导致政府在公众和资本之间更多地采取中立立场,成为一个平衡型政府。西方公众、资本、政府之间的均衡博弈制度是促成西方国家环境治理等社会问题有效解决的关键制度安排。同时,该制度安排也能够保障政府环境治理的持续性、真实性。

与西方国家的权力制衡结构相比,我国的权力制衡结构与之既有相同之处,也有显著差别。我国政府对资本也非常依赖,甚至更为依赖。因为任何国家的经济发展都有强路径依赖性,"一穷二白"是我国制度变迁的基点,稀缺的资本在以经济建设为中心的发展目标下显得尤其重要。1993年我国实施财政分权后,中央政府将征收税种在中央政府和地方政府之间进行划分,同时将事权、人权、财权和部分立法权下放给地方政府。地方政府在很大程度上成为自负盈亏的经济实体,成为我国经济发展的竞争主体,导致地方政府对资本追逐激烈。同时,由于中央政府决定着地方政府官员的升迁,而且中央政府对地方官员的主要考核指标是国内生产总值的增长速度,因此地方官员升迁竞争又加剧了资本的稀缺性。同时,"锦标赛"的选拔机制和"干部年轻化"的趋势也进一步加剧了资本的稀缺程度,使得地方政府追求资本的冲动处于一种持续、狂热的状态。在这样的制度环境下,资本的强势状态就更为突出。尽管中国也有公众选举官员的制度安排,但还仅仅限于基层选举,对于大部分政府官员的升迁并不适用,所以目前我国的选举制度尚不能有效钳制地方政府对资本的偏袒。同时,在户籍制度、教育制度、社会保障制度不完善的背景下,公众自由迁徙受限,公众也不能通过"用脚投票"的方式约束地方政府。因此,在地方政府、资本、公众之间,公众处于最弱势地位,资本同时获得了经济和政治的双重力量。

具体到环境治理问题,尽管我国公众、地方政府和资本之间力量悬殊,公众处于相对弱势地位,然而,公众诉求却可以通过影响中央政府进而影响地方政府的环境投资,以此来推动环境状况的改善。鉴于中央政府与地方政府的目标函数不一致,中央政府的目标函数更关注公众支持度、社会稳定、政权稳定。当环境污染严重影响公众健康时,公众大范围内的集结容易成为社会不安定因素,导致中央政府不得不对地方政府施加压力。尤其是自2012年起,我国把环境治理绩效纳入地方政府官员的考核体系,中央政府对地方政府的环境治理约束进一步加强,公众通过中央政府迂回施压的方式影响地方政府环境治理绩效的情况更加明显。

但在我国目前的政治架构下,该迂回影响地方政府环境治理绩效的方式具有非稳定性。第一,地方政府环境治理绩效与中央政府考核指标权重密切相关。目前中央政府对地方政府官员的考核指标多元化,如果在整个考核体系中环境治理绩效的权重偏低,则该指标对地方政府的约束效果将不明显;如果该指标体系大幅变动,环境治理绩效也将随之波动。第二,目前公众没有其他约束地方政府环境治理的途径,只能通过大规模的集结,通过中央政府来间接约束地方政府的环境政策。这种间接约束地方政府环境治理的方式,其有效性仅适用于对那些环境污染范围广、受害人群多、污染严重的环境污染事故的处理。如果受害人少、污染事故发生在偏远村庄,人群居住分散,缺乏集聚的推动主体,公众集聚的人数少、媒体关注少,可能就得不到中央的关注,环境污染问题也不能得到有效纠正。目前,当中央政府把环境治理绩效纳入到官员考核体系后,高污染企业多搬到政府监管薄弱的偏僻农村。而偏远农村即使存在严重污染,公众诉求也很难得到有效表达,难以影响政府环境决策。第三,即使在城市,如果没有媒体的强力关注,公众诉求也难以传达至中央政府,地方政府缺少进行环境治理的动力。第四,公众诉求对地方政府的影响是一种非常态机制,不具有持续性。目前公众诉求对政府环境政策的影响主要靠大规模的集结,甚至采取激烈的对抗方式。这种方式对正处于深化体制改革关键期的我国来说,容易引发社会不稳定因素,交易成本过大。而且,这种"事后的""突击式"的环境治理方式不是常态化的治理,因此难以收到持久效果。

2. 软弱的法律支撑对政府环境治理绩效的影响

法律应是维护公众诉求有效性的强力工具,然而,我国目前的法律制度在有关公众参与环境保护方面具有非稳定性。近40年来,我国先后制定了《环境保护法》《海洋环境保护法》《水污染防治法》等环境保护方面的法律30余部,《排污费征收使用管理条例》《建设项目环境保护管理条例》等90余部行政法规,我国的环保法律法规多达120余部。环境立法速度居各部门法之首,但是法律法规的执行情况却不容乐观。时任国家环境咨询委员会委员、最高人民法院中国应用法学研究所所长的孙佑海表示,符合环境法律法规要求的行为只占到30%左右,有70%左右的环境法律法规没有得到遵守。

就法律本身来分析,我国环保法律法规不能成为公众诉求和公众参与环境治理有效武器的原因主要有以下几个方面。第一,我国宪法没有明确规定公民的环境权。宪法作为根本法,其对社会生活的各个领域都具有根本性的法律约束力,是其他一切法律形式赖以产生和存在的法律依据。相对于其他法律形式,宪法的稳定性和权威性更高,宪法对公民环境权的忽视弱化了公众诉求影响政府环境治理的力度。第二,缺失相关法律制度。公众深受环境污染损害,但在某些领域公众维权无法可依。如有毒化学物质污染防治法、土壤污染防治法、环境损害赔偿法等法律法规至今尚未出台。第三,许多环保法律法规的规定过于模糊,不能成为公众环境维权的有力武器。例如,《环境保护法》第8条规定,"各级人民政府应当加大保护和改善环境、防治污染和其他公害的财政投入,提高财政资金的使用效益"。这样笼统的法律规定仅仅是道德上、宣言性的要求,并不具有法律上的可操作性。第四,一些法律条款具有模糊性,为执法时的自由裁度预留了较大空间。比如在面对经济发展和环境保护之间的利益平衡时,模糊的法律条款常常成为执法者为追求经济发展而破坏环境的有力武器。第五,环境诉讼立案困难,门槛过高。目前,环境诉讼存在着立案难、取证难、鉴定难、胜诉难、执行难等实际困难。因此一般情况下,污染受害者多选择上访寻求行政解决,不愿耗时耗力地去打环境官司。另外,我国目前对环境违法案件多是"以罚代管",公众很难实现自身的切实利益,因此公众诉求也缺少现实激励。

3. 松散、非专业的公众组织对政府环境治理绩效的影响

经济学理论证明,无论是卖方垄断还是买方垄断都不能实现资源的有效配置,只有力量均衡的双方才能长久相互制约。无论是西方的"用手投票"机制、中国的公众集结还是西方的"消费者联盟",只有达到一定的公众数量才能推动公众诉求引起行政部门的关注,从而使问题得到解决。现阶段,中国的环保社团组织还没有形成规模效应,单薄、松散的公众组织难以与实力雄厚、组织严密的企业相抗衡,导致公众的环境诉求难以引起重视。同时,公众诉求如果缺乏组织依托,容易由于简单化而失去调和弹性,可能会演变为暴力抗争,偏离其最初的诉求初衷,致使公众诉求的实现具有不确定性。另外,单薄、松散的公众组织难以吸纳到专业人士,专业人才的缺失也使公众诉求具有非稳定性。具体表现为:一方面,公众难以了解环境危害的实际状况,无法提出切实可行的公众诉求;另一方面,由于缺乏专业知识,公众以假想的环境危害一味地抵制与之相关的环境项目,导致"环境防卫过当"。有些情况下,公众申诉关键在于污染是否易见,而非该污染对健康的伤害程度。公众诉求的偏离可能会导致国家有限环境救治资源的浪费,从而使其存在的合理性受到质疑。

(三)公众诉求提升政府环境治理绩效的制度改进

1. 健全政府官员环境治理考核体系

制度变革具有显著的路径依赖性。我国的文化传统、人口数量、治理模式等都与西方国家存在显著差异,因此,我国没有必要采取和西方完全相同的政治架构。但是,"他山之石,可以攻玉",我国政府可参考西方国家均衡的权力制衡思路来进行环境治理。现阶段,在我国财政分权、经济增速下调的背景下,地方政府袒护资本的现状不会明显变化,中央政府通过强制手段敦促地方政府治理环境仍是今后的主导模式。为提高环境治理绩效,国家应健全完善对政府官员的环境治理考

核体系。具体来讲,一方面,应增大环境治理绩效考核权重;另一方面,应优化环境治理考核内容。只有加大环境治理绩效的考核比重,地方政府才会重视环境治理,重视公众环境诉求,并对公众环境诉求做出回应。在考核内容上应偏重于地方政府的环境治理效果,而不是环境设备投资量;考核制度体系应注重地方政府的环境执法效果而不是环境立法数量。实证研究显示:1996—2004 年是各地方政府环保立法的高峰期,但是环保立法并没有明显防止污染。在一些执法不严的地区,一些重污染企业甚至采取提前污染的做法来应对环境立法这一政策信号。只有环保部门的严格执法才能明显促进污染排放总量、单位排放强度的下降。因此,必须加强环保执法体系建设,完善对环保部门的行政问责机制,加大对环保部门执法的巡视力度。

2. 强化公众参与环境治理的权利

公众的生产生活与自然环境紧密相关,保护环境本身就是公众自身的利益需求。另外,环境问题具有复杂性、技术性、综合性的特点,政府很难及时全面地获得环境信息,而公众亲历环境问题,能得到第一手的、全面真实的环境信息,因此公众参与能为政府制定科学合理的决策提供帮助。同时,公众参与可以监督政府进行严格公正的环境执法,防止公众利益受到非法侵害,也可以有效减轻环境执法部门的负担。因此,公众参与环境治理是政府环境管制的一项基本原则,也是公众的一项基本权利。公众参与环境治理的权利实现应着重从以下几方面入手。第一,在《宪法》中明确规定公民的环境权。在公众参与环境治理的权利配置中,公民环境权是公众参与环境保护的权利基础。我国应该在《宪法》中明确规定公民的环境权,通过公民环境权的行使把公众参与权内化到地方政府和企业资本相互制衡的体系内。第二,在相关环境立法和具体制度中明确规定公众在环境治理中的事前、事中、事后全过程参与的权利,包括公众在环境资源保护中的知情权、参与权、通过司法等途径获得救济权以及针对环境问题提起公益诉讼的权利等。第三,建构有利于公众参与环境治理权利实现的协商合作机制。政府应为公众参与环境治理提供良好的对话、协商和互信的平台,提高公众参与环境治理的广度和深度,使环境治理切实从政府单方面管制向多元、合作、开放治理转变。

3.消除地方政府与污染企业的合谋基础

在以国内生产总值为主要考核体系的背景下,污染企业与地方政府具有利益的一致性。共同的利益和信息不对称是地方政府和污染企业进行合谋而导致环境污染的基础和关键条件。在中央政府加大环境治理绩效考核权重的情况下,地方政府与污染企业存在利益背离的可能性,但是如果该权重小,两者背离的可能性就小。因此,中央政府应加大对地方政府环境治理绩效的考核权重,加大企业与地方政府利益背离的力度。同时,应采取措施尽可能地要求地方政府和企业公开环境信息。近年来企业选择披露环境信息的比例和水平逐年提高,但披露内容具有选择性和应对性,尤其对污染物的排放后果等信息披露不足。因此,中央政府可通过完善环境监管制度敦促企业披露环境信息,同时,加强环保部门、证监会对企业环保信息披露的责任约束,增加企业环境信息披露不充分的交易成本。另外政府也可以通过财政补贴、税收减免与企业品牌挂钩,与企业的环保业绩和环境信息披露质量挂钩等举措,进一步激励企业加大信息披露的质量和数量。

4.培育博爱型公众参与主体

培育博爱型公众环境参与力量是今后公众诉求提升政府环境治理绩效的努力方向。长期以来,中国对环境保护一直采取政府主导型的一元治理结构,公众把环境保护当作政府的职能,主动参与环境保护的积极性不高。只有当自身的环境利益遭受显著损害和面临严重损害威胁时,公众才会积极参与环境活动。目前我国环境污染已经非常严重,从东部至西部,从天空至海洋,从陆地至河流,从地上至地下,环境污染几乎无处不在,严峻的现实亟待全民参与才能从根本上治理污染。由于环境污染治理具有显著的正外部性,所以只有培育博爱型的公众参与主体才能持续推动环境保护,维持环境保护成果。培育博爱型公众参与主体,一要培育公众环境保护的使命感和荣誉感,增强公众参与环境保护的动力。为了保持公众环保参与的积极性和持续热情,政府应采取措施让公众感受到环保成效,激发公众环保成就感。一旦公众养成环境保护的习惯,公众参与的群众基础就会扩大,公众环境参与的积极性会更高,公众诉求也会更有建设性。二要拓宽公众参与渠道。目前,公众参与环境保护的渠道在形式上有很多,如座谈会、听证会、问卷调查、电话访谈等,但这些形式上的公众参与并不能真正影响政府的规制政策和企业的环境行为,所以公众参与的积极性不高。政府应从法律程序上、应在实践中真正关注公众环境诉求的表达和实现,只有这样才能进一步激发公众参与热情,促进博爱型公众参与主体的培育壮大。

五、低碳发展的政府调控路径选择[①]

2009 年哥本哈根气候变化会议的召开,使以低能耗、低污染、低排放为基础的经济社会运行模式——"低碳发展"呈现在世人面前。无论是国际还是国内,无论是国家政府还是普通民众,都在为新时代的低碳发展出谋划策并积极践行。环保靠民众,更要靠政府,低碳发展也不例外。与过去工业文明时代政府的辅助角色不同的是,低碳经济条件下,政府的领导、指导与引导者的角色将更为突出和重要。

(一)低碳发展的根本保障——政府调控

1. 低碳发展政府调控的契约理论

所谓契约,俗称合同、合约或者协议。契约是一个古老的法律概念,早在古罗马时代就有相当完备的契约制度。进入自由资本主义萌芽时期后,霍布斯、卢梭等自然法学派都以社会契约论来解释国家的起源问题,并在此基础上阐述基本的国家设计理论,由此把契约观念推崇到了顶峰。他们将西方自然法和契约观念相结合,否定神权至上、君权神授,主张天赋人权、主权在民。认为政府(广义上的)是社会契约的产物,政府的权力来自民众,民众通过让渡一部分权利给政府而与之达

---

① 本节内容曾发表于《中州学刊》2011 年第 4 期。

成契约,委托政府作为广大民众的代表来维护广大民众的公共利益。这样可以避免因为民众各自为维护自身利益而实施自力救济的混乱,又能集中广大民众的力量来解除个人力量不足时难以应对的尴尬。因此,政府应在人民授权的范围内活动。人民对政府的授权通过宪法和法律的形式表现出来,宪法作为公民权利的保证书,其实是民众与政府之间所达成的契约表现形式。所以,政府(包括立法、司法、执法等等)应在宪法赋予的权力范围内行使权力。与此同时,民众需履行遵守法律的义务,否则就要承担相应的责任;而政府也须切实履行其职责,如果因政府未依法履行其应尽的职责,那么政府也需承担相应的责任。这是基于契约的平等而来的,权利与义务相互统一。政府在行使权力的同时,也必须承担与其权力相对应的责任。政府的职责就是为广大民众谋福利,维护公众的公共利益、保护公众的自由与权利。在环境问题上也是一样,环境问题产生之前,发展经济、保障民生是政府的主要责任。但伴随着经济的发展,环境恶化、资源枯竭严重威胁到广大民众的生存及发展。此时,保护环境与资源,让民众生活在舒适的环境中已经成为广大民众的公共利益,政府理所当然应当承担起与之相对应的责任。因此,转变经济发展方式,遵循经济社会的低碳发展,成为政府管理的当然职能。

2.低碳发展中环境资源的公共物品属性

公共物品或公共资源是相对于私人物品或私人资源而言的概念,通常认为私人物品或资源具有消费的排他性和竞争性,这种排他性和竞争性决定了每个人只有通过购买才能消费某些物品。有市场交易行为就有价格,自发的价格来调节私人物品可以实现供求平衡,因此,在配置私人物品生产资源时,市场机制是有效率的。公共物品和公共资源在消费中既无排他性又无竞争性,这一特点决定了人们不用购买仍可以消费。因为人们不用购买公共物品,公共物品就不会进入市场交易。公共物品没有价格,考虑到企业追求利润的本质,生产者就不愿意向社会提供公共物品,最终导致自由市场调控公共物品和资源失灵。既然公共物品的生产和消费问题不能由市场上的个人决策来解决,就必须由政府承担提供公共物品的任务,并采取一定的激励措施引导市场提供或改善公共资源。这既是政府履行其职责,也是为了实现供求平衡。

低碳发展过程中的自然资源与环境一向被视为公共财产,具有公共物品的性质。每个人对资源和环境的消费取决于它向社会提供的总量。虽然它的生产包含着失去生产其他产品的机会成本,但对其进行消费却没有机会成本。在许多情况下,个人不论付钱与否都可以对其进行消费。正是由于它们的公共物品的属性,使得资源被过度使用,二氧化碳排放量激增,温室效应加剧,环境被破坏,并造成生态失衡。因此,政府执行经济职能的目的之一,就是要通过宏观经济政策手段,保证全体社会成员公共利益最大化,从而实现低碳发展。

3. 市场调节"外部效应"的桎梏

外部性是指一个行为人的生产或消费对其他行为人的生产或消费产生的影响,但这种影响不是通过市场交换发生的。其中正面的影响称为外部经济(正外部性),负面的影响称为外部不经济(负外部性)。就环境问题而言,外部性主要体现在生产或消费的外部不经济性上,二氧化碳等温室气体的排放也不例外。例如某工厂(生产铝、钢材等产品的企业)在生产的过程中耗费了大量的能源、排放了大量的二氧化碳和其他的污染物。由于这些污染物可能损害那些呼吸空气的人的身体健康或引起全球变暖,因此它就产生了负外部性。英国经济学家阿瑟·庇古在《福利经济学》中详尽分析了消除此种负外部性的解决方法。他认为正是边际私人净产值与边际社会净产值背离现象的存在,使得国家有了干预此类产生负外部性的行为的必要性和可能性,他建议应根据污染所造成的危害对排污者收税,以税收形式弥补私人成本和社会成本之间的差异,将污染的成本加到产品的价格中去,即实现外部成本的内部化。政府通过外部成本内部化的方法,可以有效地矫正市场失灵带来的效率损失,通过经济手段从宏观上对市场进行干预,以实现资源的优化配置。

4.纳什均衡理论的挑战

纳什均衡,从实质上说,是一种非合作博弈状态,是指每个参与博弈的局中人如果均选择对自己最优的策略,实现自己利益的最大化,这种选择的结果并不意味着博弈双方都达到了一个整体的最优状态。纳什均衡虽然由单个人的最优战略组成,但对集体来讲却不是最优的结果。在个人理性与集体理性冲突的情况下,各人追求利己行为而导致的最终结局是一个纳什均衡状态,也是对所有人都不利的结局。我们可以从纳什均衡理论中得出"看不见的手"这个原理的困境:个人利益的最大化导致集体利益的不经济。

在市场经济中,对于高碳排放问题,如果政府不加以管制,按照"看不见的手"的原理,所有企业都会从利己的目的出发,采取不顾环境的策略,即企业为了追求利润的最大化,宁愿以牺牲环境为代价,也绝不会主动增加对减碳节能环保设备或措施的投资,从而最终使社会进入纳什均衡的状态,即非整体社会效益最优的状态——高二氧化碳的污染。可见,只有在政府加强高碳排放管制或对减碳或低碳排放者提供相应的补贴或激励机制,企业才会采取低碳排放的策略组合。企业在这种情况下,将获得与高碳排放同样的利润,但环境将得以改善,社会的总体效益将有所增加。

总之,在全球变暖的大背景下,希望碳排放的自动减少和低碳经济的自动实现几乎是不可能的,必须依赖政府从法律法规、政策环境、技术发展等方面加以强力推动,这就决定了低碳经济发展中政府调控的重要地位与作用。

(二)规范政府调控的路径选择

政府调控一方面是低碳发展的有力保障,但另一方面,政府在某种程度上也可以称之为"经济人","经济人"的自利性导致其在制定和执行政策过程中仅考虑其部门利益,而不是公共利益。因此,规范政府调控是保障低碳发展顺利进行的必然选择。其具体路径表现为以下几个方面:

1. 低碳发展政府调控法治化

法律的根本目的是协调社会主体之间的利益博弈,确定各利益主体的相互关系。通过立法来规定政府有关职能部门在低碳发展中的职责,是发达国家普遍采用的一条重要经验。如2009年6月美国众议院通过的《美国清洁能源和安全法案》规定美国的联邦环保署、农业部、能源管理委员会和商品期货交易委员会分别负责清洁能源和安全相关的监管职责。目前我国涉及低碳发展的机构众多,如国家发改委,交通部门、环境保护部门、农业部门等等,这些部门从各自利益出发来安排低碳发展,各自为政,协调不够。我国应通过立法把低碳发展的政府调控规范起来,一方面,应明确规定低碳发展中国家层面对各部门之间的统领和协调;另一方面还要针对各部门在低碳发展中的特点,有针对性地确立各部门的发展重点。如工业部门的低碳发展建设应从能源结构的清洁化、工业产业结构的优化、低碳技术水平的提高等几方面进行。以能源结构的清洁化为例,重点发展风能、太阳能、生物质能、核能等清洁能源,逐步减少高碳化石能源的使用。建筑部门的低碳发展建设要着力从设计、建造和使用等方面入手,减少碳排放量。交通部门的低碳发展重在制定措施保障绿色低碳出行,如广泛推广在市内搭乘公交车、骑自行车或步行出行等。林业部门的低碳发展建设重点在大力开展植树造林等生态建设,增加森林面积和森林蓄积量,努力增加森林碳汇,发挥生态系统吸收碳的能力。

另外,当前我国对低碳发展的规定主要体现在规划和政策当中,如我国2007年11月22日国务院制定的《国家环境保护"十一五"规划》、2009年8月《国务院关于应对气候变化工作情况的报告》等。法律相对政策而言具有稳定性和确定性,我国相关法律设计应尽快把低碳发展纳入国家正式制度轨道中来。同时,在低碳发展法治化的过程中必须坚持制定与执行并重,体现法律的实效性;坚持立足当前需要与关注长远发展并重,体现法律的前瞻性和战略性。只有将二者有机结合,才能将低碳理念名副其实地体现于社会发展理念之中。

2.转变政府职能,运用积极的财税政策推动低碳发展

要实现低碳发展的战略目标,在把握好政府调控的同时,必须要充分利用市场机制,尽可能地调动企业、消费者等微观经济主体在低碳经济发展中的积极性,将低碳市场机制建设与低碳政策机制建设有机结合。低碳市场机制包括碳交易机制、碳汇机制、碳金融机制、低碳生产与消费机制等方面。低碳政策机制包括碳预算机制、碳税机制、低碳产业准入机制等方面。从发达国家的经验来看,促进经济低碳化的政策正朝着多样化、综合化的方向演变,但财税政策仍是其中最为重要的手段。发达国家低碳财税政策一般可分为两大类:一类是促进低碳发展的财税政策,如旨在鼓励市场主体进行能效投资、节能技术研发、新能源投资的财政补贴;预算拨款、税收减免以及贷款贴息等措施;二类是抑制高碳生产、消费行为的财税政策,如旨在提高能源使用成本,鼓励节能降耗,控制温室气体排放的能源税、碳税等手段。如2009年4月22日,英国财政大臣宣布了具有法律约束力的碳预算,这意味着英国政府的每项决策都将考虑碳的排放和吸收,还要相应考虑由此引起的财政收支。英国在全球第一次把碳预算纳入国家财政管理,以便更好地调控国民经济运行,有效实施碳减排。在我国,广大的专家学者也在呼吁,我国应尽快建立健全符合我国实际的低碳经济政策体系,特别是低碳财税政策体系,如增加低碳预算支出项目、开征碳税、实施税制"绿色化"改革、进行各种形式的财政补助和贷款贴息。实行最严格的产业准入制度,充分发挥碳汇潜力,把国有企业作为低碳改革的先导以探寻我国企业低碳改革的新模式等等。

另外,还应将鼓励低碳生产与引导低碳消费相结合。鼓励企业加大低碳产品研发投入,当前可以试点推进低碳型家电、低碳型汽车生产,并将低碳技术普及到今后的建筑、交通设计理念之中,借此引导并提高居民环保意识、低碳意识,同时政府应加大对二者的财税补贴力度,尽快建立较良性的低碳生产和消费机制。

3.确立政府低碳发展的责任机制

前面已分析,政府调控是低碳发展的有力保障,然而,政府的经济

人性质也需要对政府在低碳发展中的不利行为进行责任规制。首先政府官员应该承担政治责任,也就是建立低碳发展的政府官员考核体系,将低碳发展效益指标量化后纳入领导班子和领导干部的绩效考核体系之中,并将考核结果作为干部选拔任用和奖惩的硬指标。如将能耗指标纳入各省市区县经济社会发展综合评价和年度考核体系,作为领导干部任期内重要评价考核内容,强化政府的生态责任。另外,对低碳发展不作为、乱作为的政府领导要追究责任并依法惩处。这样,各级政府才会对低碳发展理念在思想上予以重视、在行动上得以落实。另一方面,还应该在低碳发展过程中建立司法权对行政权的监督制约机制。无论是联邦制国家,还是单一制国家,无论是实行三权分立的国家,还是实行"议行合一"或类似中国的人民代表大会制的国家,行政权与司法权都是国家权力的组成部分,依法都享有一定的职权和独立处理某类特定的事务的权力。虽然在不同制度,不同法系的国家,司法与行政的关系有很大的区别,但司法审查权力行使的目的应当在大致的方向上是一致的:即通过司法权对行政权的制约和监督,防止行政机关滥用职权,促进行政机关依法行政。而且,对政府行政权力的限制也是现代法治的核心。目前我国对政府是否履行责任进行监督和追究的司法权限制主要是通过行政诉讼来进行的。为了实现在低碳发展过程中对行政权的限制,需要尽快扩大受案范围,目前政府把政府有关国民经济和社会发展计划、环境保护规划等抽象行政行为纳入到司法审查范围之内。

4.营造社会参与低碳发展的政策氛围

低碳发展不但是政府主管部门或企业关注的事情,还需要各利益相关方乃至全社会的广泛参与。由于气候变化涉及面广、影响大,因此,应对气候变化首先需要各政府部门的参与,同时需要不同领域,不同学科专家的共同参与,加强研究,集思广益,发挥集体的智慧。鉴于广大公众对气候变化的知识还知之不多、知之不深,应首先通过宣传、教育、培训,并结合政策激励,转变人们的思想观念,提高大家应对气候变化的认知和低碳意识,逐步达成关注低碳消费行为和模式的共识,营造社会公众参与低碳发展的政策氛围,进而采取联合行动,共同抵御气候变化可能带来的风险。

六、依靠技术进步,实现河南纺织产业的崛起

衣食住行,衣字为首,衣着是人类的基本生活需要。因此,纺织工业在国民经济和人们生活中扮演着十分重要的角色,关系到整个国民经济的健康运行,如今,在我国建设小康社会和实现工业化的进程中,必将发挥更大作用。技术进步将开拓世界纺织业发展的新局面,我国纺织工业要在更加激烈的竞争环境中保持优势,就不能仅仅停留在劳动力成本优势和纺织品数量优势上,关键是要进一步提高纺织科技水平,依靠技术进步来增加产品的技术含量和附加值,从整体上改变产业结构落后的面貌,实现科技兴纺的战略目标。

(一)河南省纺织工业发展概况

河南省纺织工业经过 50 多年的发展,已成为我国以棉纺织、化纤为重点,印染、毛麻、丝绸、针织、服装、纺机纺器等行业协调发展的重要纺织工业基地之一,并作为河南省的支柱产业,为河南经济和社会的发展作出了巨大贡献。但是河南纺织工业的整体水平与经济发达的省份相比,还有很大差距,主要表现在以下几个方面:

1. 技术创新能力薄弱

主要体现在:①尚未建立有效的技术创新机制,研发能力不足。长期以来,河南省纺织科研研究机构少,与产业化脱节,技术与创新脱节。企业自主创新能力有限,必须依靠引进新技术来弥补自主创新的不足,但多数企业没有真正处理好引进、消化、吸收与自主创新的关系;②科研经费投入长期不足,影响企业创新水平的提高。

2. 产品开发能力薄弱,产品结构不能适应市场需求

由于研发能力薄弱,所以,原创少,模仿多,产品趋同化现象比较严

重,产品档次和附加值低,缺少全国乃至世界的名牌产品。纺织产品仍没有彻底摆脱初(粗)加工为主、中低档产品为主的格局。随着国内纺织品买方市场的形成及国际纺织品市场竞争的加剧,河南省纺织企业已越来越不适应市场快速变化的要求,产品档次低、生产周期长、市场应变能力差等矛盾日益突出,上升的生产要素成本不能通过产品的高附加值来消化吸收。

3. 技术装备落后

由于技术改造投入的相对缩减,纺织企业工艺装备资源的竞争力更为薄弱,先进制造系统在纺织企业中的应用比重较低,尤其是传统棉纺织企业的加工制造能力更为落后,产品生产周期长,生产适应能力差。

4. 出口产品结构不合理

河南省纺织品出口排在全国十几位,所占份额很小,与纺织大省的地位极不相符。出口产品中纺织品占 90% 左右,服装仅占 10% 左右,而全国纺织出口中纺织品占 30% 左右,服装占 70% 左右。显而易见,河南省纺织出口仍然是以初级产品为主,产品结构不合理。

5. 资本结构不合理

据统计,2004 年年初,我国非国有资本在规模以上纺织企业中的比重已达 84%。而河南省纺织行业国有及国有控股企业的比重约占 42%,集体企业占 36%。国有纺织企业的比重大大高于我国经济发达地区,多种经济成分的发展远远跟不上市场经济的发展,企业改制进程缓慢,缺乏自我改造、自我发展的能力。

(二)加快纺织企业技术进步,实现河南纺织工业崛起的对策

加快纺织行业的技术进步和产业升级,用高新技术改造纺织行业,是河南省纺织工业"十五"发展规划的主要任务之一。即:以市场为导向,围绕品种、质量、效益,顶替进口,扩大出口;坚持科技与经济紧密结合,提高纺织工业经济增长的科技贡献率,使科技进步对产值增长的贡献率达 50% 以上;加强应用技术的开发和推广,促进科研成果向现实

生产力转化;高度重视技术人才的培养,使科技人员比例比"九五"提高40%。为此,提出如下对策和建议。

1.加快企业技术创新体系的建立

企业的技术创新能力是企业竞争力的核心。在企业技术创新体系的建立过程中,大型企业和企业集团应努力建立自己的技术开发中心,增加投入,吸引和培养创新人才,研究开发具有自主知识产权的核心技术和主导产品,增加企业的技术储备;中小型企业应建立由企业和科研机构联合的技术中心,为其提供有偿技术服务,以适应中小企业设计、技术、信息等方面的需要。鼓励纺织企业与相关行业合作,与科研院所结合,进行多种形式的产学研联合。通过技术创新体系的建立,在跟踪国际先进科技成果、引进国外先进技术的同时,企业还要积极消化吸收,努力形成自己的技术优势,用先进技术改造现有工艺装备,调整产品结构,提高产品档次,实现产品、技术的升级换代,使企业真正成为技术创新的主体、开发投入的主体、推广运用的主体。

2.加快纺织设备的更新与改造

按照国家经贸委发布的《当前工商领域固定资产投资重点》中对纺织工业的规定,纺织企业技术改造应与压缩淘汰落后生产能力同步进行。以棉纺工业为例,从世界发展趋势来看,近几十年世界主要发达国家的棉纺生产能力明显萎缩,第三世界国家的棉纺生产能力却在增加。例如,美国从1950年到2000年,棉纺锭由2179万锭降到452万锭;日本从1960年到1997年,棉纺锭由1321万锭降到386万锭。但是在世界纺织企业前20名排序中,仅美国和日本就占13家,我国却是空白。这足以说明世界纺织业之间的竞争已不再是数量规模的竞争,而是转向了技术实力竞争。中国纺织设备的更新与改造是企业参与国际竞争的重要基础条件。

3.加快信息技术的推广应用

在国际上评出的25项最先进纺织技术中,电子技术尤其是计算机的应用占了近三分之一,如自动络筒机上电子清纱器的应用,计算机辅助设计、辅助配色、自动配方在服装、印染及化纤企业的应用,等等。因此,在今后的发展中,要加快信息技术在企业生产经营过程中的渗透,运用信息网络技术改造纺织企业传统的生产、经营和基础管理模式,推广应用生产集散控制系统(DCS)、计算机辅助设计和制造系统(CAD/CAM)、企业资源计划系统(ERP)、客户关系管理系统(CRM)以及市场快速反应系统(QR)等,建立企业内部信息网络,提高企业管理效率和市场反应能力,增强信息技术应用的竞争能力。

4. 加快科技人才队伍的培养

近几年,纺织企业存在的人才流失及短缺现象极大地影响了企业的发展。因此,当务之急是尽快建立引进人才及稳定人才的机制与政策,提高纺织科技人才的质量和水平。同时,加强职工队伍的继续教育,不断提高纺织职工的文化素质、技术素质和管理素质,是建立纺织企业竞争优势,不断提升企业竞争力的关键。企业核心竞争能力的建立与其学习能力的大小密切相关,企业的学习过程,亦即信息与知识的获取、吸收、存储及应用过程,因此,学习型组织的建立对纺织企业今后的生存与发展至关重要。

5. 加快技术进步,促进企业的可持续发展

在我国的现代化进程中,要建立企业与社会协调发展的关系,消除已经发生的资源短缺和环境污染,避免造成对生态平衡的继续破坏,就必须实施可持续发展战略。技术进步为企业的可持续发展创造了良好条件。目前,国际上在印染企业推广应用的低浴比染色工艺、无水印染技术、转移印花技术、喷射印花技术、涂料印染、等离子体处理等节水、节能及环保的工艺技术,充分体现了印染企业可持续发展的大趋势。因此,纺织企业在进行新项目的投资决策过程中,必须考虑环保的要求,积极推行清洁生产技术,变过去的末端治理为生产全过程的环保控制,争取实现绿色生产,适应国际绿色消费的需要。

6. 改革与重组国有企业,提高国有资本的投资效益

纺织工业是竞争性行业,加大国有经济布局的调整,使国有资本以价值形态得到流动,从而提高国有资本的投资效益,是提升河南省纺织企业竞争力的一个重要因素。因此,国有大中型企业要适应党的十六

大后国有企业产权改革的思路,通过建立各级国有资产授权经营机构,以股权多元化、投资主体多元化等途径,建立"产权清晰、权责明确、政企分开、管理科学"的现代企业制度,探索企业兼并、重组、改造等企业合作方式,促进国有资产以价值形态得到流动,加速低成本扩张,优化资源配置。对优势企业、骨干企业,可利用外贸发展基金、出口配额、技改贴息等手段,提高出口产品附加值,促进其在国内外市场上的竞争力。对中小型国有企业,应通过多种形式的改制,增强中小企业的活力,使其向"专、精、特、新"方向发展。对于资产负债率高,但设备先进、产品有市场、管理好的企业,通过资产重组,降低企业负债率,增强活力。对亏损严重、资不抵债的纺织大中型国有企业,主要通过破产的方式加快退出。此外,要大力发展民营纺织企业,确立民营企业与国有企业平等的市场主体地位,为民营企业的发展创造公平竞争的环境。

总之,河南纺织工业要在国民经济中发挥重要作用,实现由纺织大省到纺织强省的崛起,就必须从科学发展观的角度,依靠技术进步,发展先进生产力,加快产业升级,提高国际竞争力。

七、以信息化建设促进我国传统
产业的跨越式发展[①]

当今世界,以信息技术为代表的新技术革命,激烈地冲击着传统的生产方式和产业结构,极大地改变了工业、农业、国防、科技以及商贸、金融等产业的现状,将社会生产力推向一个前所未有的发展新阶段,引发了一场深刻的产业革命,促进了全球范围内资源的重新配置。目前,信息化水平已成为衡量一个国家和地区国际竞争力、现代化程度、综合国力和经济增长能力的重要标志。我国由于种种原因,未能抓住工业革命这一历史变革的契机,失去了与世界科技同步发展的机会,付出了沉重的代价。在工业经济与知识经济的双重压力下,我国如何应对新

---

① 本节内容曾发表于《经济师》2005年第1期。

经济环境下的双重挑战,如何在实现工业化的同时完成信息化,党中央指出了一条崭新的发展思路。江泽民同志在党的十六大报告中指出:"坚持以信息化带动工业化,以工业化促进信息化,走出一条科技含量高、经济效益好、资源消耗低、环境污染少、人力资源优势得到充分发挥的新型工业化路子。"这是我们党顺应世界科技经济发展的新趋势,并充分考虑中国人口众多,资源短缺的特殊国情所作出的战略决策。而新型工业化道路的最重要特点和实现方式是以信息化带动工业化,以工业化促进信息化。一般来讲,信息化是工业化发展到一定阶段的产物,发达国家都是在工业化之后推行信息化的。根据我国的国情和当代世界发展的总趋势,我们不能照搬发达国家先实现工业化再发展信息化的模式,而是将二者有机结合起来,这是发挥后发优势,实现我国工业跨越式发展的捷径。信息产业科技含量高、发展速度快、渗透力和带动力强,加快发展信息产业,有利于我国产业结构优化升级,也有利于尽快培育国民经济的先导产业和新的经济增长链;而工业化水平的提升,为信息化夯实了物质基础,对信息化发展提出了应用需求,促使信息技术的不断深化和加快发展。

(一)信息化建设对实现传统产业跨越式发展的作用

从当今世界和科技的发展趋势来看,传统产业正在从以机器为特征的传统技术向以信息为特征的系统技术迈进,这是当今工业现代化发展的主体。作为一个发展中国家,我国正处于工业化的中后期阶段,传统产业如机械、化工、纺织、食品等行业,以其较长的发展历史和相当规模的发展基础仍然在国民经济中占据着主体地位。但由于受技术水平的限制,传统产业在总体上存在着集中度不高、工艺技术装备落后、资源利用率低、低水平生产能力过剩与高附加值产品短缺并存等问题,并伴有低效率、高能耗和高污染的特点。因此,以信息化带动工业化,使先进的信息技术在传统产业的改造中发挥主导力量,这是利用后发优势,全面提升传统产业的技术含量和国际竞争力,实现传统产业跨越式发展的重要保证,也是在借鉴西方工业化国家经验的基础上,结合我国传统产业的现状在工业化道路上的创新。信息化技术,由于集成了电子信息、自动控制、现代管理、先进制造等多项高新技术,能够同时控制物流、资金流、信息流,有效地提高产品质量和劳动生产率,降低生产成本,加快企业对市场的响应程度,从而使传统产业由主要依靠扩大外延的发展模式向主要依靠内延的发展模式转变;信息化技术还可加快企业技术创新,使企业高起点地采用当今世界最先进的技术进行研发和生产,提高企业获取新技术、新工艺和新产品的开发速度和研发能力,加快企业技术升级和产品换代,促使相关技术与产品的跨越式发展,以差别化来获取企业核心竞争力。此外,信息化是一种高附加值、高增长、高效率、低能耗、低污染的社会经济发展手段,它可以使传统产业的生产要素综合利用效率得以提高,降能节耗、提高效益,满足可持续发展的要求,从而使传统产业的经济增长方式由粗放型向集约型转变。因此,通过信息技术的渗透和辐射,将使传统产业在新的技术条件下呈现出新的特点,甚至完全改变传统产业的本来面貌,使传统产业在新的起点上,用全新的方式和更短的时间,实现具有现代意义的建立在信息化基础上的工业化。

(二)以信息化建设实现我国传统产业跨越式发展的对策

1.加快企业信息化建设的步伐

信息技术是传统产业先进的生产力,信息化建设是用现代信息技术改造提升传统产业,以信息化带动工业化,实现跨越式发展,使传统产业做大做强的核心。以信息化带动工业化,而工业化的主体是指企业,企业不做基础准备,工业化无法被带动和提升。企业应该将信息化广泛应用于企业重组、技术开发、市场开拓和产业调整中,使企业数据通信网络化、经营管理电子化、生产流程自动化、产品设计智能化、信息服务社会化。为此,第一,要强化企业决策层对信息化的高度重视。要充分认识加快企业信息化建设对推动行业整体竞争力的重要性,树立信息化建设的前瞻意识。第二,要建立符合本企业需要的计算机信息管理系统,并通过网络和计算机系统对企业内部资源进行整合。第三,利用信息技术,建立新的生产制造系统,即将人、技术、经营管理以及信息流和物流有机结合,使企业实现科学管理,优质、低耗、高效生产,快速响应生产变化,提高企业的核心竞争力。第四,充分利用 Internet、Intranet、Extranet 网络,开发适应国际市场、适应国内企业的电子商务平台和交易规则,缩短流通过程,建立快速反应体系,参与国际竞争。第五,以信息技术进行技术改进和技术创新,使制造技术向短流程、自动化、连续化和高速化方向发展。第六,要根据整个社会信息化发展的进程,建立全方位的企业信息管理系统,形成一个安全、可靠、先进的计算机网络平台和信息通道,实现真正意义上的企业信息化。

2. 运用高新技术及先进适用技术改造和提升传统产业

高新技术是综合性、交叉性很强的技术领域,一项成功的高新技术,往往是多种知识的融合、多种学科的交叉和多学科人才的共同合作完成的。因此,它对相关领域的适用性大大加强,能广泛渗透到各个传统产业部门,使传统产业转移到新的技术基础上,大幅度提高科技进步水平,它所诱发的市场规模和社会影响,远远大于高新技术产业本身。因此,以高科技和适用技术改造提升传统产业,加快传统产业的技术进步,是我国传统产业实现跨越式发展的关键问题。第一,要建立以企业为主体的技术创新体系,大力推进关键技术创新和系统集成,实现技术跨越式发展,使企业成为科技开发投入和技术创新的决策主体,拥有自主知识产权的主导产品,真正做到生产一代、研制开发和领先一代。第二,要注重产业结构调整中的优化升级。优化升级是产业结构调整的首要出路和必然选择,要促进结构调整与技术改造的统筹规划和有机统一,围绕品种、质量、效益和替代进口,加快利用高新技术改造传统产业、骨干企业和主导产品的步伐,尽快形成新的竞争能力和发展后劲。第三,用电子技术、信息技术、机电一体化等新科技成果改造、提升传统制造业,加快先进设计、制造技术的应用,逐步实现制造技术的精密化、柔性化和集成化,并要积极采用新材料、新技术、新工艺、大力发展高新技术产业和产品,使之逐步成为国民经济新的增长点和成长链。第四,在广泛应用信息技术基础上,促进工业化在高起点上迅速发展。要重视开发应用节能、节水、节材和资源综合利用方面的技术,大力开发生态恢复、污染治理等技术,逐步淘汰消耗高、污染大、技术落后的生产能力、工艺和产品,发展循环经济,使经济增长方式由"高消耗、高污染、低效益"向"低消耗、低污染、高效益"转变。

3. 建立一支高素质的适用型人才队伍

人才是知识经济智力资源的载体,是发展知识经济重要的资本,是以信息化改造提升传统产业,实现传统产业跨越式发展的基础。信息技术属于高新技术的范围,更需要懂信息技术、会管理和熟悉企业产品设计制造全过程的复合型人才。首先是要培养企业信息化项目负责人。这些人员必须管理和技术兼备,深刻理解企业信息化的内涵,切实担当起企业信息化的规划、管理和具体管理工作,并具有指导企业信息化系统运行和开发的能力。其次是培养核心管理人员。这些人员是企业信息化的中层领导者和指挥者,要具有正确和熟练运用企业信息化平台开展辅助决策的能力,并组建整合信息化运用的工作团队,协调他们之间的关系,保证该团队的正常运转。再次是核心技术人员。包括网络工程、服务器管理、网络安全、电子商务、网站建设和管理人员等等,这些人员必须具有很强的信息技术应用与开发能力,并具有较强的商业实践,只有这样,才能保证信息化系统的正常运行。最后是执行层人员。这些人员是企业信息系统基层工作者,也是信息化系统的执行者,他们必须真正理解企业信息化的内涵,正确掌握信息化工具,能实施正确的安全策略并对外部信息作出快速而恰当的反应进而协同工作。信息技术的应用是一个不断开发、不断完善的过程,人力资源也是一个不断积累、不断提高的过程,只有把人才培养和信息技术应用结合起来,才能使信息技术在应用中不断创新和发展。

综上所述,利用信息化带动工业化,以先进的信息技术改造提升传统产业,将传统产业向高增值、高竞争力、高信息含量的方向发展,使信息化在工业化发展中起到倍增和催化的作用,是传统产业以全新的方式和更短的时间实现新型工业化和跨越式发展的重要保证。只有这样,才能后来者居上,快速缩短与发达国家的差距,在新的起点上,实现工业化一步跨越几个阶段的目标。

八、中国纺织工业亟待技术进步①

（一）我国纺织工业技术进步现状

我国纺织科技在改革开放后获得了快速发展,特别是 20 世纪 90 年代以来纺织科技攻关在一些方面取得了重大突破。一批科研成果已达到或接近国际先进水平。纺织科技进步促进了我国纺织产品档次的提高:无结头纱的比重现已提高到 55%,无梭布的比重已提高到 60%。纺织科技进步提高了我国纺织工业的国际竞争力,中国纺织服装业已成为全球纺织服装供应链中的重要环节,纺织产品几乎覆盖了国际消费市场的各个角落,国际市场占有份额由 1980 年的 4.62% 上升到 2003 年的 17%,居全球之首②。中国正当之无愧地承担着纺织服装世界加工厂,全球纺织采购中心的角色。但是我国纺织工业的整体水平与经济发达的国家相比还有很大差距。纺织工业科技进步对经济增长的贡献率还低于全国其他行业的平均水平,比经济发达国家低得更多。因此,充分认识我国纺织科技水平的差距有利于纺织业今后的发展。我国纺织科技水平的差距主要体现在以下几个方面。

1.技术创新能力薄弱,技术创新机制不完善

我国纺织企业技术创新能力薄弱是竞争能力不强的总根源。当前我国纺织业技术创新机制虽已初步形成,但还很不完善,运行效率不高,主要体现在:

（1）尚未建立有效的技术创新机制,企业没有真正成为技术创新的主体。我国纺织行业研究机构与高等院校、产业化机构相分离,未形成技术创新的合力。企业不能及时得到新技术、新工艺和新产品,缺乏技术创新的动力和实力;研究机构和高等院校没有来自生产第一线的

---

① 本节内容曾发表于《纺织导报》2005 年第 6 期。基金项目:河南省 2005 年软科学项目（0513020800）"以科技进步促进纺织企业竞争力的研究"。

② 孙瑞哲:《变世界加工厂为时尚产品策源地》,《纺织导报》2014 年第 6 期。

课题,没有市场对产品需求的信息,因而形成了一种缺乏市场驱动力的、无技术进步渴求的非创新生产循环,造成科技与经济脱节,科技成果不能及时有效地转化为现实生产力。

(2)研发能力不足。相当部分的国有大中型纺织企业没有建立研究开发机构,为数众多的乡镇企业更与研究开发无缘,因而很难掌握和跟进本行业的核心技术和关键技术,企业缺乏核心竞争力,高水平、新技术的产品开发迟缓,原创少、模仿多,很少拥有自主知识产权的产品,也没形成自己独立的品牌。

(3)科研经费投入不足。2003年,我国全社会研究开发经费占国内生产总值的比例为1.32%,而发达国家占2.8%左右。技术创新资金投入的长期不足必然会影响企业创新水平的提高。

(4)企业消化吸收新技术和后续开发的能力弱。从1993年以来我国纺织行业进口先进装备248.8亿美元,而且呈逐年增长趋势。2003年进口纺织先进装备46亿美元。但由于在引进方面缺乏消化吸收、自我提高、自我创新的能力以及系列化、配套化的指导思想,出现了有先进的技术装备而无与之配套的工艺技术和开发人员,用昂贵价格购进一流设备,而生产出二、三流产品的现象。

2.技术装备落后,高新技术改造传统纺织工业的进展缓慢

棉纺行业作为我国纺织工业的主导产业,20世纪90年代后先进水平的设备比重只有50%,代表高新技术的自动络筒机、清梳联、无梭织机的占有率分别为40%,30%,50%,低于发达国家90%—100%,50%,80%—90%的占有率。与工业发达国家相比,我国主要纺织技术装备在先进性、可靠性、稳定性方面的差距导致了产品质量、档次、劳动生产率、创汇水平以及纺织产品竞争力方面的很大差距。特别是在当前世界纺机机电一体化、信息化及快速反应的技术发展趋势下我国国产纺机机电一体化和信息化水平仍处于初级阶段,可靠性低稳定性差。生产、管理、经营多环节中CAD,CIMS,MIS等现代信息技术应用还有待于开发。

3. 产品技术含量低,产品结构不能适应市场需求

我国纺织产品在质量、档次、花色品种上与国际先进水平仍存在较大差距。一是纺织产品仍没有摆脱初(粗)加工为主、中低档产品为主的格局,产品趋同化现象严重。产品技术含量低,档次和附加值不高;二是衣着用纺织品低档产品居多,款式不新品种不多,时装少,缺少世界著名品牌;三是装饰用、产业用纺织品比重低,发达国家在衣着用、装饰用、产业用这三大领域基本上是平分秋色,美、日等国的产业用纺织品所占比重甚至达到 40% 以上,而我国这三者的比重大致为 52.5∶33∶14.5,不能满足国防及新兴产业等领域对高科技纺织品的需求。纺织产业结构和产品结构不合理。未健全整体产业链。产品结构仍是初加工产品为主,精加工、深加工、高附加值产品比重过小;初级产品棉纺织(含印染)生产能力偏大,服装、针织等深加工最终产品生产能力不足,发展滞缓,并且越往下游产品延伸竞争力越弱,从而缺乏龙头产业的带动作用;印染由于后整理问题已成为纺织业发展的瓶颈;出口服装的面料依靠进口,没有形成通畅的产业链条;整个纺织行业被挤压在一个比较狭窄的空间内,造成纺织工业大而不强。

4. 规模不经济与结构不合理并存,缺乏国际竞争力

资本竞争中大型骨干集团规模经济的实质是使企业规模取得最佳市场绩效。在国际经济一体化的进程中,大企业在开拓国际市场、操作国际经济资源流动等方面具有明显的优势。许多国家为提高本国企业在国际市场上的竞争力,采用鼓励企业扩大规模的政策。而我国纺织企业生产规模普遍偏小,专业化水平不高,无论是资本规模还是经营集中度都存在规模不足问题,在参与国际竞争时明显实力不足。以化纤行业为例:2003 年我国化纤企业平均规模为 1.4 万吨,与国外先进化纤企业比较,平均规模相差很大。虽然纺织行业经过重组和改造,已组建了一批大企业集团,但仍然缺乏拥有自主知识产权和具有国际竞争力的企业集团,大部分纺织企业还没有建立适应"小批量多品种、快交货、高品质"的快速反应机制,企业缺乏具国际营销经验、适应国际竞争的复合型人才。除上述因素外,我国纺织企业科技人才匮乏、专业化

水平不高等问题都是制约企业技术进步的原因。

（二）加快纺织企业技术进步的对策

1. 加快企业技术创新体系的建立

一个国家的纺织工业能否在国际上具有竞争力,关键取决于是否有一批具有先进技术水平的企业及为之服务的技术创新体系。江泽民同志指出:"要迎接科学技术突飞猛进和知识经济迅速兴起的挑战,最重要的是坚持创新。创新是一个民族的灵魂,是一个国家兴旺发达的不竭动力。"我们必须加快纺织技术创新体系的建立形成,包括纺织科研开发、技术咨询服务等多项内容、纵深布置的纺织科技创新网络:一是要建立以纺织大中型企业为主体,产、学、研相结合的纺织技术开发体系;二是要建立以行业国家重点科研基地和高等院校为主的纺织基础应用性和前沿性科学研究(开发)体系;三是要建立多元化的纺织科技服务体系。

在完善技术创新体系的过程中,一方面要强化企业自主开发能力,通过建立现代企业制度形成有利于企业自主创新的新机制,加强企业技术中心的建设,促进资金、技术、人才等科技资源向技术中心转移,不断增强企业自主创新的能力,使企业真正成为技术创新的主体。另一方面要深入推进多种形式的产、学、研联合,充分发挥高等院校和科研机构在知识和技术创新中的重要作用,以技术和资本为纽带推动企业与科研机构和高等院校开展技术转让、联合开发、共建研发机构等多种形式的合作,建立产学研各方优势互补、利益共享的技术创新联盟。把各种科技力量有机加以组合形成一股实现企业技术创新的合力,使科技与经济结合,科技链与产业链衔接,教学科研机构与企业融合,使企业真正成为技术开发、科技投入和推广应用的主体。同时也要按照有所为、有所不为的方针,推进关键技术创新和系统集成,突出重点,对纺织行业中的共性关键技术如新材料及其制品开发技术、信息网络技术、纺织机电一体化技术及清洁生产技术等集中力量进行攻关研究,开发具有自主知识产权的核心技术和主导产品。形成自己独特的难以被复制的核心竞争力。要培育一批拥有自主知识产权、著名品牌、主业突出、核心能力强并能向广大中小企业推广与扩散成熟技术的大型企业集团,作为我国纺织企业应对国际竞争的主体。特别是要提高骨干企业的核心竞争力,进而提高产业链的整体创新能力。要强化社会服务体系,加强创新中介机构的建设,建立行业科技服务体系,为中小企业提供有偿技术服务以适应它们在设计、技术、信息等方面的需要。

2. 加快高新技术的推广应用

当前科技正渗透到一切产业部门,从而使传统产业的技术基础发生了根本变化①。以高新技术和先进适用技术改造提升纺织产业,促进产业结构的调整,提高生产技术水平是我国纺织企业提升竞争力的核心任务。

首先要大力开发和应用纺织新材料。新材料是当今重要的高新技术之一。新材料技术是纺织产业快速发展的关键技术,是高新技术的先导及其产业化的保证。纺织新材料对促进材料科学的发展、促进纤维新材料在相关产业的应用起着巨大的作用。因此我们必须积极研究、开发新一代高科技纤维及其新材料。一方面要将已取得的成果投入使用,形成产业,另一方面还要着眼未来超前创新,把我国新材料技术事业推向一个更高的阶段。

其次要大力开发功能性(技术)纺织品。为了提高我国纺织业的竞争能力和提升民族工业的国际产业竞争力,开发高科技含量的纺织产品势在必行。功能性(技术)纺织品在产业领域和医用领域的广泛应用,使得纺织加工的能力得到了极大的增强,开发功能性(技术)纺织品已成为当今世界纺织品发展的潮流。美国2001年用于航天和军事工业的纺织品价值达到2000多亿美元,医用的纺织品为710多亿美元。我国技术纺织品在航空航天业、建筑业、汽车制造业、军事工业、农业、运动器材制造业和医用敷料及其支架类材料等领域也已有一定的应用。目前各国政府都投入了大量的人力、物力和财力开发功能性

---

① 曹建海、李海舰:《论新型工业化道路》,《中国工业经济》2003年第1期。

（技术）纺织品，我国政府也要把功能性（技术）纺织品的研究开发列为重点研发课题，大力发展高新技术产品使之逐步成为国民经济新的增长点和成长链，为传统的纺织业注入新的活力和生机。

再次要加大纺织工业新型成套设备的技术攻关和产业化。纺织机械技术装备是纺织工业的技术基础，是纺织科技的重要载体，它的发展关系到我国纺织工业的总体水平和竞争力。因此用电子技术、信息技术、机电一体化等新科技成果改造、提升纺织加工技术，开发研制具有自动化、高速化、连续化和智能化的新型纺纱、织造、染整和服装等机电一体化设备，淘汰落后的生产能力，是实现纺织生产自动、连续、高产和优质的重要保证。要注意用先进适用技术提升传统工艺，改造在线设备，提高劳动生产率发挥规模经济优势。

最后要注重技术引进、消化吸收和创新围绕纺织产业的改造升级，重点引进急需的关键技术，尤其要注重专利、专有技术、软件及配套技术的引进，缩小我国与国外先进技术的差距，并要充分重视在技术引进中培育自主创新能力，以此带动自身技术发展能力的提高。

3.重视管理方法的创新

信息技术的应用使纺织企业的生产设备、生产工艺发生了重大变化，从而引起纺织企业在组织机构设置、生产过程组织及用工水平上的相应变化。[①] 新型的纺织设备集合了功能多、效率高、用工少、加工质量好等诸多优点。新设备、新工艺的应用不仅大幅度提高了劳动生产率，而且对传统的生产管理方法提出了挑战，如传统棉纺织企业，通常按照工艺特点来设置生产单位并进行专业化管理，而最新的前纺工艺研究是在清梳联的基础上实现清梳并联。因此传统的生产过程空间组织形式必须改变，而且劳动分工与协作的内容也要进行调整和改革。如何在技术进步中进行管理方法和内容的创新是提高纺织企业管理竞争力的一个重要方面。要大力引进先进的管理理念、方法和手段，在借

---

① 许冲元:《以创新为灵魂，走好纺织新型工业化道路》，《中国纺织》2013年第1期（原载《纺织导报》2005年第6期）。

鉴国外先进管理经验的基础上结合我国企业的特点建立科学的企业组织形式和管理体系,实现管理创新流程再造,组织机构扁平化,使企业从生产经营型管理向资本经营型管理转变,从一般的人事管理向人力资源管理转变,从被动抓管理向为提高企业竞争力抓管理转变。并围绕现代企业管理制度的建立,规范各项管理;通过存量资产的合理流动和重组优化生产要素配置:挖掘企业管理潜力,重点加强质量管理、成本管理和资金管理。

要大力开发和应用纺织行业电子商务平台。电子商务是企业信息化的重要组成部分,是以企业内部信息化为基础并运用计算机网络技术开展的商务贸易活动。它是对信息流、资金流和物流三流整合的过程。按照国际流行的 B2B 企业电子商务模式,结合纺织行业特点,以纤维、面料和服装等产品为对象,遵循流程简洁、技术可靠、交易规范的要求,进行纺织电子商务平台的开发和应用,增强对全球市场变化的应变能力和市场细分能力,提高与世界各国同行广泛合作的效率。

4. 加大对环保加工技术的开发,探索一条可持续发展的道路

在我国的现代化进程中要建立企业与社会协调发展的关系,消除已经发生的资源短缺和环境污染,避免造成对生态平衡的继续破坏,就必须实施可持续发展战略。纺织企业的发展不仅要考虑企业现在的生存利益还要考虑将来对子孙后代生存和发展的影响。技术进步为企业的可持续发展创造了良好条件,例如企业通过新原料、新工艺的应用,可以降低物耗和能耗、加快可再生资源的开发利用,节约用水、改善环境等等。目前国际上在印染企业推广应用的低浴比染色工艺、无水印染技术、转移印花技术、喷射印花技术、涂料印染、等离子体处理等节水、节能及环保的工艺技术,充分体现了印染企业可持续发展的大趋势。因此,纺织企业在进行新项目的投资决策时,必须考虑环保的要求。积极推行清洁生产技术,将过去的末端治理变成生产全过程的环保控制。实现绿色生产,以适应全球绿色消费的需要。

5. 积极做好低成本扩张运作,迅速形成规模经济

全球经济一体化速度的加快,要求企业适应经济国际化战略。因

此,必须搞好资本运营,提高市场集中度,降低交易成本,进行以规模经济为目标的企业重组,即组建能与国际垄断资本竞争的一批大型企业集团,推动资本集中。把具有比较优势的企业由产品经营优势扩大到资本经营优势,在提高企业竞争力的过程中完成优胜劣汰,实现优势企业的发展。在行业上,棉纺业要加快实施中心城市纱锭向产棉区域的转移:中心城市的棉纺企业要利用压锭资金引进高新技术装备向深加工、精加工方向发展;服装和印染后整理等纺织深加工企业,应向高档次、系列化延伸服装产品。要变"一大三低"(大路货、质量低、档次低、价格低)为"一深三高"(深加工、高质量、高档次、高售价提高附加值),培育优势企业和拳头产品。对没有前途的企业要坚持实施关、停、转、租、兼及破、卖,使纺织工业存量资产集中,布局合理,行业结构步入良性化轨道。

总之,要使纺织行业在国民经济中发挥重大的作用,推动我国从"纺织大国"向"纺织强国"转变,全面提高我国纺织企业的综合竞争力,就必须以科学的发展观,加速我国纺织企业的技术进步,发展先进生产力,加快产业升级,使传统纺织业向现代纺织业发展,走出一条科技含量高、经济效益好、资源消耗低、环境污染少、人力资源得到充分发挥的新型工业化路子。

第六章　立德树人与学生成才

一、坚持德法相辅推进依法治校①

依法治校是依法治国在学校的具体体现,高等院校学习和贯彻党的十八届四中全会精神,应当深刻领会全面推进依法治国的根本要求,把学习四中全会精神与学习习近平总书记系列重要讲话精神、学习党的十八大和十八届三中全会精神及培育和践行社会主义核心价值观结合起来,进一步贯彻实施《全面推进依法治校实施纲要》,树立法治意识,提高依法治校、依法管理的能力,采取多种措施实现法治和德治相得益彰,真正把全会精神学深学透、学懂弄通,让全会精神落地生根、贯彻落实。

(一)前提:牢固树立法治信仰

法治信仰是法治中国建设的必然要求。习近平同志多次提出,执法司法者要"信仰法治、坚守法治"。这既是对执法司法者的基本要求,更应成为全体党员领导干部的基本行为准则。法治信仰,是发自内心地认同法律、信赖法律、遵守和捍卫法律。一旦法治成为一种信仰,人们就会长期持续、自觉自愿地遵守法律,把依法办事当成自己的生活习惯。法律只有被信仰,成为坚定的信念,才能内化为人们的行为准

---

① 本节内容曾发表于《河南日报》2014 年 12 月 24 日。

则。习近平同志强调,"我们要通过不懈努力,在全社会牢固树立宪法和法律的权威,让广大人民群众充分相信法律、自觉运用法律,使广大人民群众认识到宪法不仅是全体公民必须遵循的行为规范,而且是保障公民权利的法律武器"。

高等院校全体师生牢固树立法治信仰:一是要正确处理好法律和道德的关系,使法治与德治相辅相成、相得益彰的思维成为科学决策的依据。如果说法律强调他律的话,道德则主要或者说完全是一种自律的规范,即"内在的法"。法律和道德本质上都是秩序规范体系。我们既重视发挥法律的规范作用,又重视发挥道德的教化作用,实现法律和道德相辅相成、法治和德治相得益彰。二是高等院校规章制度的制定、贯彻、落实要始终要注重体现"守法光荣、违法可耻""守法者获益、违法者代价高昂"的价值导向,让全体师生在守法和违法之间更加自觉、更加坚定地选择对法律遵守和服从,并在这种自觉和坚定之中,逐渐让守法成为自身的一种思维和行为习惯。三是要积极培育法治思维。坚持用马克思主义法学思想和中国特色社会主义法治理论全方位占领法学教育和法学研究阵地,加强法学基础理论研究,形成完善的中国特色社会主义法学理论体系、学科体系、课程体系。改革培养方式,加强协同创新,坚持德育为先导,推动中国特色社会主义法治理论进教材进课堂进头脑,切实提高法律专业人才培养质量,培养造就熟悉和坚持中国特色社会主义法治体系的法治后备人才及后备力量。

(二)基石:大力弘扬法治精神

"法治精神"是一个民主法治社会中所普遍尊崇的法律至上、公平正义、保障人权、权力制约、社会和谐等价值追求的总和,它的内涵十分丰富。历史发展表明,只有法律成为人们自觉遵守的规则,法的意义、法的精神才能真正展现出来,法治的理想才能最终落地。从实践中看,法律至上是法治精神的第一要义,公平正义是法治精神的价值追求,保障人权是法治精神的精髓所在,权力制约是法治精神的重要原则,社会和谐是法治精神的最终归宿。正如《决定》中强调的,要"以道德滋养法治精神、强化道德对法治文化的支撑作用",同时要求"必须弘扬社会主义法治精神,建设社会主义法治文化"。

对于高等院校来说,应当着力构建校园法治文化,增强全社会厉行法治的积极性和主动性,形成守法光荣、违法可耻的社会氛围,使全体师生都成为社会主义法治的忠实崇尚者、自觉遵守者、坚定捍卫者。一是要培育高校法治文化观念,秉持法治文化精神的信仰。法治信仰是法治的价值基础。培育高校法治文化要不断培育高校师生尊重、认可和接受法律,把法律作为一种信仰,让师生学法懂法进而守法用法,形成办事依法、遇事找法、解决问题用法的良好氛围。二是要加强组织领导,建立健全协调运作的工作机制,营造领导有力、职责明晰、分工协作、规范有序、整体推进的工作格局,建立政府部门与家庭、学校、社会联动机制,形成大学生法制教育的工作网络,实现大学生法制教育的制度化、规范化。三是要开展专题教育,及时把全面推进依法治国理论融入教室课堂和实践课堂,开展多种形式的法治文化教育活动,形成浓厚的校园法治文化氛围,帮助、引导大学生弘扬社会主义法治精神,使其成为社会主义法治的忠实崇尚者、自觉遵守者和坚定捍卫者。

(三)精神支撑:积极践行社会主义核心价值观

以"富强、民主、文明、和谐,自由、平等、公正、法治,爱国、敬业、诚信、友善"为要求的社会主义核心价值观,既与中国特色社会主义发展要求相契合、与中华优秀传统文化和人类文明优秀成果相承接,也是中国共产党凝聚全党全社会价值共识作出的重要论断。社会主义核心价值观是德与法的统一。一方面,它强调"德",正如习近平总书记所说:"核心价值观,其实就是一种德,既是个人的德,也是一种大德,就是国家的德、社会的德。国无德不兴,人无德不立。"另一方面,社会主义核心价值观中有明确的法治规范。法治最核心、最基本的要求就是法律要体现人民的根本利益和根本意志,所有的权力都应当在法律的框架内运行,所有的人应该遵守相应的法律规则。

高等院校社会主义核心价值观培育把社会主义法治建设结合起

来,充分发挥核心价值观的作用,努力培育现代意义上的法治文化,是依法治校不可或缺的基础。具体说来,一是要把社会主义核心价值观与师德的感召作用结合起来。教师应成为社会主义核心价值观积极践行者的示范者,真正做到为人师表。二是要把社会主义核心价值观践行与师德师风建设结合起来。高校师德师风建设,必须以社会主义核心价值观为引领,严格执行教育部《关于建立健全高校师德建设长效机制的意见》,对那些敢于越线教师的不良行为必须坚决处理,同时实行问责机制,对教师严重违反师德行为造成不良影响或严重后果的,追究高校主要负责人的责任。

(四)保障:现代大学治理体系法治化

大学治理体系法治化的主要标志是大学内部各项规章制度和运行机制的制度化、法治化、规则化与规范化,形成稳定的大学治理体系。大学治理体系是一个有机统一、相互协调、整体联动的运行系统,法治化则是治理的核心,任何主体的治理行为必须充分尊重法律的权威,不允许任何组织和个人有超越法律的权力,真正"把权力关进制度的笼子里"。

在全面建成小康社会、全面深化改革、全面推进依法治国的要求下,深入推进"依法治校"工作,着力构建现代大学内部治理体系。一是要做好现有的法律法规、学校各项规章制度的贯彻落实,促使全体师生尤其是领导干部知法、懂法、守法、用法,努力提高依法行政的能力与水平,把全部办学活动纳入法治轨道,不断提高学校内部治理的法治化水平,推动学校科学发展。二是要使全体师生更加自觉地树立法治理念,追求法律至上的精神,在全校积极倡导公民意识,带头遵守法、礼、德的规则,使法治嵌入个人信仰,成为生活方式,并内化于心,外化于行,以自己的实际行动推进社会文明进步和法治高校建设。三是要以法治思维和法治方式深入推进教育领域综合改革。努力将依法治教作为教育治理体系和治理能力现代化的核心内容,以法治思维和法治方式深入推进教育综合改革、促进教育发展。制定和明确高等院校依法治教、依法治校的总体目标和具体举措,深刻领会全面推进依法治国与全面深化改革的关系,以改革精神推进教育法治,以法治方式保障教育改革。

二、突发事件造成大学生心理
问题的应急干预①

当前我国正处在社会转型期,一些社会矛盾日益凸显。在这一时期内,国内外一些突发事件在给社会带来困扰的同时,也给高校管理带来了诸多问题。如何本着以人为本的思想,切实加强依法治校,提高高校的应急管理能力,尤其是在突发事件中加强大学生心理问题的应急干预,是当前高等学校管理中的一个重要课题。

(一)突发事件中加强大学生心理问题应急干预的重要性

突发事件分为一般性突发事件、重大突发事件和特大突发事件三类。高校直接面向社会,同样面临着各种可能发生的突发事件。主要表现在:一是因水灾、火灾、地震、房屋倒塌等各种自然灾害引起的突发事件。二是已知和未知的传染性疾病等公共卫生原因引起的突发事件。大学生多在集体食堂就餐,因管理的漏洞难免会有公害食品进入食堂,如果稍有不慎,大面积食物中毒事件很有可能发生,这势必对学校的教学、生活产生不良影响。三是社会性危机引发的突发事件,对此大学生很容易产生行为失范和群体聚集。四是学籍处理、教学质量不高、食堂及后勤管理不善等学校内部管理失当引起的突发事件。五是大学生家庭经济困难、身体疾病等生活因素以及人际关系紧张、情感受挫等各种心理障碍引起的突发事件。六是群体冲突和校园暴力等偶发性事件引起的突发事件。对于这些突发事件的发生,如果反应迟缓、措施不力、方法不当,不仅容易导致事件的蔓延扩大,而且很易引发各种

---

① 本节内容曾发表于《中州学刊》2008 年第 5 期。

心理问题,如恐慌等不良心理,对高校的稳定产生不良的影响。

大学生是一个承载社会、家庭高期望值的特殊群体,一方面自我定位高,成才的欲望非常强烈,另一方面,他们正处在一个逐步社会化的过程中,心智尚未完全成熟,其所面临的社会环境、家庭环境和遇到的问题十分复杂多样。在应对突发事件的时候,他们往往因心理的不成熟和不稳定而很容易产生心理危机。因此,我们必须重视突发事件中大学生的心理应急干预工作,提高他们的心理健康水平,提前做好预防性工作,使大学生健康成长。

(二)突发事件对大学生造成的心理问题分析

突发事件对大学生造成的心理危机表现为以下几种心理状态:

1. 心理处于消极状态

学习的持久紧张感与竞争的压力感已使大学生在日常学习和生活中承受了很多的心理压力,而事发突然的突发事件,导致大学生学习、生活骤然失序,很易使其陷入某种消极或负面的情绪状态中,如焦虑、愤怒、恐惧、忧郁、悲伤、紧张、绝望、空虚感、不能专心学习等。不良的情绪反应必然引起不良的生理反应,由此带来对健康的不同程度的危害。有人会出现失眠、头晕、心跳加快、呼吸急促、血压上升,肌肉紧张等状态,有人会身心感到倦怠、无力,并伴有不愉快的心境。

2. 思维陷于紊乱状态

由于对突发事件应激所造成的心理失衡和消极情绪反应往往会影响人的智能发挥和干扰正常的逻辑思维,导致其注意力涣散和记忆力减退,使人不能冷静地、适当地对应激情境进行分析、思考,因而容易形成人的判断失误,找不到头绪,思维陷于紊乱状态,不能对事物作出正确的评价,更不能采取恰当的应对措施。反映在大学生身上,他们在行为上由于受某些负面情绪的影响,往往会采取一些不理性的行为,如在愤怒时,常常表现出攻击性行为,在恐惧时,则采取逃避行为。这种情绪状态很容易被不法分子利用,从而有可能酿成严重的群体事件。

3. 身心处于疲惫状态

突发事件因其波及面广,影响到社会生活的方方面面。它对大学生的身心造成的压力既是普遍的,也是十分深刻的。当今社会大学生在环境适应、自我管理、学习成才、人际交往、理想现实、交友恋爱、求职择业、人格发展和情绪调节等方面面临的心理困惑和问题日益突出,如果遇到突发事件,他们极易走向极端而产生极度恐惧和沮丧的情绪,有的大学生不仅生理上疲惫不堪,心理上也会体验一种衰弱感。

近年来大学生由于心理问题引发的休学、退学等情况,乃至自杀、凶杀等恶性事件呈上升趋势。这些已严重影响了极少数学生的健康成长,也成为影响大学生成才和高校稳定的突出因素。

(三)突发事件中大学生的心理危机应急干预

1. 突发事件中大学生心理危机应急干预的原则

要本着积极主动、着眼全体、兼顾重点、全员参与、人性关怀的原则,在突发事件中开展大学生心理危机应急干预,做到"指导思想上的'柔性',感情投入上的'柔情',处置手段上的'柔和'"。突发事件对大学生造成的心理影响具有普遍性,因此在处置突发事件中要把大学生心理危机应急干预工作的对象放在全体在校学生上,而不能仅仅局限于少数有心理问题或心理障碍的学生,同时应针对不同个体开展教育。危机面前,要树立全员参与的意识,每位教职工都要承担起大学生心理危机应急干预的任务,及早发现问题,及早进行干预。一方面注意解决个体大学生心理问题、排除心理障碍,另一方面要以提高全体学生的心理素质为出发点,着力帮助全体学生优化个性心理素质,增强心理调适能力。

2. 突发事件中大学生心理危机应急干预的基本思路

第一,大力开展宣传教育。大学生越不了解突发事件,就越容易产生麻痹思想和恐慌情绪。要通过多种形式向广大学生宣传突发事件的产生原因、防治方法等基本知识,宣传心理卫生健康知识,定期向学生公布学校的相关情况和信息。通过广泛的教育宣传,帮助学生树立正确的认识,创造一个浓厚的心理健康教育氛围,使青年大学生认识和了解可能出现的心理问题、心理疾病以及预防和矫正办法,提高应对挫折、表达思维和情绪的能力以及各种心理求助的能力,营造珍惜自己、关爱他人、团结互助的氛围。

第二,开展丰富多彩的校园文化活动。面对突发事件,高校要创造条件,充分发挥共青团和学生社团在开展丰富多彩、健康活泼的校园活动中的重要作用,并努力形成以课堂教学、课外活动、教育指导为主要渠道和基本环节的课内与课外、教育与指导、咨询与自助紧密结合的心理健康教育网络体系。例如非典期间,一些高校的"心理协会"等学生社团组织的许多活动,为学生所关注和接受。这些社团通过有计划、有针对性、有专题地开展生动有趣、丰富多样的各种校园文化活动和心理能力训练活动,如演讲、小游戏、讨论、情绪控制训练、自信心训练、人际交往训练等,吸引学生积极参与,丰富学生生活,消除孤独情绪,其意义和效果十分明显。

第三,重视开展心理咨询工作。突发事件应急要配备经验丰富、敬业心强、业务精湛的专、兼职人员,坚持值班制度,及早发现大学生在面临突发事件时存在的心理障碍、心理冲突、心理困惑以及其他心理疾病,及早进行心理干预。"应用科学的方法对学生进行心理疏导,培养学生乐观、向上的心理品质",帮助学生及时走出心理困境,优化心理素质,完善人格,增进学生心理健康。

第四,解决学生实际困难。突发事件会给学校和学生带来很多实际的困难。要注重解决学生困难,尽可能地为学生提供帮助,满足学生合理需求,减轻突发事件带来的影响。例如非典期间,针对学生就业问题,很多高校都建立了就业指导信息网,利用电话、传真等手段加强与用人单位、离校毕业生的联系,尽可能多地将就业信息传达给学生,简化就业手续,帮助学生就业;针对避免人群密集等情况开展网上授课、小班授课、露天授课等灵活的变通形式,缩短每节课的授课时间,延长课间休息时间,同时还将部分课程的教案上网,使学生可以在网上自学;针对校园封闭等问题,与商业部门联系,在校园开办超市,保证学生日常用品供应。这些都在很大程度上避免了学生心理问题的产生。

第五，发现和调动积极因素。危机时刻也正是重塑社会凝聚力的时刻。只要我们在突发事件面前能正视危机，深刻反思，不断加强公民意识教育、社会公德教育和民族忧患意识教育，不断提高文明素质和社会责任感，危机就会变成凝聚人心、除弊革新的契机。要坚持正面教育的原则，善于发现和调动积极因素，引导大学生在危机面前勇于承担责任，团结一心，战胜困难。如面对汶川大地震这一场人间灾难，大学生经受了人生中最严峻的考验，他们纷纷献血、捐款，成为抗震救灾志愿者队伍的生力军，这反映了积极因素在危机面前所产生的巨大能量。

第六，充分发挥示范性角色作用。在危机时刻，大学生的心理无疑是比较脆弱和敏感的，他们会用眼睛盯着老师和领导，老师、领导的一举一动对于稳定大学生恐慌情绪有着非常大的作用。所以在突发事件中，领导和老师一定要经常深入大学生之中，到宿舍、食堂、教室等场所倾听学生心声，以自己的行动影响和带动学生。同时教师要注意树立典型，发挥榜样示范作用，鼓舞学生精神，帮助学生树立信心。

第七，加强依法治校。高校对学生享有特殊的管理权限，如制定校纪校规、纪律处分、颁发毕业证书和学位证书等，这是国家授予的有行政效果的行为。因此，学校必须严格按照法律法规、按照公开的规则和标准进行管理工作，避免暗箱操作。广大管理工作者和教师要依法办事、依法管理，在管理工作中依法律法规来解决突发事件中的有关问题。"频繁发生的、局部的突发事件对法律需求最大。"为了有效地控制和克服危机，我国已经制定了《中华人民共和国突发事件应对法》，高校在应对突发事件时，要通过多种渠道、多种方式维护学生的合法权益，保障学生管理的法制化，形成人人学法、知法、守法、用法的良好氛围。突发事件应对中大学生心理危机应急干预，只要做到预防措施到位、处置及时、方法得当，就能在短期内平息事态。

当然，应急干预还取决于日常管理工作的不断优化，取决于各级干部的"善治"，要把应急干预的各项措施纳入各项日常管理中去，这才是治本之策。总之，在处理突发事件时，要重视大学生心理问题，这对于高等学校妥善处理突发事件对大学生带来的负面影响,为社会输送具有良好心理素质的人才具有重要意义。

三、大学生法治教育中存在的问题及其解决对策①

大学生法治意识的强弱对依法治国和社会主义精神文明建设有着重要影响。对大学生进行有效的法治教育,培养其法治意识和精神,已经成为高校的主要任务之一。目前的大学生法治教育存在着定位不明、教育内容陈旧、教学形式单一和教师自身素质不高等问题。高校应当通过对法治教育进行准确定位,及时调整教学内容,改革教学方式,提高教师素质来解决上述问题,从而提高大学生法治教育的实效性。

(一)高校目前的法治教育中存在的问题

1.法治教育的定位不明确

我国法学界已经基本形成共识,即只有经过系统的法律培训或者具备法律职业资格的人才能成为一名合格的法律职业人。由法学界讨论研究,并由司法界推进的法官、检察官和律师职业化即是明证。法律职业化的后果之一就是在强化了对法律职业人员法学修养要求的同时,弱化了对一般民众法律知识的要求。遗憾的是,法学界的这种共识并没有被民众普遍接受,尤其是没有得到高校主管部门及高校领导的认同。

普法教育应以培养公民的法治意识为己任,而不应以向他们灌输法律知识为主。而高校目前的"思想道德修养与法律基础"课中的法治教育,存在定位不明的问题,教学目标上以培养大学生的法治意识为己任和以向大学生传授法律知识为主两者兼而有之,而且在具体教学实践中,法治教育侧重于向大学生传授法律知识,而忽视了对大学生法

---

① 本节内容曾发表于《学校党建与思想教育》2006 年第 8 期。

治信仰的培养。

2. 法治教育的内容滞后

从党的十四大开始,我国确立了建设社会主义市场经济体制的目标。要建立完善的市场经济体制,必须确立人们的权利主体地位。就教育而言,必须培育人们的权利意识。《中共中央国务院关于进一步加强和改进大学生思想政治教育的意见》(以下简称为《意见》)中强调对大学生开展思想政治教育要"贴近实际、贴近生活、贴近学生",但高校目前的法治教育在内容上却没有跟上时代发展的步伐,表现出重义务、轻权利的倾向。重义务、轻权利的法治教育,是无法培养出具有现代权利意识的公民的,也会导致大学生不适应目前市场经济的迅速发展。法治教育内容落后于时代还表现在教学内容安排的不合理上。"思想道德修养与法律基础"课一共只有 30 个课时左右,且法治教育只是内容之一,但法治教育须涉及法理学及诸多部门法。由于法治教育涉及的内容多、课时少,使得教师根本无法深入讲解。

3. 法治教育的教学形式单一

目前高校的法治教育,仍多采用原来的灌输式课堂教学形式。法治教育单一的教学方式,导致师生之间缺乏基本的互动,加上法治教育和大学生的专业没有太大的联系,引不起大学生的兴趣,因而也很难起到提高大学生法治素质的作用。由于课时和专业知识的限制,法治教育不能完全借鉴法学专业的案例分析、模拟法庭、课堂讨论等教学形式,但是结合法治教育普法教育的特点有选择地借鉴法学专业的教学形式,不失为不错的选择。至于大学生法治教育的课外渠道,在目前的大多数高校中几乎没有。尽管《意见》中强调要注意利用网络对大学生开展思想政治教育,但就实际情况而言,高校目前的法治教育在利用网络方面显得有些薄弱。那些受到广泛欢迎的普法性电视节目,多数大学生也是无缘收看。

4. 教师自身的法治素质不高

清华大学前校长梅贻琦先生有句名言:"大学者,非有大楼之谓也,有大师之谓也。"在目前的中国高等教育界,活跃着一大批为人师表的法治课教师,但总体而言,目前高校法治课教师的素质仍有待提高。此外,在《意见》出台后,思想道德修养课与法律基础课合二为一。在大部分高校中,"思想道德修养与法律基础"课由始至终由一名教师讲授。以前的思想道德修养课教师,现在多数也负有法治教育之责。即使思想道德修养课教师能力很强,知识广泛,但毕竟"术业有专攻"。以前的法治课教师队伍也是良莠不齐的,少有人具有法学硕士学位,具有法学博士学位的人更是凤毛麟角。如果法治教育教师自身的素质不高,培养大学生的法治意识和信仰也就无从谈起了。

(二)改进法治教育的侧重点

针对目前高校法治教育中存在的定位不明、教育内容陈旧、教学形式单一以及教师自身素质不高等问题,笔者认为高校应采取针对性措施解决上述问题,从而提高大学生法治教育的实效性。

1. 对法治教育进行准确的定位

以培养大学生的法治信仰为目标。高校的法治教育应定位于培养大学生的法治素质,即通过法治教育,培养大学生自觉守法的信仰。更为重要的是,法治教育要培育大学生通过法律途径维护自己合法权益的意识和能力。使当代大学生在自己合法权益受到侵害时,能理性地付诸行动,维护自己的合法权益。只有这样,才算找准了法治教育的定位,才能为改变法治教育现状奠定良好的基础。适当地向大学生传授法制知识。虽然高校法治教育定位于培养大学生的法治信仰,培养大学生的法治精神,但是也需要适当地向大学生传授一定的法律知识,其中最重要的是要让大学生对法治和我国的法制现状有基本的认识和了解。

2. 及时调整法治教育的教学内容

高等教育主管部门应当组织人员对现行法治教育的教学大纲进行调研,并根据调研结果进行调整。减少具体部门法在法治教育中所占的比例,增大法理学的比例,应当成为教育主管部门调整法治教育教学大纲的原则。各高校应当据此重新安排高校法治教育的教学内容。对于原有的教学内容,经过调研确实能够培养大学生法治意识的部分应当保留;而那些不适应实际需求的部分,则应当予以削弱;同时,应当增加关于市场经济和法治社会发展的关系的教学内容。

3. 改革法治教育的教学形式

提升法治教育的课堂教学效果。课堂教学仍将是增强大学生法治信仰的主要途径,但应当对目前以灌输式为主的课堂教学形式进行一定的改进。教师应该有针对性地围绕学生的实际情况和社会的热点事件展开教学。现在是互联网时代,教师还应结合网络上的热点事件展开教学,这样可以以其现实性和热点性吸引大学生的注意力。案例分析也是法治教育中的一种行之有效的教学形式,它有助于增强课堂教学的生动性和吸引力,有助于帮助学生尽快理解所学理论。此外,要注重运用现代技术手段开展教学,通过多媒体教学课件,充分利用图像、声音、视频的特性,以其形象性和生动性来吸引学生的注意力。

开拓课外法治教育渠道。法治教育作为一种普法性的教育,应当和课外教育有机结合起来。例如,中央电视台的《今日说法》栏目以"点滴记录中国法治进程"为宗旨,一直将重点放在普法、推动立法与监督执法方面,以新闻事件切入,百姓参与,专家点评,每天一个案例"说法",深入浅出,朴素平实,是对大学生进行普法教育有效途径之一。条件允许的高校,应保证所有大学生都能够收看到该栏目。

4. 提高教师的素质

高素质的师资力量是培养大学生法治素质的基本保证。高校应当通过各种途径提高法治课教师的素质。法治课教师和思想道德修养课教师宜分开,可以让以前的思想道德修养课教师,讲授"思想道德修养与法律基础"中的思想道德修养部分;以前讲授法律基础课的教师,承担法治教育的责任。这样尽管会加大高校的负担,但无论对于提高思想道德修养课教师的专业水平还是提高法治课教师的专业水平而言都是非常有益的,而且有利于提高大学生的思想道德修养和培养大学生的法治素质。各高校应积极对现有的法治课教师进行培训,并为法治课教师提供一定的物质和时间条件。毕竟,大规模地引进法学硕士甚至博士对多数高校来说是不现实的。相当长的时间内,承担法治课教学任务的仍将是现任教师。此时,还可聘请高素质的司法人员兼任法治课教师。在我国司法界,活跃着一批全心全意为人民服务的精英,比如宋鱼水式的法官和王红日式的检察官,他们既具有渊博的法学知识,又具有丰富的人生阅历。高校如果能够聘请这类司法界精英兼任法治教育教师,定期请他们结合自己的工作给大学生讲授法律知识,对培养大学生的法治素质而言将大有助益。

四、高等法学职业教育的特征 与课程体系的构建①

高等法学职业教育是一种不同于传统学科教育的新教育类型,有其自身的办学规律、教学特色和运行机制,与传统的学科教育相比,它本身具有鲜明的职业定向性与岗位针对性,其教学内容具有较强的实践性和发展方向的适应性。因此,构建符合高等法学职业教育人才培养目标的课程体系就显得更加重要。

(一)高等法律职业教育的主要特征

1. 结构类型职业型

法学教育的结构类型从根本上讲是由一个国家的司法制度和法律职业构成所决定的,而合理的法学教育结构又为形成合理的法律职业结构和法律人才结构提供保障。法律职业一般分为三种:一是法官、检察官和律师;二是从事法律教学、科研的专家学者;三是法律辅助人员（如法庭书记员、司法秘书、律师助理等),他们分别由普通高等法学教育和高等法学职业教育来培养。前者主要培养律师、法官、检察官及教学、科研人员,后者主要培养高等技术应用型法律人才(法律辅助类、法律实务类、司法技术类人才)。高等法学职业教育与普通高等法学

---

① 本节内容曾发表于《河南省政法管理干部学院学报》2009 年第 5 期。

教育都是高层次的教育,但又是法学教育两种不同的结构类型,都是高等法学教育的重要组成部分。普通高等法学教育是以培养系统地、完整地掌握法学理论体系和法律知识的学术研究型、科学决策型法律人才为目标的高等教育,而高等法学职业教育是针对成人高等法律院校和普通高等学校法学院、系大力发展职业教育提出来的新概念。在专业教学中,高等法学职业教育不单纯地强调专业理论的系统性和完整性,更强调专业知识的职业定向性、岗位针对性和实践性,强调课程体系内部各课程之间的逻辑联系,这是高等法学职业人才与学术型人才在培养目标和培养规格方面的根本区别。

2.培养规格技能型

高等法学职业教育作为职业教育的一种,应以培养学生的职业能力为本位。主要培养面向基层、面向第一线,具有较强综合技能的法律职业人才。根据高等法律职业教育人才培养目标、法律职业岗位对法律人才的能力和素质要求,以及高等法学职业教育区别于普通高等法学教育的特殊性,在高等法学职业教育人才培养的能力和素质结构方面,应体现职业型、实务型、技能型的人才培养指导思想。

高等法学职业教育所培养的人才要具有较强的实践能力,即实际操作能力。高等法学职业教育必须致力于培养学生的综合素质,在思想政治素质方面,要求法律职业人才具备较高的社会责任感和正义感。业务素质方面要求高等法学职业教育所培养的实践性人才应具备运用法律术语进行观察、思考和判断的法律职业语言能力;具备应用法律概念、程序进行观察和思考,注意逻辑关系和情与理的关系等法律职业思维能力;具备法律职业所需要的专业技术能力,它包括法律解释技术、法律推理技术、法律程序技术、证据运用技术、法庭辩论技术、法律文书制作技术、刑事侦查技术等等。文化素质方面要求其具备良好的人文社会科学知识和自然科学知识的修养。身体心理素质方面要求其具备健康的体魄和开朗的、协调的心理结构。这就要求学生既要掌握法学学科体系的基本知识,掌握学科和课程的基本概念、基本问题、基本理论和基本原则,形成基本的知识体系,又要具备法律意识与现代司法理念、法律精神与法治信仰,法律职业伦理与执业规则,法律语言与法律思维,法律方法、法律推理以及法律解释等基本素养;针对现实生活中出现的各种各样、纷繁复杂的法律事务,法律职业人才要有敏锐的观察能力和较强的分析能力,在此基础上还要具有迅速解决问题的能力,能够在合理的时间内提出切实可行的解决问题的方案。面对实际的法律问题和具体的法律主体,法律职业人才还应当具有较强的表达能力和辩论能力,能够说服相关的主体接受自己的观点。同时,还应该具有较强的职业写作能力,能够根据需要撰写各类法律文书和行政公文。同时,高等法律职业人才还必须具有法律职业信仰。其核心是对法治的精神追求,有法律信念、法律理念、法律意识等表现形态。法律职业信仰包括规则至上、权利本位、程序正当、权力控制等内容。因此,高等法学职业教育所培养的人才尤其要具有职业信仰素质。

3.培养目标实务型

针对我国市场经济的深入发展和国际化需求,高等法学职业教育的培养目标应瞄准处理大量法律实务工作的助理类法律职业岗位,如律师助理、法官助理以及企业中法律部门的法律助理人员等。同时,经济和社会的发展使法律职业与其他社会各部门日益整合,法律作为一种调控社会秩序的重要手段已深入到社会各个部门之中,这些部门要求法律职业人员为其提供准确而快捷的法律服务,因此法律实务能力将日益为社会所重视。高等法学职业教育在确定其培养目标时尤其应注重市场经济和社会生活的需求,充分调查与研究,认真把握法律人才与法律专业相关的人才的社会需求及方向,结合不同职业岗位的实际需求,建构一个基本符合培养该类人才目标的课程体系,形成自身特色,增强自身在市场经济中的适应能力与竞争能力。为此,高等法学职业教育应根据自身特点及优势,对普通高等法学教育的薄弱环节——法律实务方面的课程设置予以强化。

因此,根据高等法学职业教育的特点,其人才培养目标应该确定为以培养具有一定法学理论基础,熟悉法律实务,能够适应司法实践需要的职业型、实务型、技能型法律职业人才和法律助理型人才。这类人才应具有一定理论基础,有较强实际工作能力,能在司法、行政执法和法律服务以及企事业单位法律事务部门从事法律实务以及法律辅助和事务性工作,进行行政执法和基层行政管理工作。

(二)构建适应培养目标的理论和实践教学课程体系

教学内容和课程体系是实现人才培养目标、提高人才培养质量的关键。高等法学职业教育"职业型、实务型、技能型法律职业人才和法律助理型人才"的培养目标,要求高等法学职业教育必须围绕和针对法律职业岗位的应用性、实务性、技能性需求来组织和实施教学。教学内容和课程体系改革的重点应该是大大压缩理论课程的授课时间,强化实践性教学环节,注重培养学生的实际操作能力。构建高等职业教育课程体系必须与人才培养目标和要求相适应,课程设置按理论教学和实践教学两部分构建科学合理的课程体系。

1. 高等法学职业教育理论教学体系

理论教学是高等教育的中心环节,也是高等法学职业教育的中心环节之一。专业理论课教学包括课堂讲授、案例研究、课堂讨论等教学环节。它以职业应用为目的,以社会经济发展的必需、够用为尺度,以讲清基本原理、强化操作能力为教学重点,专业教学更要突出针对性和实用性。要积极实行启发式教学、讨论式教学和案例法教学,培养学生独立思考和创新能力,切实提高教学质量。

一是专业理论课程合理、必需、够用。所谓合理,是指根据法律职业人才培养的目标和规格,对专业理论教学课程进行整合优化。即增加反映我国社会政治经济生活等领域新的实用性法律法规;删去那些对于培养法律职业人才实践能力无明显作用的内容以及已经废止了的法律法规;整合课程之间有密切联系的内容;减少理论教学课时,从而为实践教学提供时间上的保证。在设置专业理论课程体系时,从主要行业和主要工作岗位群的工作内容出发,科学地选取理论教学课程内容、安排学时和课程等,构建起客观的、有生命力的理论教学课程体系。加强课程之间的内在联系,提高知识的系统性和综合性,减少重复,精简内容,压缩课时,为培养学生的能力创造条件。以司法部全国法学教学指导委员会确定的法学 14 门主干课为基础,构建以下专业理论课程框架:(1)理论法学类:法理学、中国司法制度;(2)应用法学类:中国宪法、民法原理与实务、刑法原理与实务、行政法原理与实务、诉讼原理、诉讼实务(民事诉讼实务、刑事诉讼实务、行政诉讼实务)、经济法概论;(3)法律技术类:法律文书、案例研究、法律论辩。根据不同的专业选修相应的课程:如婚姻家庭法、国家赔偿法、国际法、国际私法、国际经济法、知识产权法、公司法、劳动法、房地产法、金融法、环境保护法等。

二是基础理论课程精选、实用、有效。学生综合能力的提高根植于理论基础之中,加强基础理论教学是培养创新型人才的重要环节。在法学理论教学内容方面,注重有效知识的传播,重在强化基础知识、基础理论教育;阐述该门学科的基本理论、基本知识与基本问题,使学生对该门学科的主要内容及发展前景有个整体性的了解。在政治理论教学内容方面,要注重毛泽东思想与中国特色社会主义理论体系的学习,将政治素质教育有机地统一在教学过程的各个环节中;提高学生的人文素质,塑造学生的健康人格,使学生既具有较强的业务工作能力,又具有爱岗敬业、谦虚好学和与人合作的精神。在能力培养课程方面,注重其中的基础理论教学。在课程结构上,公共基础课设置以下课程。(1)必修课:毛泽东思想与中国特色社会主义理论体系、法律职业道德、大学语文、外语、计算机原理与操作训练、体育、军事理论等。(2)选修课:音乐欣赏、美学欣赏、心理学、伦理学、公共关系学、社会学、书法训练、应用写作训练、应用口才训练、文献检索等。

2. 高等法学职业教育实践教学体系

实践教学在高等法学职业教育中占有极为重要的地位,其成功与否关系到人才培养目标能否实现。构建实践教学体系是完善高等法学职业教育教学体系的核心。因此,要坚持以培养岗位职业能力为根本,切实重视和加强实践教学环节,使学生掌握熟练的法律职业技能,具备较强的岗位适应性。实践教学包括技能训练、模拟法庭、专项职业技能综合课程,包括审判制度与实务、检察制度与实务、律师制度与实务、警察制度与实务、法律逻辑、辩论与口才、公文写作、法律文书写作、文字速录、办公自动化、人际沟通、驾驶技术、社会调查、专业见习、毕业实习、毕业论文等教学环节。

　　高等法学职业教育中的实践教学分为校内实践教学和社会实践教学两大部分。校内实践教学又可以分解为素质培养课程中的实践教学环节和能力培养课程中的实践教学环节。前者常常与理论教学结合在一起,比如,民法原理与实务、刑法原理与实务、行政法原理与实务、诉讼法原理与实务等课程在进行一定理论教学的基础上,通过模拟法庭、引进法庭等进行实践教学。模拟法庭教学是指在教师的指导下由学生扮演法官、检察官、律师、案例当事人、其他诉讼参与人等,以司法实践中法庭审判为参照,模拟审判某一案件的教学方法。其目的是使学生掌握相关的知识和技能。与司法实践中的法庭审判不同的是,它不是国家的司法行为,而是一种教学行为,其最后的判决仅是一种学理上的判定,不产生法律效力。同其他教学方法相比,它具有实践性、公开性、知识性、综合性、表演性和观赏性等特点。建立模拟法庭,通过担当不同的角色,学生充分验证和实践理论知识。模拟法庭一直是各高等学校法学教学中应用较多的一种方式。在模拟法庭上,在老师的指导下,由学生组成审判庭,担任原告、被告、代理人,通过法庭质证、调查、辩论,深入探寻案情,自己寻找证据和法律依据,参与者对实体法和程序法都有更为深入的理解,其效果是课堂教学无法比拟的。设置大量具有实际可操作性的课程,针对民商法、刑法、经济法等理论性较强的课程,开设审判旁听、教学实习等课程,增强学生对法律理论的直观性理解;针对法律理论抽象、诉讼程序繁杂的特点,专门开设模拟法庭课程,将各部门法理论、诉讼程序理论、法律文书写作、法律口才等内容连贯一体,增强学生对法律理论的整体性理解能力与应用能力,同时相应设置一定的教学实习时间,保证学生能十分熟悉和把握这些课程的基本理论,能在相应行业熟练从事相应法律实务工作。

　　法学"诊所式"教学也是各高等学校正在尝试的一种教学方法。

在这种教学模式中,老师是"指导医生",学生是"实习医生",由学生亲自处理、诊断法律实践中遇到的各种实际问题;教师及时给出各种意见和建议。这种教学方法可以和模拟法庭配套使用,会产生良好的效果。在法学教学过程中,适当地运用多媒体教学,将枯燥无味的书本知识变为生动形象的知识,不但可以向学生传输大量的信息,刺激学生的听觉和视觉,而且可以将许多抽象的信息形象化,从而便于学生的理解。这样,不仅能加深学生对案情和裁决的记忆,还能活跃课堂气氛,从而激发学生的学习兴趣。而且还逐步培养了学生分析问题、解决问题的能力。加强实践教学基地建设,为实践教学创造良好的条件。实践教学基地是为实践教学服务的,属于实践教学体系的有机组成部分。实践基地的建设应紧密结合人才培养的目标及所对应的岗位,以对应岗位为核心,以相关岗位为辅助,使学生能了解就业岗位的特点及适应就业岗位的条件,培养就业岗位能力。根据高等法学职业教育的教学特点,不断更新教学仪器设备,改善实验、实训条件,为学生提供一个动手操作和接近社会生活实际的场所,通过在校内实验室、实训基地进行,通过实验操作、模拟演示、模拟训练、反复操练等来培养实践能力,如英语、计算机原理与操作、司法鉴定、文献检索、司法笔录训练等课程。社会实践教学主要包括社会调查、专业见习、毕业实习等教学环节,一般与司法机关、律师机构、仲裁机构、企事业单位法律服务部门进行合作,在实践教学基地完成。依托行业,与法院、检察院、律师事务所等建立长期合作关系,签订协议,为培养辅助型、实务型和技术型的法律职业人才提供合适的、高水平的社会实践教学基地。

五、论公民意识教育和生态文明建设①

(一)生态文明建设对当代中国的重要性

近年来,我国经济建设和社会发展步伐明显加快,综合国力和城乡

---

① 本节内容曾发表于《中州学刊》2009 年第 4 期。

人民生活条件明显提高,国家采取一系列促进生态建设的措施,取得了显著成就。但是,我国的生态环境还存在很多问题。如不容乐观的水环境形势、大气污染问题、生物多样性破坏问题以及大江大河源区生态环境质量日趋下降、沙尘暴频发、旱涝灾害频繁发生等。国家环保总局的数据显示,我国目前有 1/4 人口饮用不合格的水,1/3 的城市人口呼吸着严重污染的空气,70% 死亡的癌症患者与污染相关,20% 的儿童铅中毒,大城市里每 10 对夫妇就有 1 对因污染影响生育。生态问题已经严重制约了我国经济社会的协调发展,成为社会各界广泛关注的焦点。

党的十七大报告在提出实现全面建设小康社会奋斗目标的新要求的同时,首次把"生态文明"这个概念写入了党代会的政治报告,强调人与自然、人与人、经济与社会的协调发展,以可持续发展为依托,以生产发展、生活富裕、生态良好为基本原则,以人的全面发展为最终目标。这是我党执政兴国理念的新发展,是党的科学发展、和谐发展执政理念的一次升华,是为广大人民群众谋福祉理念的重要体现,对中国自身的发展乃至维护全球生态安全都具有重大而深远的影响,充分体现了中国共产党对生态建设的高度重视和对全球生态问题高度负责的精神。因此,实施可持续发展战略,确立"生态文明"思想,加强生态文明建设,实现经济、社会和生态的协调发展,是当代中国面对日益严峻的生态环境问题作出的时代选择,对我国全面建设小康社会有着重要意义。

(二)公民意识教育是生态文明建设的基础性工程

现代社会的环境危机与公民个人的行为密不可分。公民的许多不良行为累积在一起,加剧了资源的枯竭和环境的破坏。公民如何约束自己的不良行为,遵守环境法规,维护公共利益,主要取决于公民自身的道德修养和公民意识。公民意识是公民对自己在国家和社会中身份地位的自觉意识,是对自己应当享有的权利和义务的自觉意识,其核心内涵是公民的身份意识,即意识到自己的公民角色,其具体内涵则包括权利意识即参与意识和监督意识,以及义务意识即责任意识和法律意识,其延伸内涵包括平等意识、独立人格、公共精神、自主理性等,它直接指引着公民个人参与社会关系的行为。因此,在生态文明建设中,公民意识是推动生态文明建设的基础性条件,公民意识教育在生态文明建设中具有十分重要而深远的意义。生态文明建设是一项复杂的社会系统工程,要使其目标和任务得以协调、有序地实现,必须观念先行,必须发扬教育的先导性、基础性作用,大力推进公民意识教育,培育公民的生态文明意识。这是提高公民的文明程度,促进人的全面发展的需要,是生态文明建设的一项基础性工程,是生态文明建设的坚实的实施基础。

党的十七大报告明确提出,要"加强公民意识教育,树立社会主义民主法治、自由平等、公平正义理念"。这正是要求我们积极开展公民意识教育,提高公民环境意识,为推进生态文明建设打下坚实的基础。

(三)以公民意识教育推动生态文明建设

1. 深化公民意识教育,强化生态文明建设中公民的权利意识

培育公民精神是建立民主、公平与和谐社会的必要前提,是构建和谐社会不可或缺的内在因素,是一种发展的持续动力。因此,深化公民意识教育,强化公民的权利意识是生态文明建设的题中应有之义。

现代社会是一个以公民权利为本的社会。近年来,随着改革开放的不断深入,我国公民的权利意识开始觉醒,公民精神逐渐彰显,这些都为生态文明建设奠定了良好的基础。但是在现实中,由于传统观念和生活习惯等多种因素的影响,我国生态文明建设中还存在不少问题,公民的参与意识仍然比较薄弱,公民参与社会治理和环境建设的权利没有得到很好的落实。这些都有待于在今后的生态文明建设中对公民意识教育加以深化,尤其是对公民权利意识加以强化。生态环境的保护有赖于广大人民群众的共同参与,有赖于全体人民的思想观念和行为方式的根本转变。因此,要通过大力推进公民意识教育,强化公民的参与意识,树立具有积极参与生态文明建设在内的公权力运行的主人意识,坚持不懈地利用多种形式开展生态环境保护的宣传教育,积极宣传环境污染和生态破坏对个人和社会的危害,普及环境科学和环境法

律知识,树立保护环境人人有责的社会风尚,把生态道德教育贯穿于国民教育的全过程,帮助公民树立正确的生态价值观和道德观,使公民在主动参与生态文明建设的实践中切身体会到自己的权利和义务,在生态文明建设中逐渐形成理性的权利意识。

2.深化公民意识教育,强化生态文明建设中公民的监督意识

公民意识的真正形成,最终有赖于民众自身所处的环境和自己参与其中的政治实践。中国政治文明建设的一个重要内容是公众监督,公民的监督意识正是权利制约权力机制的思想保障,国家权力受到人民的监督是人民主权原则的核心所在。近年来,中国经济在保持了高速增长的同时,环境问题也日趋严重,无论城市还是乡村,都面临着环境污染的困扰。从地区环境来看,不仅东部等发达地区面临着环境污染问题,而且随着产业转移和区域开发的加快进展,西部地区的资源、环境与发展之间的矛盾也日益突出,生态环境进一步恶化。《中国300个省市绿色 GDP 指数报告》表明,排名最后的 10 个城市都来自中西部地区,环境污染已经向中西部地区转移。因此,如何对环境污染进行有效的监督,加快生态文明建设就显得十分重要。这就要求树立保护环境就是保护生产力的意识,树立监督意识,以进一步节约资源,降低能耗,减少污染,达到生态文明建设的目的。这也是公民的一种权利。

从一定意义上说,任何影响公共决策行为的行动皆可称之为政治参与。构建公民文化,培育公民社会,畅通信息渠道,加强新闻舆论监督,是公众监督行之有效的土壤与根基。因此,要通过进一步深化公民意识教育,鼓励公民的监督意识,促使公民以负责任的态度参与生态文明建设。以培养和提高公众的生态法律意识为切入点,使公民形成理解、反映和表述生态知识、进行生态评价以及运用生态法律规范的技能,用法律来维护公民的生态环境权利,进而在全社会形成有关生态保护的价值观和人与自然协调、和谐发展的生态价值观。

3.深化公民意识教育,强化生态文明建设中公民的责任意识

公民权利与公民责任是一个密不可分的统一体,只有权利与义务

或责任有机地结合起来,才能构成一个符合社会发展要求的公民社会。公民责任是公民履行与自己的公民身份相适应的,符合社会规范预期的职责。公民在遇到有关国家政治和社会利益的问题时,必须自觉维护公共利益,舍弃自我或本集团的利益。生态文明建设需要所有公民切实担负起自己应负的社会责任。作为国家、社会、民族的一分子,每位公民在享受经济社会发展成果、享有国家和社会所赋予的各项权利的同时,应把对国家和民族负责、对社会和他人负责与对自己负责有机统一起来。生态文明建设的实施是对每位公民权益、需求、意愿与价值的尊重,同样也需要每个公民都承担起自己的责任。一个健康而有序的公民社会,不仅是一个凸显公民价值与权利的民主社会,更应该是一个倡导公民责任意识的社会。

在"消费拉动"经济发展观的影响下,有些人为了消费,可以不顾资源枯竭、环境破坏,可以任意毁灭动植物的种群、可以毫无节制地发展消耗能源的各种交通工具等,对生态文明造成了严重的破坏。因此,要以公民意识教育入手,以培养和造就素质高、有涵养、能力强的公民为目标,倡导和践行生态消费,从环境理论、人类可持续发展的高度,自觉控制公民个人的行为,合理节制个人欲望,自觉树立人与自然界生态协调、同整个人类生存空间和谐的新的可持续发展的消费观念,自觉抵制奢侈性、浪费性、不文明和非生态的消费观念。通过深化公民意识教育,进一步强化公民对生态文明建设的责任意识,为建设生态文明营造良好发展环境。社会公共生活领域是公民的基本生活平台,建设生态文明对保持社会公共生活领域的稳定和谐,形成良好的社会生活环境和文化环境有着积极意义。不断深化公民意识教育,使每个公民都树立公民意识、具备公民素质,是生态文明的制度体系得以建立并正常运转的前提条件。只有全体公民都在观念和意识上发生新的飞跃,牢固树立可持续发展的理念和责任感、使命感,才能找准发展生态文明的正确领域和途径,才能在自身活动的过程中建设真正的生态文明。因此,在建设生态文明的过程中,我们必须把公民意识培养当作一项重要的战略任务予以重视。

六、充分发挥"主旋律"电影
在高校的德育功能①

"主旋律"电影作为一门综合性的艺术,本身集娱乐性、思想性和教育性于一体,具有寓教于乐的功能,是对广大人民群众,尤其是党员干部进行思想教育的重要手段。高等院校是培育"四有"新人,输送社会主义合格建设者和接班人的重要场所,充分利用"主旋律"电影的德育功能,有机渗透思想教育,使学生在不知不觉中认同和内化,接受爱国主义的思想熏陶,从而激发学生的爱国情操,一定会收到好的育人效果。

(一)"主旋律"电影的特点

20世纪80年代以来,我国拍摄完成了多部"主旋律"影片,如《开国大典》《大决战》《周恩来》《东归英雄传》《孔繁森》《离开雷锋的日子》等。历史时空的跨度,气势磅礴的画卷,崇高理想的执守,激情时代的喧腾,使得这一类大手笔、大制作影片激荡着时代的新声,叩响着当代人的心灵。主旋律"鼓励和提倡反映改革开放、'四化'建设、塑造社会主义新人形象和反映革命传统的影片。"如《张思德》《郑培民》《任长霞》《生死牛玉儒》等融思想性、艺术性和教育性于一体的优秀影片,一公映就受到了广大群众的热烈欢迎和好评。《张思德》讲述的是60年前抗战后期的革命圣地延安,一个普通的勤务兵张思德在一次烧炭事故中,舍己救人光荣牺牲的动人故事。阐明了共产党人的宗旨就是"全心全意为人民服务"的光辉思想。故事片《郑培民》紧紧围绕郑培民在担任湘西土家族苗族自治州委书记期间,率领全州干部群众劈山开路,脱贫致富奔小康这根主线做文章,真实而生动地塑造了郑培民廉洁从政、鞠躬尽瘁、全心全意为人民谋利益的光辉形象,讴歌了他尽

---

① 本节内容曾发表于《电影评介》2007年第22期。

职尽责、无私奉献、忠诚党的事业的崇高品格,展现了当代共产党人的精神风范。《任长霞》以其生前最后 36 个小时的生活片断为切入点,通过她与亲人、战友以及登封县老百姓的接触,镜头逐一闪回到任长霞的"过去",表现出了她短暂而不平凡的一生,感动了千百万的观众。一幕幕历史事件,一个个真实的故事,昭示着华夏儿女的崇高理想和价值追求,诠释着中华民族的传统美德和革命道德,阐述着如何做人、如何做事的基本道理,弘扬了爱国主义和革命英雄主义精神,表达了国家利益和主流意识形态。

(二)"主旋律"电影的德育功能

1. 了解历史,认识现实

艺术是时代生活的镜子。"主旋律"电影是表现中国人民革命斗争的历史进程与现实生活风貌的艺术作品,通过观看这些影片,可以使广大观众认识和了解中国的历史文化和社会现实。这些影片刻画了政治家的雄韬伟略、高瞻远瞩的形象,赞扬了革命家大义凛然、视死如归的精神,描绘了改革家历经磨难、百折不挠的决心,表现了科学家的栉风沐雨,呕心沥血的执着,再现了战斗英雄前仆后继、英勇捐躯的画面,抒发了热血青年的忘我无私、开拓进取的情操。提高人们对历史与现实的认识,增强我们热爱生活,建设社会主义美好明天的力量和信心,学会认识好坏,分清美丑,形成爱恨分明、疾恶如仇的情操和审美观、价值观。

2. 健全人格,提高修养

一部部优秀影视作品蕴藏着丰富的"人格素质"的内涵,为我们进行人格教育提供了一个有形的载体。优秀影视片都有很强的感染力,通过审美思维活动,可以说,一部部优秀的影视片将人类社会生活中真、善、美充分地展现出来,对需要、动机、兴趣、情感、性格、气质等人格诸要素的塑造产生深刻影响,能引导学生选择正确的人生走向,教育他们认识自我、认识生活、认识祖国、认识世界,在充分获得美感的享受之中,陶冶了情操,塑造了心灵,丰富了想象,扩展了智慧,健全了人格。

"主旋律"电影所负载的丰富的历史文化知识,对中国这片古老土地上的山川地貌、风土人情、民居建筑、市井百态、文化传统以及民间音乐、美术等,都表现得淋漓尽致,美轮美奂,给人一种高雅的审美享受,使欣赏者扩大知识面,提高文化修养。

3.激发情感,陶冶情操

"主旋律"电影通过描写历史与革命斗争的重大事件,塑造了一批生动感人的艺术形象,并深刻地揭示出他们的内在情感与性格特征,从而使观众的心灵得到震撼,激起强烈的感情波澜,增强他们对黑暗势力的愤恨和对祖国对人民的热爱之情,激励人们去更加热爱生活,为实现理想去奋斗拼搏。不仅如此,"主旋律"电影作为一种以形象思维为主的艺术形式,还可以起到发展和完善人的思维品质的作用,能够培养人的审美直觉和想象力,增强人的创新意识和创造能力,全面提升人的基本素质,启迪智慧,陶冶情操,升华人格。通过观赏以及对各种生活情景、矛盾冲突和人物形象的审美思维活动,可以发展学生的认知和情感潜能,塑造学生健康丰富的情感世界和健全人格,树立追求真善美的高尚情操和审美观、价值观,符合素质教育的目标和要求。

(三)充分挖掘"主旋律"电影在高校德育中的积极作用

当前,高等院校的德育环境已经出现了很多新的变化,影视媒介的影响就是其中重要的因素。"小小屏幕,包容万千"的影视文化是一种新形态的文化,它以全新的载体、形象直观的动态表达包容万千的艺术门类,对社会不同群体的人们的生活、观念、行为产生了广泛深入的影响。在当今时代的教育环境和社会环境中,影视文化对人们的全面发展的影响,已经是学校无法回避的教育问题。"运用优秀影视片加强对孩子和青年进行素质教育肯定是有效办法。"对高校教育工作者而言,应该充分发挥"主旋律"电影的优势,加大对学生人格教育的广度、力度、深度,发展学生美的品德内质,提升学生健康的人格素养,培养学生理想的人格形象,以高尚的精神塑造人,以优秀的作品鼓舞人,充分发挥"主旋律"电影在高校德育体系中的作用。

1.利用双休日、寒暑假和重大纪念日、庆祝日适时播映"主旋律"电影

《百色起义》《巍巍昆仑》和《开国大典》等片,生动地描述了中国共产党的诞生、发展以及领导中国人民推翻国民党的反动统治,建立人民共和国的奋斗历程。《鸦片战争》《烈火金刚》《红河谷》和《黄河绝恋》等描写了我国军民抗击外敌入侵的可歌可泣英雄事迹,《东归英雄传》《悲情布鲁克》描写了我国少数民族人民回归故土、保家卫国与民族团结的悲壮故事,《横空出世》《世纪之梦》等反映了社会主义现代化建设的重大成就,《共和国不会忘记》《首席执行官》等表现了我国人民改革开放求发展的奋斗精神。在重大节庆日,适时放映有针对性的"主旋律"电影,能够收到事半功倍的德育效果。

2. 开设"电影课"发挥育人功能

很多"主旋律"电影也具有十分生动的艺术效果和审美效果,一些表现著名科学家和伟大英雄模范人物的作品,真实地再现了这些伟大人物成就事业的强烈动机,揭示出他们超出常人的精神境界和高尚人格,正是激励学生酝酿成就动机的"活水"。如《孙中山》《毛泽东》《周恩来》《太行山上》和《邓小平·1928》等影片,生动地刻画了孙中山、毛泽东、周恩来、朱德、邓小平等人的光辉形象,展现了他们作为老一辈无产阶级革命家的迷人风采。《焦裕禄》《孔繁森》《蒋筑英》和《时传祥》等生动刻画了一大批党和国家的领导干部、知识分子以及普通劳动者的感人形象,具有感人的艺术效果。通过开设电影选修课等形式,放映一些"主旋律"电影,对其艺术和审美特点进行点评,开发和培养学生高层次的审美需要和高尚的人生价值观,会收到很好的教育效果。

3.结合开展德育活动,潜心发掘"主旋律"电影中蕴含的教育资源

组织"写观后感、小评论征文""学唱优秀影视歌曲""表演影视精品片断""影视知识竞赛""精彩对白赏析""讲述影视故事""设计影视宣传广告"等丰富多彩的观后活动,积极探索利用影视文化培养学生人格素质的特点和规律。学生通过审美思维与道德认识、思想认识相

碰撞,继而产生共鸣,就会使学生的理想更加远大,学习目的更加明确,主导动机更加高尚,从而激起强烈求知欲,增强学习的主动性和意志力,提高学习的效率,加快成长的步伐。

"主旋律"影片思想内涵高尚、伟大,充满着美好的感情,高尚的情操,崇高的理想,利用各种艺术手法,塑造了一个个鲜明的艺术形象,艺术价值极高,影响着一代又一代的人,并铸造他们的思想感情、审美情趣,成为传播与弘扬核心文化价值观的重要途径。因此,应充分挖掘"主旋律"电影的育人功能,从而进一步加强和改进高校德育工作。

七、如何对待新毕业大学生[①]

随着我国市场经济体制的进一步完善和加入世界贸易组织带来的挑战,资本的竞争往往体现为人才的竞争。引进应届大学毕业生是用人单位人才战略的重要一环,不少用人单位对大学毕业生的录用一般都采取试用制,试用期短则几个月,长则一年,一般有专人负责管理和考核。用人单位都希望能够通过试用期选拔到满意的优秀毕业生,但每到年底之前,都会有些学生愤而辞职去考研,或者被单位解聘,重新加入"求职大军",还有一些大学生在忍耐与困惑中徘徊,不仅使大学生遭遇挫折,影响到他们的信心和勇气,同时对用人单位也是一种损失。对新录用大学毕业生的心理进行分析,有的放矢地进行引导帮助,顺利地帮助他们度过"磨合期",真正地选拔出满意的人才,应是一个负责任的用人单位必须解决的课题。

(一)大学毕业生"试用期"心理分析

因为试用期大学毕业生的特定心理,用人单位看到的"缺点"往往并不能正确评价大学生的素质。有的大学毕业生会出现试用期心理障碍,只有用人单位正确利用其积极心理因素,多鼓励,多支持,才能充分

---

① 本节内容曾发表于《人才瞭望》2003年第11期。

调动毕业生的积极性,真正发现人才。试用期大学毕业生的心理问题主要有:

1. 自卑

大学毕业生刚刚进入职场,工作经验相对不足,理论与实际脱节,有些工作甚至还感到非常陌生,常常感到无从下手,在工作经验丰富的同事面前会感到自己不如人,畏首畏尾,担心工作出错,总怕失败。

2. 自傲

自身条件好、素质较全面、工作能力强的大学毕业生易自傲,在工作中表现出狂妄自大、恃才傲物、缺乏合作、贬低别人、抬高自己、不屑一顾、伤害同事自尊心等。特别是有些名牌大学的毕业生不够谦虚,自以为高人一等,好像一上岗就能为企业创造奇迹,不能虚心接受别人的意见,不想放下架子主动去干一些力所能及的小事,比如打开水、扫地、装报纸等。

3. 怀疑

能力中等和潜能没得到发挥的毕业生易产生怀疑,不能正视择业的客观环境和自己的素质层次,怀疑自己的能力,不善于表现自己,处于盲目、徘徊状态。不懂得关键时刻显身手,把握时机利用所学的专业知识,发挥自己的主观能动性。

4. 自我判断

有很多大学毕业生因为经验欠缺,往往出于个人情感体验而判断失误。有的并非没有创新意识,而是觉得刚到一个新单位,没有什么经验、资历,一般不愿说出自己的观点,认为只要踏踏实实完成工作就行了,处处谨小慎微,循规蹈矩,不懂得适时汇报成绩,不想发表意见。有的毕业生不懂得职场习惯,不修边幅。

5. 不求上进

有些大学毕业生对社会竞争的激烈程度认识不足,涉世不深,遭遇挫折的经历较少,参加工作后习惯于慢节奏,自学能力和锐意进取精神较弱,夸夸其谈、光说不练,敬业精神和动手能力不强。

（二）如何帮助大学毕业生顺利度过试用期

用人单位要注意分析试用期大学毕业生的心理特征,善于发现他们的优点和潜质,正确认识他们的不足和欠缺,不错过"千里马"。通过帮助,使他们顺利度过试用期的"磨合期",及早适应工作岗位,发挥特长,创造业绩。

1.善意批评、多做指导

对于试用期大学毕业生的种种不足,一定要做诚恳的批评和建议,对于工作上的失误不能不管不问,要通过批评引导帮助他们克服自卑心理、强化自我意识,进行自我分析和他人分析,降低期望值,正确估计自己的实力和层次,掌握自己的优势和劣势,正确认识、虚心接受别人的意见,汲取教训,总结经验,善于展现优点,以补充不足,使他们保持良好的心态。

2.善于表扬、多予鼓励

对于那些诚实、富有责任心、脚踏实地、不怕失败、特长突出、爱岗敬业的毕业生要善于表扬,鼓励他们树立自信心,在进入岗位后能很快驾轻就熟,发挥自己的聪明才智和创造力,锐意进取,干事创业。对于表现突出的毕业生要大胆提拔、破格使用,使优秀的人才脱颖而出。

3.真诚沟通、襟怀开阔

大学生初涉职场,是他们迈出校门、走向社会、适应社会的第一步,他们的性格、习惯还处在转型期,容易接受新知识新观念,有活力、思想活跃,有闯劲、肯吃苦,创新意识强。但有些单位人际关系复杂,他们对用人单位存在这样那样不满意的想法是正常的,有着这样那样的欠缺和不足也是情有可原的,用人单位要有开阔的胸怀和眼光,对待他们的缺点,特别是一些细枝末节,要相信他们能够改正并做得更好,引导他们主动调整自己,适应环境,在实践中不断丰富知识,深化理论,成为优秀的人才。有些大学生是带着很大的意见离开原单位的,就是因为这些用人单位不能够给予理解支持。

4.严格要求、强化锻炼

试用期的大学毕业生所面临的工作环境、工作模式往往给他们带来深远的影响,一定要严格要求,使他们形成严格规范的良好职业习惯、工作思路。培养他们的团队合作精神,使他们认识到和谐的工作环境、融洽的人际关系和群体智慧是企业兴旺发达的基本保证。

5.体贴关心、解决困难

毕业生相对于用人单位来说处于弱势地位,在生活和工作中的困难也不敢对单位提出。用人单位要主动给予关心帮助,使他们体会到集体的温暖和事业的凝聚力,帮助培养敬业爱业精神,以更好地发挥个人能动性和创造性。如签订好劳动合同,不设陷阱,为新进大学生按实得工资数缴纳基本养老保险、医疗保险和失业保险等。

总之,用人单位要针对试用期不同类型的大学毕业生,进行不同的分析,帮助他们顺利度过初涉职场的"磨合期",培养良好的职业习惯和职业素质,为本单位的发展注入人才活力。

八、树立正确道德观　走好人生每一步①

2001年10月中共中央颁发了《公民道德建设实施纲要》(简称《纲要》)。《纲要》指出,社会主义道德建设是先进文化的重要内容,必须在加强社会主义法制建设、依法治国的同时,切实加强社会主义道德建设,以德治国。通过公民道德建设的不断深化和拓展,逐步形成与社会主义市场经济相适应的社会主义道德体系。加强公民道德建设,是以德治国的一个重要的组成部分,同时也有利于以德治国的实施。没有广大人民群众道德水平的提高,没有社会道德风尚的改善,没有明确的是非、善恶、美丑、荣辱观念的清晰界限,就不可能为经济建设创造一个稳定的社会环境。实践证明,在依法治国的同时,必须强调以德治国,在法治的同时,必须重视德治。加强公民的道德建设,有利于把法制建设与道德建设紧密结合起来,把依法治国与以德治国紧密结合起来;有利于提高公民的道德素质,形成良好的社会道德风尚;有利于物质文明

---

① 本节内容曾发表于《河南纺织高等专科学校学报》2003年第3期。

与精神文明的协调发展,全面推进有中国特色的社会主义伟大事业。

(一)树立正确道德观的重要性

1.是以德治国推进社会主义事业的需要

我国是一个文明古国,历来重视以德治国。《左传·襄公二十四年》中曾提出"德,国家之基也";孔子认为"为政以德";董仲舒认为"刑者德之辅"。江泽民同志说:我们在建设有中国特色社会主义,发展社会主义市场经济的过程中,要坚持不懈地加强社会主义法制建设,以德治国。对一个国家的治理来说,法治与德治,从来都是相辅相成、相互促进的。二者范畴不同,但其地位和功能都是非常重要的。我们应始终注意把法治建设与道德建设紧密结合起来。在实现社会主义现代化的过程中,我们必须加强道德教育,使公民树立正确的道德观。实施以德治国,这是治国方针的一个重要方面。改革开放以来,我国的公民道德建设迈出了新的步伐,符合时代要求的社会主义道德观日益深入人心,成为我国公民道德建设发展的主流。但是,我们必须清醒地看到,由于历史和现实的原因,道德建设上还面临着新的挑战和新的问题。

从国际形势看,第一方面,世界多极化趋势继续发展,国际局势总体趋向缓和,和平与发展仍是世界两大主题。我们国家要争取一个较长时期来发展自己,加快现代化建设步伐。第二方面,霸权主义和强权政治有新的发展。苏联解体后,美国成为世界上唯一的超级大国,以强凌弱,称霸全球,把中国视为最大障碍,企图"西化""分化"我国,在人权、民族、宗教等问题上处处刁难我们。第三方面,知识经济迅速兴起,国际间的竞争日趋激烈,这对我们党的执政能力和水平,对党的自身建设,对党领导的改革开放和现代化建设,对我们每一个干部职工都提出了严峻的挑战。从国内形势看,我们已进入到建设小康社会和加快社会主义现代化建设进程的新阶段。我们面临着建设有中国特色社会主义,确保第三步战略目标实现的重任,特别是申奥成功,2008年在北京举办奥运会,世界贸易组织的加入,给我们提出了一个严峻的问题,如何以良好的姿态和国家形象迎接光辉的未来,我们感到任重而道远。因此,必须加强道德建设,树立正确的道德观,以德治国,全面推进社会主义事业。

2. 是弃糟取精发展先进文化的需要

毛泽东曾经说过,继承和发展民族的文化遗产,要批判地继承,就像人吃食物一样,食物通过咀嚼和唾液、胃液、肠液的运动及消化,将糟粕排出体外,将营养吸收。我国有五千年的文明史,有非常优秀的道德遗产,经过一代代批判地继承和发展,弘扬了精华,形成了我们特有的民族道德和民族精神。社会主义道德是先进文化的一部分。面对东西方文化的碰撞和道德观念的冲击,我们要正确地认识和对待。要发展先进文化,不加强道德建设不行,只要我们十几亿人民共同树立良好的道德观念,真正地弘扬精华,弃糟取精,将传统的道德观念和时代的道德精神有机地结合起来,先进的文化就一定会发展起来。

3. 是防止道德失范,进一步树立良好道德风范的需要

道德失范的原因主要有四个方面:一与封建社会残留的道德观念有关。比如说等级制、"三纲五常""三从四德"还在一定程度上控制着人们的思想,老观念、老习惯根深蒂固。二与理想信仰危机有关。有些党员,甚至有些文化程度较高的科技人员信神、信鬼,有的崇拜上帝、耶稣,有的算命、打卦、看风水等,把党的最高理想丢弃一旁。三与文化知识结构有关。我国是个有十三亿人口的大国,九年义务教育刚刚普及,文盲、半文盲人口有2亿多,占总人口的24%;而国外一些发达国家已普及大学教育,仅日本就有3000多所大学。四与传统道德观念和时代观念碰撞有关。随着改革开放和市场经济不断深化,不同的道德观发生了激烈碰撞。人们的择业观念、经营方式、处世哲学、人生观、价值取向等都发生了很大的变化,一些负面影响导致道德失范现象屡见不鲜。

如果一个国家没有一个良好的道德风尚,这个国家就没有希望。我们国家正处在与国际接轨之时,首先要注意进一步巩固良好的道德基础,这就需要全国人民共同面对道德建设的新课题,树立正确的道德观,防止道德失范,摒弃丑恶陋习,形成宽松良好的道德风尚氛围。

（二）如何树立正确的道德观

一个人要走好人生的每一步，就必须树立正确的道德观。因此，要在三个方面下功夫。

1.在做人原则上下功夫

做人首先要有做人的原则，就是要做一个什么样的人，不管放在什么岗位，不管担任什么职务，也不管遇到什么形势，都要有自己的做人处事原则。孙中山讲"天下为公"；毛泽东讲"为人民服务""毫不利己，专门利人"；鲁迅讲"横眉冷对千夫指，俯首甘为孺子牛"，范仲淹讲"先天下之忧而忧，后天下之乐而乐"；雷锋讲"把有限的生命投入到无限的为人民服务之中去"。他们都把"奉献"作为自己的做人原则，对自己的成长起到了积极的影响和"润物细无声"的作用。

2.在奉献精神上下功夫

我们讲的奉献精神就是给予的奉献，是无所求的奉献。如果大家都伸出奉献之手、爱之手，我们的社会就会是一个充满爱的社会，是一个温暖的大家庭。衡量一个人品德如何，主要是看有没有奉献精神。这个奉献不是为了家庭、个人，也不是为了名和利，而是为了有益于他人，有益于国家和社会。雷锋、孔繁森、焦裕禄、吴金印之所以受到社会的崇敬，主要是因为他们在各自的岗位上默默地为社会作出了无私的奉献。奉献是人类道德的最高境界，也是做人的最高境界。雷锋同志说过："人的生命是有限的，可是，为人民服务是无限的，我要把有限的生命，投入到无限的为人民服务之中去。"毛泽东在《纪念白求恩》一文中所提到的五种人，就是无私奉献的典范，即做"一个高尚的人，一个纯粹的人，一个有道德的人，一个脱离了低级趣味的人，一个有益于人民的人"。奉献并不意味着不要个人幸福，而是要在奉献中找到个人幸福的支撑点。幸福来自劳动，来自创造。一个只讲索取不讲奉献的人，是一个不受欢迎的个人主义者；如果人人都只讲索取，不讲奉献，那么社会就不能进步和发展。

3.在自身素质上下功夫

一个人要在社会和家庭中找准自己的位置，走好人生的每一步，要着重地、积极主动地在以下五个方面提高素质。

一要提高思想素质。思想素质是人的灵魂。要提高自身的思想素质,必须要加强政治学习。要多看报、看电视、听收音机,了解社会动态和国际、国内形势,注意辨别是非;要积极向上,有正义感,要能用一分为二的观点去认识问题、对待问题;要认真理解和自觉遵守中央和国家提出的"一个中心、两个基本点""三个代表""三观""三讲""三德""四有""五爱"的要求,要爱党、爱国,要有民族气节。

二要提高文化素质。文化素质是充分显示一个人形象的最内在的东西。要注意学习文化知识和相关知识,扩大知识面,以适应新形势的需要、工作的需要、社会交往的需要。具体要做到三点:一是多看一些文学作品、人物传记及相关书籍,看一些报纸杂志。二是提高文化层次,注意文化知识积累。三是加强计算机、外语、法律等相关知识的学习。

三要提高心理素质。一个人保持良好的心态是非常重要的。要做到:既不能自负,也不能自卑;要有一个好的心态,能共人、共事、共心,遇到问题能冷静地处理;要能自己调节自己,遇到问题能想前顾后。调节自己的办法有:一是找人倾诉;二是征求别人意见;三是自己解决。四要提高业务素质。一个人要在工作岗位上干出成绩,得到大家肯定,必须提高自身的业务素质。具体要做到五点:一是熟悉本职工作;二是热爱本职工作;三是加强业务知识学习;四是尊重领导,团结同志;五是在本职工作中有所建树,有所贡献。

加强公民道德建设是一项提高全民族素质的基础性工程,也是一项长期而紧迫的任务。提高公民道德素质,教育是基础。高校是培养社会主义事业接班人的摇篮,应切实加强思想道德教育,要用"科学的理论武装人",坚持以马列主义、毛泽东思想、邓小平理论、"三个代表"重要思想为指导,帮助大学生牢固树立有中国特色社会主义的共同理想,树立正确的道德观,提高道德素质,自觉地扶正祛邪,扬善惩恶。

参 考 文 献

《马克思恩格斯选集》第 1—4 卷，人民出版社 1995 年版。

《列宁选集》第 1—4 卷，人民出版社 1995 年版。

《毛泽东选集》第 1—4 卷，人民出版社 1991 年版。

《刘少奇选集》(上卷)，人民出版社 1981 年版。

《邓小平文选》第 2 卷，人民出版社 1994 年版。

《邓小平文选》第 3 卷，人民出版社 1993 年版。

《习近平谈治国理政》，外文出版社 2014 年版。

中共中央文献研究室编：《十八大以来重要文献选编》(上)，中央文献出版社 2014 年版。

中共中央纪律检查委员会、中共中央文献研究室编：《习近平关于党风廉政建设和反腐败斗争论述摘编》，中央文献出版社 2015 年版。

中央文献研究室编：《做焦裕禄式的县委书记》，中央文献出版社 2015 年版。

张士飞：《马克思主义党建理论中国化研究》，经济科学出版社 2013 年版。

洪向华：《新时期党的建设与党建理论》，红旗出版社 2012 年版。

梁昱庆：《马克思主义党建理论中国化：创新与发展》，四川大学出版社 2014 年版。

徐宗勉：《近代中国对民主的追求》，安徽人民出版社 1996 年版。

邓伟志：《变革社会中的政治稳定》，上海人民出版社 1998 年版。

教育与科普研究所编译:《培格曼国际终身教育百科全书》,职工教育出版社 1990 年版。

贺向东:《中国成人教育管理运作全书》,中国物资出版社 1998 年版。

张维:《国际成人教育比较研究》,中国工商出版社 1996 年版。

王学珍:《北京大学记事》,北京大学出版社 1998 年版。

董明传:《成人教育决策与管理》,文汇出版社 1997 年版。

李富强、关忠良、张景曾等编著:《知识经济与信息化》,社会科学文献出版社 1998 年版。

江泽民:《全面建设小康社会,开创中国特色社会主义事业新局面》,人民出版社 2002 年版。

迈克尔·G.罗斯金:《政治科学(第六版)》,华夏出版社 2000 年版。

塞缪尔·P.亨廷顿:《变化社会的政治秩序》,生活·读书·新知三联书店 1989 年版。

潘岳:《环境友好型城市》,中国环境科学出版社 2006 年版。

皮亚杰:《教育科学与儿童心理学》,文化教育出版社 1981 年版。

郑振宇:《公众参与社会管理的运行机制与优化》,《西北民族大学学报(哲学社会科学版)》2014 年第 5 期。

郭峰:《用科学发展观推进高等教育制度创新》,《国家教育行政学院学报》2004 年第 4 期。

谢维和:《科学发展观与教育的改革》,《清华大学教育研究》2004 年第 2 期。

陈中文:《高等教育大众化与教育发展的多元化》,《黑龙江高教研究》2004 年第 5 期。

张振助:《高等教育与区域互动发展研究——中国的实证分析及策略选择》,《教育发展研究》2003 年第 9 期。

董云川:《研究高等教育生存与发展策略的三个基本点》,《云南教育》2002 年第 24 期。

邹红:《扩招后广东高等教育发展的策略研究》,《广东工业大学学报(社会科学版)》2002 年第 3 期。

曾维强:《长江三峡地区高等教育发展策略研究》,《中国高教研究》2000 年第 4 期。

缪克明等:《关于高等教育发展问题的研究》,《市场周刊(研究版)》2005 年第 S2 期。

刘丽华:《高等教育和谐发展研究》,《理工高教研究》2005 年第 5 期。

叶海英:《重庆地区高等教育发展战略研究》,《重庆邮电学院学报(社会科学版)》2005 年第 5 期。

谭光兴:《江西高等教育发展研究》,《江西财经大学学报》2005 年第 2 期。

苗红:《高等教育可持续发展理想模型与对策研究》,《电子科技大学学报(社科版)》2005 年第 1 期。

曹文华:《我国高等教育国际化发展动力研究》,《江西社会科学》2004 年第 10 期。

詹正茂:《我国高等教育发展水平影响机制的定量研究》,《江苏高教》2004 年第 6 期。

王玉兰:《中国普通高等教育创新发展的对策研究》,《黑龙江教育》2004 年第 28 期。

胡咏梅:《经济发展水平与高等教育规模的相关性研究》,《江苏高教》2004 年第 2 期。

陈刚:《我国高等教育大众化发展现状与对策研究》,《科技进步与对策》2003 年第 10 期。

史秋衡:《我国高等教育研究的新进展与发展趋势》,《中国高等教育》2003 年第 Z1 期。

康宏:《广东省高等教育发展方案研究》,《南方人口》2003 年第 1 期。

严德天:《面向 WTO 的新世纪中国高等教育发展研究》,《科技进步与对策》2003 年第 S1 期。

马国贤:《我国高等教育发展规模与发展政策研究》,《上海财经大学学报》2002 年第 3 期。

张阳:《我国高等教育的区域问题研究及其发展简述》,《江苏高教》2002 年第 3 期。

陈国维:《河南省高等教育发展模式探讨》,《河南科技》2002 年第 7 期。

王琦:《河南省高等教育 50 年发展回顾与展望》,《中州大学学报》2001 年第 4 期。

张国祥:《加快河南省高等教育发展的社会基础分析》,《河南社会科学》2001 年第 1 期。

魏文选:《河南省高等教育区域化现状研究》,《周口师范学院学报》2005 年第 4 期。

马铁信:《我国加入 WTO 对高等教育的影响及对策研究》,《陕西师范大学学报(哲学社会科学版)》2004 年第 SI 期。

管曙光:《加入 WTO 对河南高等教育的影响与对策研究》,《郑州航空工业管理学院学报(社会科学版)》2004 年第 2 期。

汪澈:《感悟"主旋律"电影》,《当代人》2005 年第 10 期。

曹凤余:《为我国高等教育发展诊脉》,《中国远程教育》2004 年第 2 期(原载《成人教育》2006 年第 1 期)。

曹建海、李海舰:《论新型工业化道路》,《中国工业经济》2003 年第 1 期。

李念泉、刘溪:《用发展的思路探寻新型工业化道路》,《发展论坛》2003 年第 6 期。

李在武:《企业信息化建设中的几个问题》,《山东师范大学学报(人文社会科学版)》2003 年第 1 期。

杜石平:《发展法律职业教育完善法学教育体系》,《北京市政法管理干部学院学报》2002 年第 2 期。

吴益民:《高等法律职业教育课程设置与教学刍议》,《上海市政法管理干部学院学报》2002 年第 2 期。

魏娜:《公民权利意识觉醒》,《人民论坛》2006 年第 18 期。

张国芳:《公民文化视角下的公众监督》,《探索》2003 年第 1 期。

周春明:《公民社会与公民责任》,《前线》2003 年第 11 期。

尹鸿祝:《优秀影视片对青少年思想道德建设有重要影响》,《光明日报》1998 年 5 月 29 日。

苏迪、严炜:《后学历时代崇尚终身教育》,《深圳商报》2002 年 12 月 5 日。

王湛:《落实科学发展观推动高教持续健康发展》,《中国教育报》2004 年 10 月 15 日。

山东省青岛市"三个代表"重要思想研究中心:《制度建设:社会主义民主政治建设的重要内容》,《人民日报》2004 年 6 月 15 日。

金灿:《绿色经济将全面改变中国未来》,《经济参考报》2008 年 8 月 1 日。

Sherry R.Arnstein:A Ladder of Citizen Participation,*Journal of the A-merican Institute of Planners*,1969,vol.35,pp.216-224.

Colon,Rafael Hernandez.Higher Education and the New Development Strategy.*Caribbean Business*,10/13/2005,Vol.33 Issue 40,pp.23-23,1p,lc;(AN18638797)

Richard Lynch;Paul Baines.Strategy Development in UK Higher Education:Towards Resource-based Competitive Advantages.*Journal of Higher Education Policy & Management*,Jul.2004,Vol.26 Issue 2,pp.171-187,17p;DOI:10.1080/1360080042000218249,(AN13516307)

Friedman,Robert S.;Deek,Fadi P..IEEE.Innovation and Education in the Digital Age:Reconciling the Roles of Pedagogy,Technology,and the Business of Learning.*Transactions on Engineering Management*,Nov.2003,Vol.50 Issue4,pp.403-412,10p;DOI:10.1109/ Tem.2003.819650;(AN1244792)

S.J.;Burton,Rick;Caston,Janice;Muse,Jo;Page,Rick;Prince,Mark;

Ridge, Barry; Snyder, Wally; Weeks, Bill. Education/ Professional Development. *Marketing News*, 1/7/2002, Vol. 36 Issue1, pp. 11 - 11, 1/6p; (AN5885938)

Feldman, Jonathan M. Towards the Post-University: Centres of Higher Learning and Creative Spaces as Economic Development and Social Change Agents. *Economic & Industrial Democracy*, Feb. 2001, Vol. 22 Issue1, p. 99, 44p; (AN5844265)

Stiles, David R. Higher Education Funding Patterns Since 1990: A New Perspective. *Public Money & Management*, Oct.-Dec. 2000, Vol. 20 Issue4, p. 51, 7p, 4charts; (AN3785969)

Clarke, S.; Lehaney, B. Mixing Methodologies for Information Systems Development and Strategy: A Higher Education Case Study. *Journal of the Operational Research Society*, May2000, Vol. 51 Issue5, p. 542, 15p, 1chart, 4graphs; (AN323681S)

Gittell, Ross; Sedgley, Norman. High Technology and State Higher Education Policy. *American Behavioral Scientist*, Apr. 2000, Vol. 43 Issue7, p. 1092, 29p, 5graphs; (AN296214)

Ashton, Sarah; Levy, Philippa. Net worked Learner Support in Higher Education: Initiatives in Professional Development and Research for a New Role. *Journal of the American Society for Information Science*, Jul. 1998, Vol. 49 Issue9, pp. 850-853, 4p; (AN748061)

Bishop, John B. Journal of Counseling & Development, Sep/Oct95, Vol. 74 Issue1, pp. 33-38, 6p; (AN9510053152)

Solomon, Hazel. Total Quality in Higher Education. *Management Services*, Oct. 93, Vol. 37 Issue10, pp. 10-15, 6p; (AN12362043)

McKay, Charles W; Cutting, Guy D. Model for Long Range Planning in Higher Education. *Long Range Planning*, Oct. 74, Vol. 7 Issue5, pp. 58-60, 3p; (AN12298832)